普通高等教育经管类专业“十三五”规划教材

宏观经济学

王文玉　沈　琼　主　编

王霄琼　李　慧　副主编

清华大学出版社

北　京

内 容 简 介

全书共 10 章。第 1 章介绍宏观经济学的研究对象和方法。第 2 章介绍宏观经济总量的基本衡量方法。第 3～5 章介绍了封闭经济中短期国民收入决定理论，其中第 3 章是简单收入决定模型，第 4 章是 IS-LM 模型，第 5 章是 AD-AS 模型。第 6 章讨论失业、通货膨胀和菲利普斯曲线。第 7 章讨论宏观经济政策。第 8 章是开放经济宏观分析。第 9 章是增长理论。第 10 章介绍宏观经济学思想发展。

本书知识结构完整紧凑、知识体系严谨，基本概念和原理的讲解简明易懂，注重培养学生的经济学直觉和运用通俗语言进行经济推理的能力；有关总供给方面的内容丰富，条理清晰；结合了我国的经济发展，介绍较多联系我国实际的案例和专栏，便于学生学以致用。

本书适合用作财经类各专业本科和专科宏观经济学教材，也适合用作非财经类专业经济学通识教育的宏观经济学教材。

本书配套课件可通过网站 http://www.tupwk.com.cn/downpage 免费下载。

图书在版编目(CIP)数据

宏观经济学 / 王文玉，沈琼 主编. —北京：清华大学出版社，2018（2020.10重印）
(普通高等教育经管类专业“十三五”规划教材)
ISBN 978-7-302-49565-9

Ⅰ. ①宏…　Ⅱ. ①王…　②沈…　Ⅲ. ①宏观经济学－高等学校－教材　Ⅳ. ①F015

中国版本图书馆 CIP 数据核字(2018)第 024679 号

责任编辑：王　定
封面设计：周晓亮
版式设计：思创景点
责任校对：孔祥峰
责任印制：杨　艳

出版发行：清华大学出版社
　　网　　址：http://www.tup.com.cn，http://www.wqbook.com
　　地　　址：北京清华大学学研大厦 A 座　　　邮　　编：100084
　　社 总 机：010-62770175　　　邮　　购：010-62786544
　　投稿与读者服务：010-62776969，c-service@tup.tsinghua.edu.cn
　　质 量 反 馈：010-62772015，zhiliang@tup.tsinghua.edu.cn
印 装 者：三河市铭诚印务有限公司
经　　销：全国新华书店
开　　本：185mm×260mm　　印　　张：15　　字　　数：365 千字
版　　次：2018 年 3 月第 1 版　　印　　次：2020 年 10月第 3 次印刷
定　　价：48.00 元

产品编号：064341-02

前　言

本书是郑州大学商学院经济系西方经济学教研组多年教研活动的结晶，有如下特色：

第一，知识体系完整且紧凑。全书共 10 章。第 1 章介绍宏观经济学的研究对象和方法。第 2 章介绍宏观经济总量的基本衡量方法。第 3～5 章是封闭经济中短期国民收入决定理论，其中第 3 章是简单收入决定模型，第 4 章是 IS-LM 模型，第 5 章是 AD-AS 模型。第 6 章讨论失业、通货膨胀和菲利普斯曲线。第 7 章讨论宏观经济政策。第 8 章是开放经济宏观分析。第 9 章是增长理论。第 10 章介绍宏观经济学思想发展。本教材的使用对象为本科经济学等相关专业的低年级学生，为了做到基本概念和原理简明易懂的同时，又能帮助学生为接下来更深入的经济理论学习打下坚实基础，我们把一些概念和理论的深入讨论收入在附录中，作为知识的补充和深化，比如消费理论中的相对收入假说和生命周期假说。

第二，注重培养学生的经济学直觉，要求学生掌握数学、图表等工具背后的经济学含义，而非用于推理的数学工具本身。比如，关于乘数的讨论，如像许多教材那样，先求出均衡收入公式，然后讨论乘数的决定因素，就成了数学，而本书强调乘数发挥作用的过程，强调派生效应，甚至主张学生不要死记任何乘数公式。再如，在讨论 IS 曲线陡峭程度的决定因素时，如像许多教材那样，先写出 IS 方程，然后讨论 IS 斜率的决定因素，也成了数学，而本书强调利率变动影响均衡收入的机制，无须 IS 函数，用普通语言进行经济推理，一样能清楚 IS 曲线斜率的决定因素。

第三，丰富了总供给方面的内容。总供给曲线是初级宏观经济学教学中最为混乱的内容。本书在各流派的基本假设基础上，以一种兼容各流派的较一般方式推导总供给曲线，使得关于总供给曲线的讨论更加丰富，也为总供给管理政策的讨论打下了理论基础。

第四，更多地结合了我国的经济发展，添加了联系我国实际的许多案例和专栏，便于学生学以致用。比如，在讲述国民收入核算时，既给出国外经济核算的数字，也尽量给出我国的经济核算；在讲述财政政策和货币政策时，既讲述国外财政政策和货币政策实践，也讲述我国相应政策实践；在讲述总供给管理政策时，既讲述美国总供给管理实践，也介绍我国的供给侧结构性改革。

本书的写作得到了郑州大学教务处的支持，是 2017 年郑州大学校级教材建设项目之一。商学院和经济系领导也对本书写作给予了高度的重视和支持。感谢经济系各位同事积极参与宏观经济学教研活动和对本书编写提供的帮助。本书编写参考了国内外同行的成果，对所引用部分我们尽可能在注释和参考文献中列出，在此向他们表示衷心感谢！

限于编写人员的知识水平和教学经验，书中疏漏之处在所难免，希望使用此书的广大读者能向我们提出宝贵意见。

王文玉

2017 年 11 月 11 日

目　录

第 1 章

导　论

1.1 宏观经济学的研究对象

经济学研究经济现象。有些经济现象适合从微观的角度观察、研究和解释；有些经济现象适合从宏观的角度观察、研究和解释。所以，主流经济学的理论体系包括微观经济学和宏观经济学。

微观经济学着重分析组成经济的个体行为，比如消费者行为、厂商行为、要素所有者行为等。所以，微观经济学也称**个体经济学**。它试图通过分析个体行为得出经济规律，并用这些规律解释经济现象。由于个体行为的结果是个量，微观经济学是**个量分析**。微观经济学的主要任务是研究不同资源配置机制运行原理及其优劣，尤其是市场机制(即价格机制)的运行原理，及其在什么条件下保证资源配置效率，在什么条件下无法保证资源配置效率，从而需要政府干涉。微观经济学的主要内容有：消费者行为理论、厂商或生产者行为理论、产品价格理论、要素市场理论和微观经济政策等。

宏观经济学是把整个经济作为一个总体加以研究。所以，宏观经济学也称**总体经济学**。它用一些总量描述宏观经济运行状态，研究这些总量的相互关系。所以，宏观经济学是**总量分析**。宏观经济学的主要任务是解释和预测宏观经济的运行，解释长期增长趋势和短期波动，从而为宏观经济政策提供理论依据和具体决策参考。宏观经济学的主要内容有：国民收入核算、短期收入决定理论(即经济周期理论)、经济增长理论和宏观经济政策等。流行的宏观经济学的理论体系可以用图 1-1 概括。

宏观经济学与微观经济学相同之处是都以经济现象为研究对象，并且有一些共同的研究方法，比如模型和均衡分析方法等。两者之间的区别是：

第一，微观经济学是个体分析和个量分析，而宏观经济学是总体分析和总量分析。微观经济学分析单个消费者或厂商的行为，得出的是个量，比如一种商品的消费者及其生产者的行为，一种商品的价格和数量；而宏观经济学分析整个经济的总量，比如总产出和总体价格水平。

第二，微观经济学研究个别商品的价格和数量的决定和变动，比如苹果价格和数量的决定和变动；而宏观经济学研究一般价格水平(价格指数)和总产出(国内生产总值)的决定和变动。

第三，微观经济学多采用局部均衡分析方法，研究一种商品的价格和数量决定时，假设其他商品价格和数量是给定的；而宏观经济学采用一般均衡分析方法，比如产品市场和货币市场的同时均衡。微观经济学关注的是资源配置的机制和效率，而宏观经济学关注的是经济活动总水平(国内生产总值、就业和通货膨胀)。

第四，微观经济学研究微观经济政策，比如调控个别行业的政策；而宏观经济学研究宏观经济政策，比如调控一般价格水平的政策。

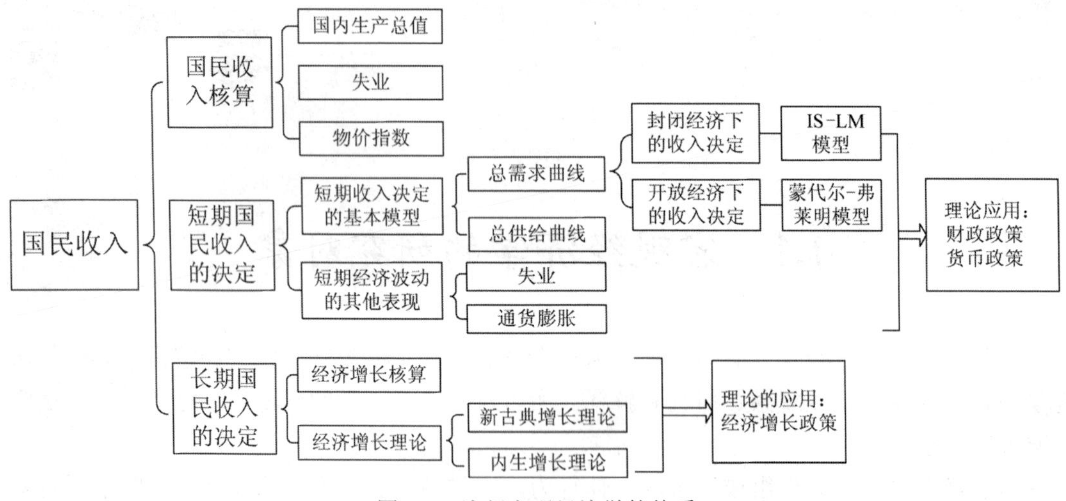

图 1-1　流行宏观经济学的体系

宏观经济学与微观经济学之间的联系是，宏观经济学以微观经济学为基础。毕竟，经济现象最终源于个人行为，宏观经济总量是描述个人行为的个量的加总。虽然一切经济现象都可以通过微观原因体现出来，但由于人们无法全面认识一些现象(如通货膨胀)的原因，只能用大概描述整体现象的总量解释这类现象。

1.2　经济波动的事实

历史上，世界上所有国家的宏观经济几乎没有例外地呈现出波动中增长。图 1-2 是用 1990—2005 年的人均实际国内生产总值描述的美国经济运行情况①。此图告诉我们，首先，美国经济有一个长期增长趋势。据估计，100 多年来，美国经济的年均增长率大约为 3%。经济学家的一个任务是解释长期增长率的决定因素，提出促进增长的政策。其次，在短期内，经济时有波动，甚至剧烈波动，即发生经济危机。有时，总产出大幅度下降，大量工人失业，比如 1929—1933 年的大萧条。有时，物价大幅度上涨，即通货膨胀，比如 20 世纪 70 年代的高通货膨胀。因此，经济学家要回答为什么经济危机会发生，从而提出应对经济危机的政策。

改革开放以来，我国经济保持了较高的平均增长率。这一增长率还能持续多长时间？如图 1-3 所示，我国经济的增长速度在 2012—2016 年有所回落。这一趋势是暂时的还是长

① 美国的统计数据较为全面，可以观察百年来 GDP 的变动情况。

期的？我国经济的长期增长率是多少？如何理解习近平总书记提出的经济新常态的概念？

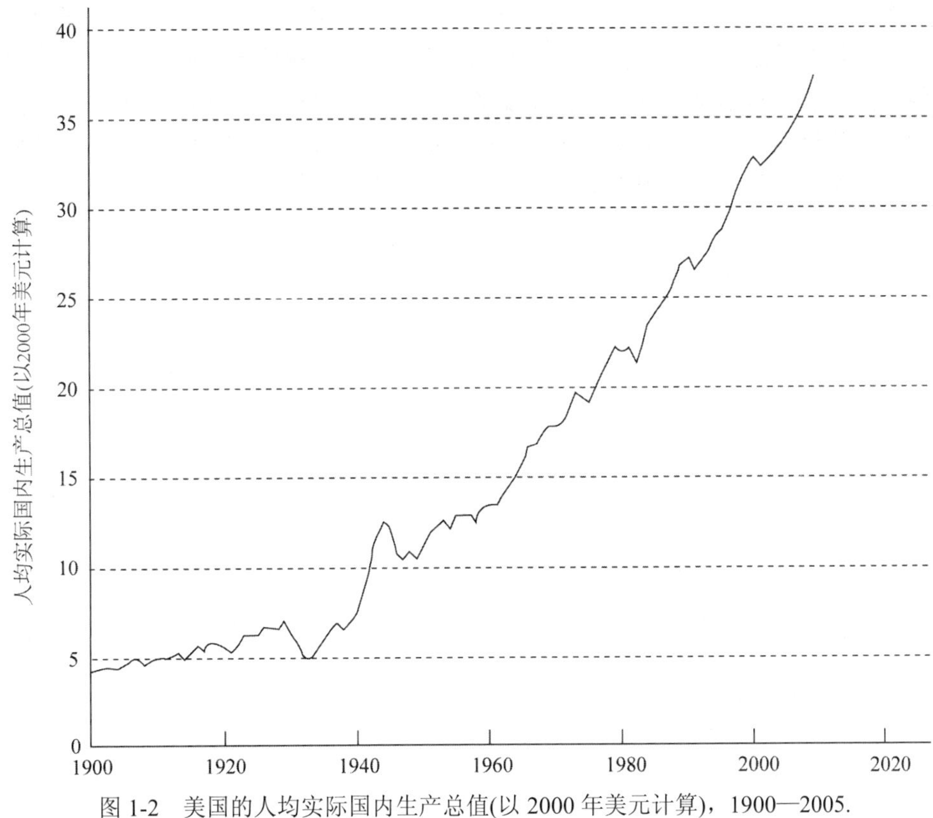

图 1-2 美国的人均实际国内生产总值(以 2000 年美元计算)，1900—2005.

(资料来源：罗伯特. J.巴罗. 宏观经济学：现代观点[M]. 沈志彦，陈利贤，译. 上海：格致出版社，2008.)

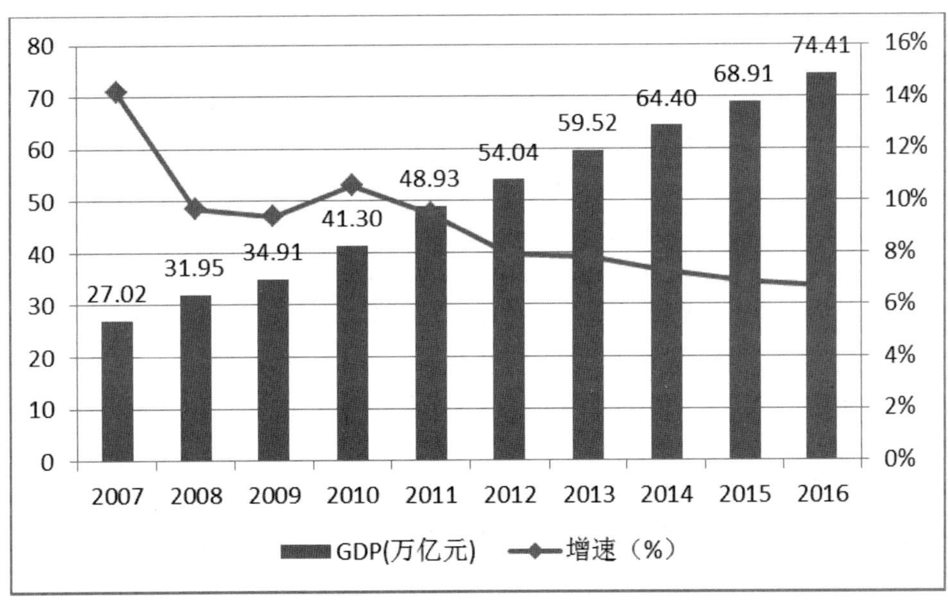

图 1-3 2007—2016 年中国国内生产总值与增速

经济学家把宏观经济活动水平的交替上升和下降称作**商业周期**或**经济周期**。如图 1-4 所示，一个经济周期有四个阶段：繁荣、衰退、萧条和复苏。**繁荣**是宏观经济活动水平的一个峰值。从这个峰值之后，宏观经济活动水平开始下降，称作**经济衰退**。当宏观经济活动水平降低到一个最低点或谷底时，称作**萧条**。之后，宏观经济活动水平上升，称作**复苏**。按照美国国家经济研究局(National Bureau of Economic Research)的定义，衰退是指宏观经济活动超过六个月连续下降，萧条则是指持续多年且失业率居高不下的严重衰退。

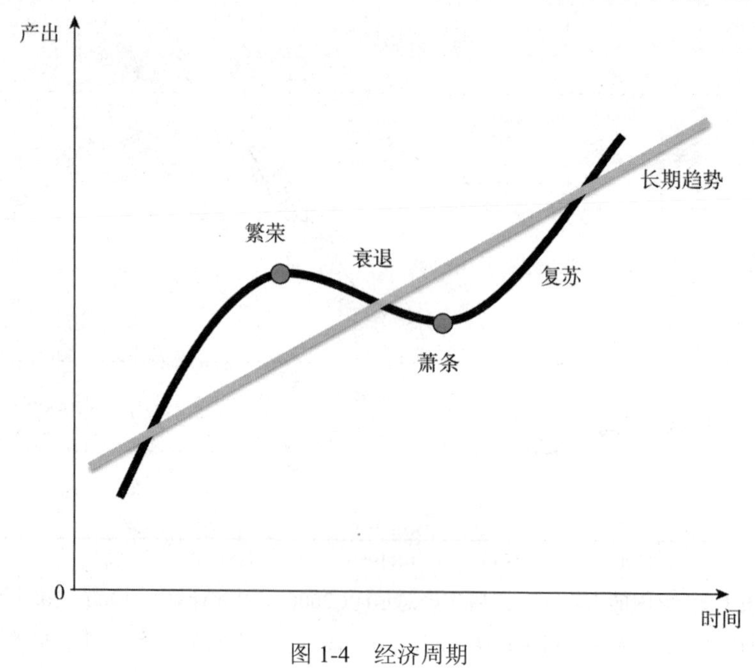

图 1-4　经济周期

美国国家经济研究局的专家们研究了 1854 年以来美国的经济周期。自 1854 年以来，美国经济经历了 30 多次扩张和收缩，没有两个相同的周期。最长的扩张期是从 1961 年到 1969 年，长达 106 个月，最短的扩张期则只有 10 个月，发生在 1919 年和 1920 年。最长的收缩期发生在 1873 年到 1879 年，持续了 65 个月，而最短的收缩期发生在 1980 年，仅仅持续 6 个月。

1933 年以来，美国经济经历了大约 10 个周期。其中，和平时期的平均扩张期约为 3 年，收缩期约为 1 年。形成对照的是，在 1933 年以前的 10 个周期中，扩张期约为 2 年，收缩期也约为 2 年(可能会稍短一些)。1933 年以来，不仅衰退期变短了，而且也不那么严重了。早期的经济周期往往是萧条，即严重的衰退，而第二次世界大战之后几乎没有发生过萧条。一个明显的变化是，扩张期变长了，而收缩期变短了。然而，整个周期的平均长度还是大约 4 年。

许多经济学家为经济周期的研究做出了贡献，著名的研究成果有：

法国经济学家朱格拉在《论法国、英国和美国的商业危机及其发生周期》中研究了较长经济周期，并根据生产、就业人数和物价等指标，确定了经济中一个周期的平均长度为 9～10 年，又称朱格拉周期。

1923 年，英国经济学家 J.基钦在《经济因素的周期与趋势》中研究了 1890—1922 年间英国与美国的数据，识别了长度为 3～4 年的短周期，又称基钦周期。

1925 年，俄国经济学家尼古拉·康德拉季耶夫在《经济生活中的长周期》中研究了美国、英国、法国等国的数据，提出了平均长度为 54 年的长周期，又称康德拉季耶夫周期。

1930 年，美国经济学家西蒙·库兹涅茨在《生产和价格的长期运行》中指出了一种与建筑业相关的经济周期，又称库兹涅茨周期或建筑周期，其平均长度为 20 年。

1.3 宏观经济学的方法

1.3.1 实证经济学和规范经济学

经济学要想成为一门科学，而不是政治宣传，经济学家必须具有科学家的精神，即讲事实和因果关系。也就是说，作为一门科学的经济学仅仅试图回答“是什么”和“如果……将会怎样”之类的问题，这样的经济学称作**实证经济学**(positive economics)。**规范经济学**(normative economics)则试图回答“应该是什么”和“应当怎样”之类的问题。比如，关于限制汽油价格的问题，实证经济学仅仅研究限制汽油价格将会有哪些后果，而规范经济学则会提出应该或不应该限制汽油价格的主张。再如，关于税率问题，实证经济学仅仅关心提高个人所得税率会有哪些后果，而规范经济学则提出应该或不应该提高个人所得税率的主张。

实证经济学家仅仅冷静地观察和报告事实及其关系，预测或推断可能的后果，但不对事实和将会有的后果做出好坏之类的价值判断。然而，规范经济学家则会有意或无意地把自己的价值判断带入研究，因为，任何应该或不应该的断言都最终涉及价值判断。比如，一个科学家也许根据自己的观察得出如下结论：每天吃一个苹果的女孩的脸蛋比不吃苹果的更加红润。然而，作为科学家，他没有资格宣称女孩应该每天吃一个苹果，因为这个主张意味着在他看来每天吃一个苹果的结果——脸蛋更加红润——更好。类似地，关于物价水平上升和失业问题，经济学家兴许发现，价格水平上升速度即通货膨胀率，与失业率之间有此消彼长的关系，但作为科学家，他没有资格宣称应该选择什么样的通货膨胀率-失业率组合。

1.3.2 均衡分析

经济学研究经济现象中的因果关系，目的是预见某个或某些因素的出现或变化对其他因素所带来的变化及其趋势。为了研究某一系统的变化，经济学家假想一个均衡的、没有变化的状态，然后研究当某一因素发生变化时该系统的状态会如何改变。在一组给定的条件下，可持续存在的状态称作**均衡状态**(equilibrium)。也可以说，均衡状态是没有调整趋势的状态。

在物理学中，一个物体的均衡状态是作用于该物体的多个力的结果。桌面上的杯子在地心引力和桌面的支持力作用下，处于均衡状态；在万有引力和离心力的作用下，地球按照一个不变的轨道绕太阳运行，处于均衡状态。

描述一组给定条件下事物的均衡状态及其性质称作**静态分析**，比如，消费函数、投资、政府收支等给定时的均衡国民收入和价格水平。**静态分析**研究条件发生变化时事物的调整趋势，即从原来均衡状态出发的调整方向，或最终会调整到的新的均衡状态。比如，政府支出增加一定数额后新的均衡国民收入水平和价格水平。**动态分析**的任务是研究条件变化时事物从原来的均衡状态向新的均衡状态调整的时间路径，即一个时间序列。比如，货币供给增加一定数额后国民收入和价格水平的调整过程。

均衡分析有局部均衡分析与一般均衡分析之分。局部均衡分析是微观经济学的主要方法。**局部均衡分析**只研究组成经济的一个局部，比如，一个产业的情况。**一般均衡分析**既是微观经济学的方法，又是宏观经济学的研究方法，主要研究相互联系的经济系统同时均衡的情况。作为宏观经济学的核心——国民收入决定理论，就是同时分析产品市场、货币市场和劳动市场的一般均衡分析。

1.3.3 模型

事物的模型是为了突出该事物的某些特征而做出的简化描述。比如，一个地区的地图就是一个模型。按照不同要求，一个地区有不同种类的地图模型。一个宏观经济学理论体系就是现实宏观经济的一个模型。由于不同经济学家认识不同，或想要重点描述的事情不同，因此有不同的宏观经济模型。

经济模型是必要的，因为我们无法描述导致某个现象的所有因素。比如，导致物价水平变动的因素有无数个，通过总需求-总供给模型，我们可以说明总需求和总供给背后最主要的因素，给出价格水平变动的令人满意而不完全准确的解释。经济模型肯定是不完全符合现实的，且并非越符合现实越好。能解释想要解释的现象的模型就是好的模型。

习　　题

1. 简述宏观经济学的研究对象。
2. 简述宏观经济学与微观经济学之间的区别和联系。

第 2 章

衡量宏观经济

本章介绍衡量宏观经济运行状况的一些重要指标，主要内容是宏观经济流量循环图、国内生产总值、与国内生产总值相关的概念、物价指数和失业率的计算。

2.1　宏观经济流量循环

2.1.1　存量与流量

存量是在一个时点上测量的量，衡量事物在这个时刻的状态。**流量**是在一个时间区间内测量的量，衡量事物在单位时间内的变化。如图 2-1 所示，在某个时刻，浴盆中水的数量是一个存量，向浴盆中注水的水流是一个流量。在某个时刻，一座粮库中小麦的数量是一个存量，每月存入或取出的小麦数量是流量。在某个时刻，一个人的银行账户上的存款数额是一个存量，在最近一周内存款变动数额是一个流量。在某个时刻，一个经济中现有的资本量是一个存量，在过去的一年里新增的投资是一个流量。一个经济由人们的经济活动所形成的流量和存量组成。下面，我们逐步建立一个流量循环模型，描述宏观经济的运行，有助于理解国民收入核算。

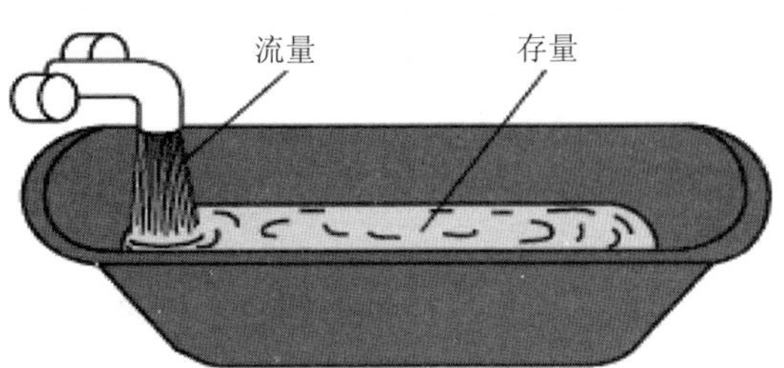

图 2-1　存量与流量

2.1.2　简单经济

一个**简单经济**只有两个部门：家庭和厂商。在市场经济中，**家庭**是消费单位和生产要素的所有者。**厂商**或**企业**是生产单位和生产要素的租用者，是以利润为最终目的的商品和服务提供者。

家庭和厂商通过生产要素市场和产品市场联系起来。如图 2-2 所示，通过**生产要素市场**，家庭向厂商提供生产要素并得到相应收入。图中下半部分内侧的流量代表物质生产要素从家庭流向厂商，外侧的流量代表生产要素收入流，对于企业来说是要素成本。通过产品市场，厂商向家庭提供商品和服务并取得销售收入。图中上半部分内侧的流量代表实物商品和服务流向家庭，外侧的流量代表家庭的支出流向厂商，成为厂商的销售收入。

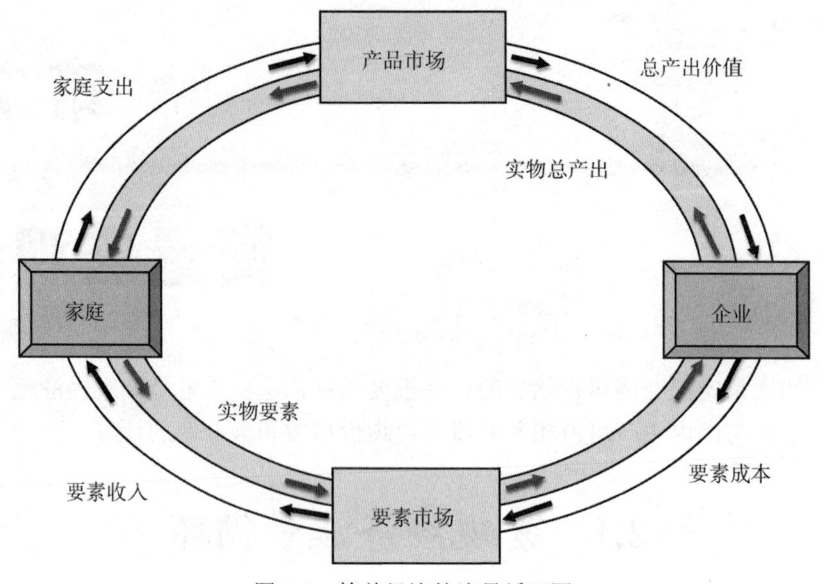

图 2-2　简单经济的流量循环图

每一次交易都由方向相反的两个流量组成：一个是实物流，另一个是货币支付流。在要素市场上，物质生产要素流向厂商，与之方向相反的货币支付流向家庭；在产品市场上，商品和服务流向家庭，与之方向相反的货币支付流向企业。所以，在下面的描述中，我们只画出支付流。

现在，让我们引入金融市场。**金融市场**的基本功能是把家庭储蓄变成企业和消费者借款。不过，为了简单，我们假设只有企业借款。金融市场包括银行和证券市场。通过证券市场进行融资称作**直接融资**，其中，储户直接把钱借给企业。通过银行或其他金融机构进行融资称作**间接融资**，其中，储户先把钱借给银行，然后银行把钱借给企业。企业把借来的钱用于投资，即购买资本品，其中包括厂房、机械设备、成品或材料存货等。如图 2-3 所示，企业的投资支出流向产品市场。

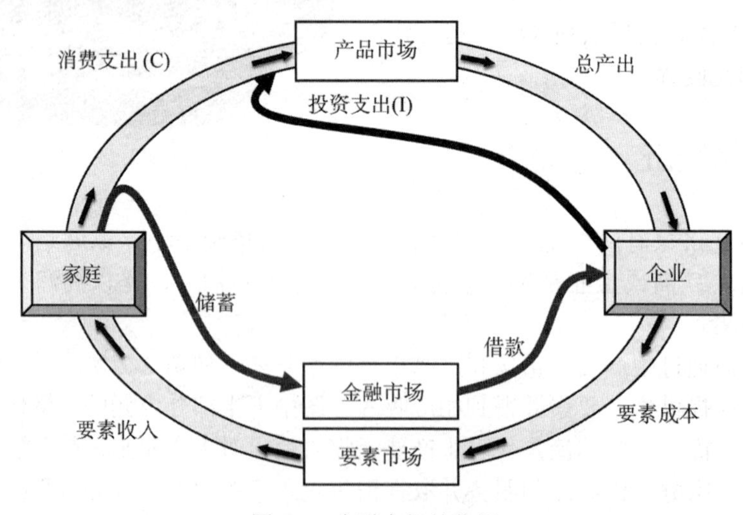

图 2-3　金融市场的作用

2.1.3 引入政府部门

如图 2-4 所示，从宏观的角度看，政府的功能主要是收税和支出。现实中，政府收入来源多种多样，简化起见我们假设政府的收入完全来自**个人所得税**(T)。政府支出分为两类：**政府购买**(G)和**政府转移支付**(TR)。当政府进行购买支出时，会要求对方提供产品或服务。当政府进行转移支付时，不要求对方提供产品和服务。比如，政府给交通警察发的工资是购买支出，因为交通警察要提供指挥交通的服务。政府给失业者发失业救济金是转移支付，因为领取失业救济金者不提供任何产品或服务。

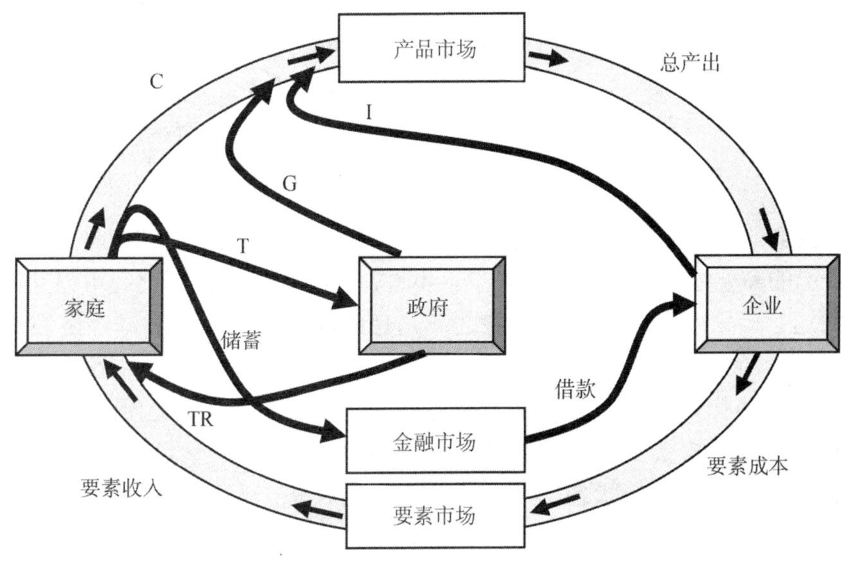

图 2-4 政府的作用

2.1.4 引入对外贸易部门

一国经济与他国经济的贸易往来分为进口和出口。一国的**进口**(M)是该国居民、企业或政府购买他国的商品和服务。比如，我国消费者购买日本汽车、法国葡萄酒、巴西咖啡、泰国大米；我国企业购买德国的生产设备、阿拉伯国家的原油和澳大利亚的铁矿石；我国政府购买美国的计算机软件、英国的英语教育服务和德国的医疗设备。一国的**出口**(X)是他国购买该国的商品和服务。比如，美国人和欧洲人购买我国生产的服装、鞋子、小商品、机电设备。

如图 2-5 所示，一国对外开放之后，该国居民、企业和政府的支出不再全部用于购买本国商品和服务，一部分流向外国用于购买外国商品和服务。外国在该国商品和服务上的支出形成该国的出口。

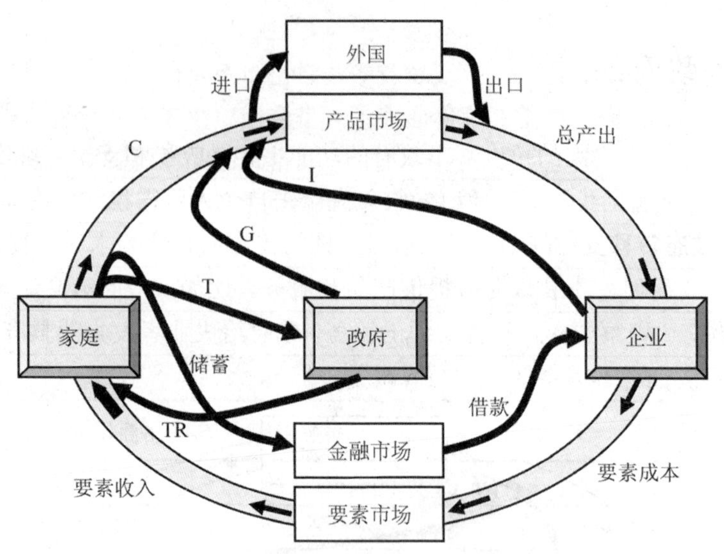

图 2-5　包含对外贸易的流量循环图

至此，我们的宏观经济流量循环图仅仅包含一些最主要的部门和流量。有兴趣的读者可以根据自己的需要添加更多部门和流量。不过，这个简单的模型已经可以帮助我们理解宏观经济的运行。宏观经济分析的任务之一是理解经济波动，即解释经济波动的原因。正如微观经济学所描述的那样，在消费者偏好、可供利用的资源和技术水平不变的情况下，经济的最终趋势是长期均衡状态。从宏观的角度看，当经济达到长期均衡状态时，家庭消费支出、企业投资支出、政府收支和进出口等都不再变动，即上述流量循环图中所有流量都处于均匀流动的状态。从这样一个均衡状态出发，当某个流量发生变动时，其余流量就会相继发生变动，总产出水平也将随之变动。比如，假设消费增加，其他条件不变，那么，进入产品市场的支出流量就会增加，对商品和服务的总需求增加将导致企业的收益增加。然后，通过要素市场，企业对生产要素的需求增加，就业增加，家庭收入增加。再如，假设企业投资增加，其他条件不变，那么，进入产品市场的支出流量会增加，也会导致产出增加、就业增加和收入增加。再如，假设政府增加购买支出、减少税收或增加转移支付，那么，经济活动的水平也会增加。此外，在现代经济中，中央银行可以调控货币供给，即调控可贷资金供给，从而影响利率和企业投资。最后，当国外情况发生变化时，通过贸易部门，我国经济也会经历波动和调整。当然，这些只是十分简单的描述，要真正理解宏观经济的运行，尤其要理解政策原理并将其制定得恰如其分，我们必须建立更为严格的理论。

总之，一个经济是一个流量循环系统。在最简单经济中，家庭和企业通过要素市场和产品市场联系起来。金融市场的作用是直接和间接融资。从宏观角度看，政府的职能是收税和支出。政府支出包括购买支出和转移支付。开放经济中包括与外国的贸易往来，从而有出口和进口。宏观经济学研究总产出水平的变动趋势。消费、投资、政府购买、转移支付、出口和进口的变化都影响总产出。在宏观经济的流量循环中，政府可以通过调节某些参数，即采取一些政策来调控宏观经济运行水平。

2.2　国内生产总值

总产出是最重要的宏观经济指标。世界上曾经有过不同的国民收入核算体系(具体内容见专栏 2-1)，今天流行的国民收入核算体系是所谓的国民账户体系，其中衡量总产出的最重要指标是国内生产总值。

专栏 2-1　国民收入核算体系

(一) 物质产品平衡表体系

物质产品平衡表体系(System of Material Product Balance，MPS)是适用于计划经济国家的国民经济核算方法，由前苏联首先建立起来，以后逐渐为东欧各国、古巴、蒙古及中国采用。依据是马克思主义的再生产理论，根据劳动的性质，将国民经济划分为物质生产领域和非物质生产领域，而在非物质生产领域投入的社会劳动不增加供社会支配使用的物质产品总量，所以不创造国民收入。该体系只核算农业、工业、建筑业、运输邮电业、商业五大物质生产部门的物质产品生产，不核算非物质生产部门的服务性生产。其主要指标是社会总产值和国民收入。

物质产品平衡表体系形成以后，在很长时间内没有得到联合国的承认。直到 1971 年，联合国经济和社会事务部统计处出版了名为《国民经济平衡表体系的基本原理》的书后，才承认了这套体系。随着世界政治经济的发展，采取中央计划经济的国家基本上都在向市场经济过渡，或者已完成了过渡，所以 MPS 体系在当前世界各国的国民经济核算中已基本不再使用。东欧、俄罗斯等经济转型国家和中国也逐渐采用国民经济核算体系，中国从 1985 年起，正式采用 GDP 作为考核国民经济发展和制定经济发展战略目标的主要指标。

(二) 国民账户体系

国民账户体系(the System of National Accounts，SNA)是适用于市场经济国家的国民经济核算方法，首创于英国，继而在经济发达国家推行，现已为世界上绝大多数国家和地区所采用。它以全面生产的概念为基础，把国民经济各行各业都纳入核算范围，将社会产品分为货物和服务两种形态，完整地反映全社会生产活动成果及其分配和使用的过程，并注重社会再生产过程中资金流量和资产负债的核算。反映国民经济的综合指标主要有国民生产总值(GNP)、国民生产净值(NNP)、国民收入(NI)、个人可支配收入(DI)等。运用复式记账法的原理，建立一系列宏观经济循环账户和核算表式，组成结构严谨、逻辑严密的体系。

(三) MPS 与 SNA 的比较

MPS 和 SNA 都是适应国家宏观经济管理需要而建立和发展起来的国民经济核算体系，但它们是不同的经济体制和经济运行机制下的产物，因而在核算范围、内容和方法上都有很大的差异。

在核算范围上，MPS 限于物质产品的核算，把非物质生产性的服务活动排除在生产领域之外；SNA 的核算范围覆盖整个国民经济各部门，不受物质生产领域的局限，因而能完整地反映全社会的经济活动。

在核算内容上，MPS 主要反映物质产品生产、交换和使用的实物运动；SNA 除核算货物和服务的实物流量外，还注重收入、支出和金融交易等资金流量和资产负债存量的核算，能更好地反映社会再生产中实物运动与价值运动交织在一起的复杂的运动过程。

在核算方法上，MPS 主要采用平衡表法，侧重每个平衡表内部门的平衡，但平衡之间的联系不够严谨；SNA 主要采用复式记账法，通过账户体系把社会再生产各环节、国民经济各部门紧密衔接起来，能更好地反映国民经济运行中的内在联系，提高了国民经济核算的科学水平。

(资料来源：编者根据相关资料整理)

2.2.1 国内生产总值的概念

国内生产总值(GDP)是一国或地区中一定时期内生产的全部最终产品和服务的市场价值。

GDP 的这个简短定义中包含如下计算准则：

1. GDP 不但计算物质产品，还计算服务

也就是说，GDP 不但计算面包、苹果、橘子、洗衣机、电视和汽车，还计算法官、警察、律师、教师、演员和理发师的服务。

2. GDP 是按照市场价格计算的

不同种类和质量的物质产品和服务本来无法直接相加。倘若没有货币这一共同的价值尺度，总产出就只能是一个包含无数产品和服务的清单。有了货币和货币价格，我们才可以把价格为 2 元的一个苹果和价格为 1 元的一个橘子加起来。所以，一个时期的总产出必须首先按照当期市场价格计算，等于各种产品和服务的价格乘以数量并相加。这样的 GDP 称作**名义** GDP。

显然，名义 GDP 变动的原因有：价格变动、实际产出变动和产出构成变动。要想衡量实际产出的变动，即便假设产出构成不变，也要设法消除物价水平变动所造成的影响。或者说，我们要用相同购买力的货币计算不同时期的GDP，这样计算出的GDP称作**实际**GDP。具体做法是，选定一个基期，计算各个时期的价格指数，衡量价格水平的变动(见本章 2.6)。一个时期的实际 GDP 等于名义 GDP 除以 GDP 缩减指数，而 GDP 缩减指数等于这个时期的物价指数除以基期价格指数。

【例 2-1】一个经济在 2015 年生产了 100 个苹果，且当时的苹果价格是每个 1 元，那么，其名义 GDP 等于 100 元。假如这个经济在 2016 年还是生产了 100 个质量相同的苹果，但苹果的价格上升到每个 2 元，那么，2016 年的名义 GDP 等于 200 元。假设以 2015 年为基期，那么，GDP 缩减指数等于 2，2016 年的实际 GDP 等于名义 GDP 除以 2，等于 100 元。

3. GDP 只计算最终产品和服务

最终产品是为了最终使用而购买的产品，即不是为了出售或加工后再出售而购买的产品。为了出售或为了加工后再出售而购买的产品称作**中间产品**。消费者购买的面粉是最终产品。面包生产者购买的面粉是中间产品。一件产品是最终产品还是中间产品，不在于其物质属性，而在于购买者是否出售或加工后再出售。

GDP 只计算最终产品，是为了避免重复计算。如表 2-1 所示，假设面包的生产包括四个阶段：生产小麦、把小麦制成面粉、把面粉制成烤熟的面团(批发的面包)和把面包送到消费者手中。忽略各个生产阶段中的其他投入，这四个阶段总共生产了一个零售价格为 2 元的面包。除了第一个阶段，其余每个阶段均以上个阶段的产品为中间产品，通过其生产活动使产品增值。一个阶段的产品价值减去中间产品的价值称作**增加值**。

表 2-1　最终产品价值等于增加值之和

生产阶段	销售额(元)	中间产品价值(元)	增加值(元)
小麦	1.0	0	1.0
面粉	1.2	1.0	0.2
烤熟的面团	1.5	1.2	0.3
零售的面包	**2.0**	1.5	0.5
合　计	5.7	3.7	**2.0**

由于总共生产了一个可供消费者享用的面包，只计算最终产品的价值——消费者购买面包支出的 2 元，就准确计算了全部生产活动成果。事实上，如表 2-1 所示，各个阶段的增加值之和也正好等于最终产品的价值。这表明，只计算最终产品，没有少算也没有多算生产活动的成果。然而，如果把各个阶段的产值加起来，那么，总产值等于 5.7 元，其中小麦的价值被计算了 4 次，生产面粉的活动被计算了 3 次，生产烤熟的面团的活动被计算了 2 次。在一个发达分工社会中，一件普通产品的生产往往要经过千百个生产阶段，分别由千百个企业完成，用社会总产值衡量生产活动会造成十分严重的重复计算。

此外，上面的讨论表明，最终产品的价值正好等于各生产阶段的增加值之和，而各个生产阶段的增加值正好等于相应企业创造的 GDP。所以，GDP 的算法有两个：一个是计算购买最终产品和服务的支出；另一个是计算各企业的增加值，然后相加。正如表 2-1 所表明的含义，在没有干扰的情况下，两种算法的结果相同。

4. GDP 计算的是一定时期内生产的产品和服务

这是国民账户体系科学性的一面。大致上说，按照权责发生制，产品价值计入生产活动发生相应时期内的 GDP，与是否卖出或发生支付无关。比如，2016 年生产的 100 辆汽车，即使当年没有售出，这些汽车也算作企业当年存货投资，计入 2016 年的 GDP。当这些汽车在 2017 年售出时，所得收入不能计入 2017 年的 GDP。不过，这些汽车的推销员在 2017 年所得收入应计入 2017 年的 GDP，因为这部分价值是他们在 2017 年提供劳动服务的价值。同理，一个时期内发生的旧货交易只有佣金和增值部分可计入这一时期的 GDP。比如，2017 年发生的一辆旧汽车的买卖不能全部计入当年的 GDP，只有修理改装导致的增值部分和销售佣金可计入 2017 年 GDP。通过强调一个时期的 GDP 衡量的是当期生产活动，我们还可以认识到，债券和股票的买卖不能计入 GDP，因为这些资产的买卖不包括最终产品和服务的生产。类似地，政府或个人转移支付，由于没有购买产品或服务，也不能计入 GDP。

此外，由于 GDP 衡量**一定时期内**的生产活动，GDP 是一个流量。

5. GDP 只计算进入市场的产品和服务

官方计算的 GDP 只计算在合法市场上公开出售的产品和服务。家务劳动虽创造经济福利，因不进入公开市场而无法计入 GDP。农民自给自足的生产活动，也因不进入市场而无法计入 GDP。有些生产活动，虽进入市场，但进入的是政府统计人员无法观测到的黑市，从而无法计入 GDP。

6. GDP 的计算遵循国土原则

一国 GDP 衡量的是该国领土之内发生的经济活动。比如，位于上海的一家企业的最大股东是美国人，员工来自菲律宾，但其增加值要计入中国的 GDP。

2.2.2 GDP 的计算方法

1. 支出法

按照支出法，一国 GDP 等于购买该国所生产的产品和服务的支出之和。这些支出分为如下几类：本国家庭在本国产品和服务上的消费支出，记作 C_d；本国企业在本国产品和服务上的投资支出，记作 I_d；本国政府购买本国产品和服务的支出，记作 G_d；外国人或机构购买本国产品和服务的支出，即出口，记作 X。所以，按照支出法，本国 GDP 为

$$Y = C_d + I_d + G_d + X$$

其中，

C_d =本国消费支出 C−本国消费者购买外国产品和服务的支出 C_f，

I_d =本国企业投资支出 I−本国企业购买外国产品和服务的支出 I_f，

G_d =本国政府支出 G−本国政府购买外国产品和服务的支出 G_f。

所以，

$$\begin{aligned} Y &= C_d + I_d + G_d + X \\ &= (C - C_f) + (I - I_f) + (G - G_f) + X \\ &= C + I + G + X - (C_f + I_f + G_f) \end{aligned}$$

其中，$C_f+I_f+G_f$ 是本国各单位购买外国产品和服务的支出，是本国的进口，记作 M。本国的净出口 NX=出口−进口= $X-M$。所以，依照支出法，本国 GDP 为

$$Y = C + I + G + \text{NX}$$

具体来说，**消费**分为三类：非耐用消费品、耐用消费品和服务。非耐用消费品是使用时间较短的产品，比如能源、化妆品、食品和服装等。耐用消费品是使用时间较长的产品，比如家具、汽车和洗衣机等。服务包括音乐家、律师、理发师和医生等提供的服务。

原理上说，宏观经济学中的**投资**是企业购买的资本品，包括**固定投资**(购买的新工厂和设备)和**存货投资**(存货变动)。不过，在美国的 GDP 算法中，投资还包括居民购买的新住房。

关于居民购买的新住房是否算作投资，不同国家的 GDP 计算中也许有不同的规定。值得提醒的是，GDP 计算中的投资，或宏观经济学中的投资，不同于日常用语或商业用语中的投资。按照支出法计算 GDP 时，投资是企业购买的资本品，包括生产设施和存货。日常用语中，笼统地说，投资指为了获得未来收益的支出。支出的可以是金钱、时间或其他东西，而收益可以是金钱收益，也可以是心理收益。

政府购买是各级政府购买的产品和服务，包括办公设施、军事装备、高速公路和政府工作人员提供的服务。

表 2-2 是按照支出法计算的 2012 年美国 GDP。表 2-3 是按照支出法计算的 2015 年中国 GDP。对比两国数字不难发现两国总支出结构上的巨大差异。美国私人消费大约占 GDP 的 70.9%，而中国居民消费大约占 GDP 的 38.0%；美国的投资大约占 GDP 的 13.1%，而中国的投资大约占 GDP 的 45.0%；美国的贸易逆差大约占 GDP 的 3.6%，而中国的贸易顺差大约占 GDP 的 3.0%。

表 2-2 按照支出法计算的 2012 年美国 GDP

	总额(10 亿美元)	占比(%)
消费	11 120	70.9
投资	2 060	13.1
政府购买	3 064	19.5
净出口	−567	−3.6
GDP	15 676	100.0

(资料来源：美国商务部经济分析局 Bureau of Economic Analysis)

表 2-3 按照支出法计算的 2015 年中国 GDP

	数额(亿元)	占比(%)
最终消费	362 266.5	
居民消费	265 980.1	38.0
农村居民消费	59 143.3	
城镇居民消费	206 836.8	
政府消费	96 286.4	14.0
资本形成总额	312 835.7	45.0
固定资本形成总额	301 503.0	
存货变动	11 332.7	
货物和服务净出口	24 007.2	3.0
支出法生产总值	699 109.4	100.0

(资料来源：中国统计局网站，http://www.stats.gov.cn/)

专栏 2-2 中国国民收入核算方法的发展

中国国民经济核算经历了三个阶段：MPS 体系的建立和发展阶段，MPS 体系与 SNA 体系并存阶段，SNA 体系下的发展阶段。

① MPS体系的建立和发展阶段

1952年，国家统计局在全国范围内开展工农业总产值调查，开始我国工农业总产值核算。后来，又从工农业总产值核算扩大到农业、工业、建筑业、交通运输业和商业饮食业五大物质生产部门总产值的核算，即社会总产值核算。从1954年开始，国家统计局在学习前苏联国民收入统计理论和方法的基础上，开展了我国国民收入的生产、分配、消费和积累核算。1956年，国家统计局全面推行MPS平衡体系，核心指标是国民收入。

② MPS体系与SNA体系并存阶段

随着改革开放的深入和国民经济的发展，由于本身固有的缺陷——遗漏整个第三产业的统计以及存在大量重复统计，MPS核算已经不能满足国家宏观经济管理工作的需要。在这种情况下，我国在继续开展MPS核算的同时，逐步研究和开展SNA核算：1985年，开始SNA体系的国内生产总值核算；1987年开始编制SNA体系的投入产出表；1992年，开始编制SNA体系的资金流量表。

1992年1月，国务院通过了《中国国民经济核算体系(试行方案)》，同年8月又发出通知要求在全国范围内发布实施这一体系。该方案采纳了SNA的基本核算原则、内容和方法，保留了MPS体系的部分内容，是一个MPS与SNA相结合的混合性体系。

③ SNA体系下的发展阶段

从1993年起，以取消MPS平衡体系的国民收入核算为标志，中国国民经济核算从MPS平衡体系和SNA体系并存阶段，进入了SNA体系的发展阶段。在这一阶段，我国开始编制SNA体系的资产负债表和国民经济账户，并对整个国民经济核算制度方法不断地进行改革。从1999年开始，在总结1992年以来国民经济核算制度方法的改革成果和实践经验、深入研究最新国际标准——1993年SNA的基础上，国家统计局对《中国国民经济核算体系(试行方案)》进行了系统的修订，取消了MPS的核算内容，清理了基本概念，修订了基本框架，调整了有关表式的指标设置。

(资料来源：欧阳明，袁志刚. 宏观经济学[M]. 上海，上海人民出版社，1999：15-52；
卢峰. 经济学原理(中国版)[M]. 北京，北京大学出版社，2002：358-360.)

2. 收入法

从根本上说，GDP的另一个计算方法是**增加值方法**，即一定时期的GDP等于各个生产单位的增加值之和。这种计算方法的具体实施通常是分生产部门计算，然后相加，所以也称**部门法**或**生产法**。表2-4是按照生产法计算的2015年我国GDP。

表2-4 按照生产法计算的2015年中国GDP

	数额(亿元)
国内生产总值	689 052.1
农林牧渔业增加值	62 911.8
工业增加值	236 506.3
建筑业增加值	46 626.7
批发和零售业增加值	66 186.7

(续表)

	数额(亿元)
交通运输、仓储和邮政业增加值	30 487.8
住宿和餐饮业增加值	12 153.7
金融业增加值	57 872.6
房地产业增加值	41 701.0
其他行业增加值	134 605.5

(资料来源：中国统计局网站，http://www.stats.gov.cn/)

国民收入核算不仅要衡量总产出或总收入，还要揭示产出结构和收入分配状况。按照支出法计算 GDP 揭示了产出结构。按照生产法计算 GDP 还试图揭示各类生产要素在生产中的贡献和取得的收入。在公司企业的收入报表中，增加值分解为折旧、雇员报酬(工资和福利，以下简称为工资)、租金、净利息和公司利润。笼统地说，增加值分解为要素收入，从而 GDP 等于要素收入。我们可以通过计算要素收入来计算 GDP。所以，这一计算方法也称**收入法**。

假如一个两部门经济中的每个企业都像公司那样有详尽和准确的上述数据，那么，

$$GDP \equiv 增加值 \equiv 折旧+工资+租金+净利息+利润$$

然而，在具体计算 GDP 时，需要根据实际情况作一些调整，才能保证按照收入法计算的 GDP 等于按照支出法计算的 GDP。

第一项调整是把**业主收入**单列。这是因为，在现实生活中，一个公司之外的企业没有上述各项收入数据，只有一个包含以上各项的综合收入。比如，一个家庭豆腐作坊一年的总收入为 10 万元，其中包括业主和其他参与生产的家庭成员应得的工资、自己的房子应得的房租、投入的自有资金应得的利息、设备折旧和真正的利润。

第二项调整是加上**间接税**。在没有政府征税的情况下，一件最终产品上的支出等于增加值，增加值分解为上述各项收入，从而，按照支出法计算的 GDP 等于按照收入法计算的 GDP。间接税一般包括消费税、销售税、货物税、营业税、关税、增值税等。间接税产生的影响是：产品市场上，一件最终产品或服务的买者支付的价格高于企业收到的价格，从而使按照支出法计算的 GDP 大于按照收入法计算的 GDP。如图 2-6 所示，假设消费者支出 100 元购买一件产品，按照支出法，GDP 等于 100 元。然而，当政府对这种产品征收每件 10 元的间接税时，这 100 元中的 10 元流向了政府，只有 90 元流向企业，无论企业如何分，以上各项加起来也只有 90 元，即按照收入法计算的

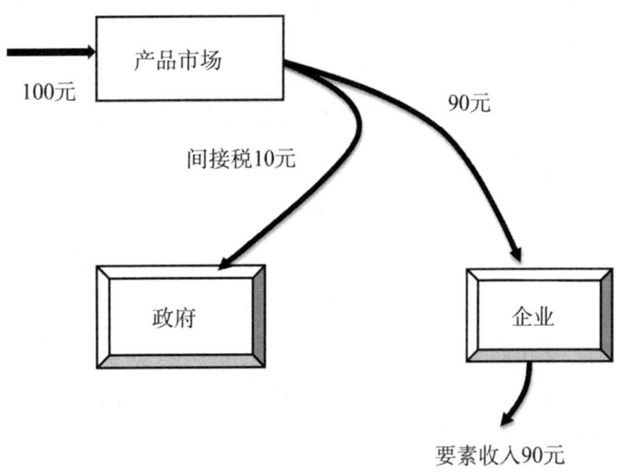

图 2-6　间接税的影响

GDP 等于 90 元。为了使两种算法一致，要么按照支出法计算 GDP 时减去间接税，要么按照收入法计算 GDP 时加上间接税。通常的做法是在按照收入法计算 GDP 时加上间接税。

相反，当政府补贴某种产品的生产时，生产者可用于支付要素的数额会大于产品市场上买者的支出。这时，为了两种算法一致，在按照收入法计算 GDP 时要减去政府补贴。在下面的讨论中，我们约定间接税是减去了政府补贴后的净税。

经过以上调整，按照收入法，

GDP≡增加值≡折旧+工资+租金+净利息+利润+业主收入+间接税

图 2-7 描述的是按照收入法计算的 2012 年美国各类要素收入占 GDP 的比率。我国还没有全国统一的按照收入法计算的 GDP 数字。

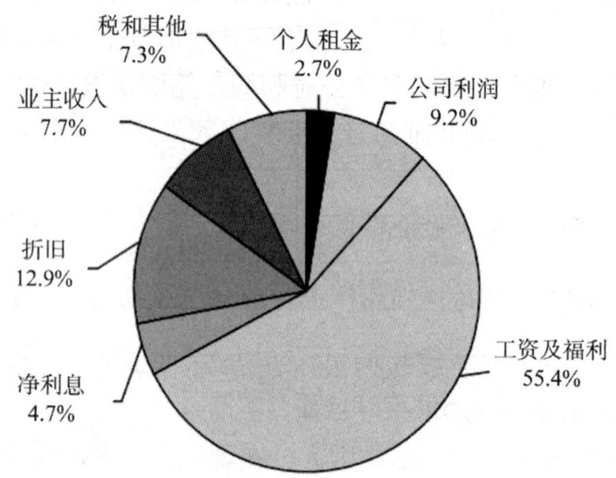

图 2-7　2012 年美国各类要素收入占 GDP 的比率

(资料来源：美国商务部经济分析局 Bureau of Economic Analysis)

中国统计局利用收入法计算 GDP 的口径与分类和国际标准略有不同。表 2-5 是 2015 年我国部分省市的 GDP 收入构成。它是在生产法的基础上，令各常住单位的增加值等于劳动者报酬、固定资产折旧、生产税净额和营业盈余四项之和。这四项在投入产出中也称最初投入价值。计算公式为：

GDP=劳动者报酬+固定资产折旧+生产税净额+营业盈余

劳动者报酬是指劳动者从事生产活动而从生产单位得到的各种形式的报酬，包括劳动者通过各种渠道从生产单位获得的一切货币形式和实物形式的收入以及个体劳动者通过劳动而获得的收入。主要有四种形式：一是工资，二是福利，三是从利润或成本中支付给劳动者个人相当于工资性质的劳动报酬，四是实物性收入，指农民自产并用于个人消费的农副产品的价值，以及劳动者免费或以低于市场价格从单位得到的实物的价值。

固定资产折旧是常住单位在核算期内生产活动中所消耗固定资产而提取的价值。固定资产折旧并非本期生产活动新创造的价值，而是生产中消耗的固定资产的价值，属于转移价值。把折旧计算在增加值中，可以避免由于把折旧计算在中间投入中，因折旧的大小不同而带来营业盈余的大小不一，从而造成增加值的波动。因此，如果把折旧计算在增加值中，既可以提高 GDP 计算的准确性和一致性，也可以增强 GDP 的可比性。

生产税净额是指各部门向政府缴纳的生产税与政府向各部门支付的生产补贴相抵后的差额。生产税是政府向各部门征收的有关生产、销售、购买、使用货物和服务的税金。主要有三种形式：一是销售税金；二是计入成本的税，指国家对生产单位从事生产活动而征收的税金，但有的行业把这部分税统一作销售税金处理；三是各种附加和规费。生产补贴是政府为控制价格又要扶持生产而支付给某些部门的补贴，包括粮食企业的价格补贴和企业政策性亏损补贴。实行增值税后，生产税中还包括本期应交增值税(产品销项税额与购买货物、服务进项税额之差)。

营业盈余是指总产出扣除中间投入、固定资产折旧、劳动者报酬、生产税净额后的剩余部分，它是常住单位所创造的增加值在对固定资产进行补偿、对劳动者进行分配和上缴国家税金以后所余下的份额。

表 2-5 中国部分地区 GDP 的收入构成(2015 年)

地区	GDP(亿元)	劳动报酬(亿元)	生产税净额(亿元)	折旧(亿元)	营业盈余(亿元)
北京	23 014.6	12 697.3	3 298.7	2 678.2	4 340.4
天津	16 538.2	6 724.0	2 741.5	1 795.4	5 277.4
上海	25 123.5	11 085.4	4 919.9	2 715.4	6 402.8
河北	29 806.1	15 398.5	3 826.5	4 168.2	6 412.9
江苏	70 116.4	31 163.9	9 146.2	8 918.6	20 887.7
山东	63 002.3	28 000.5	8 263.0	9 049.2	17 689.6

(资料来源：中华人民共和国国家统计局. 中国统计年鉴 2016[M]. 北京：中国统计出版社，2016.)

2.3 与 GDP 相关的总量

2.3.1 国民生产总值

国民生产总值(Gross National Product)，记作 GNP，是一国(地区)拥有的要素在一定时期内生产的全部最终产品和服务的市场价值。**国内生产总值**(Gross Domestic Product，GDP)是一国(地区)在一定时期内生产的全部最终产品和服务的市场价值。GDP 按照**国土原则**进行计算，凡在一国领土之内生产的产品都计入该国 GDP，而参与生产的生产要素所有者可以是本国国民，也可以是外国国民。GNP 按照**国民原则**进行计算，凡是本国国民所拥有的生产要素生产的产品都计入该国 GNP，而生产发生地可以在国内，也可以在国外。显然，GNP 与 GDP 的差异是由生产要素跨国流动造成的。

如果没有生产要素跨国流动，那么

$$GNP=GDP$$

如果一国只有生产要素的输出而没有生产要素的输入，那么

GNP≡GDP+本国生产要素在国外挣到的收入

如果一国只有生产要素的输入而没有生产要素的输出，那么

GNP≡GDP-外国生产要素在该国挣到的收入

一般情况下，

GNP≡GDP+本国生产要素在国外挣到的收入-外国生产要素在该国挣到的收入
≡GDP-净外国要素收入

假如一个国家的企业都被外资收购，矿山油田也都归外国资本拥有，那么该国的GDP会很高，而其GNP却很小。大部分国家，GDP和GNP之间的差异大多为1%～2%。日本是一个例外，其GNP远大于GDP，原因是其大量的对外投资收益。有些落后国家严重依赖外汇汇回或国际援助，也会导致其GNP明显高于GDP。此外，像冰岛、爱尔兰这样的国家，由于吸引了大量外资(尤其是在全球金融危机爆发之前)，其GDP比GNP高出15%，甚至25%。

2.3.2 国民生产净值(NNP)

国民生产净值(Net National Product，NNP)等于GNP减去折旧，即

NNP≡GNP-折旧

2.3.3 国民收入

国民收入(National Income，NI)是一国拥有的要素挣到的收入，即

NI≡工资+租金+净利息+公司利润+业主收入

根据GDP的收入算法

GDP≡折旧+工资+租金+净利息+公司利润+业主收入+间接税

可以得出，

NI≡ (GDP－净外国要素收入)-折旧-间接税
≡ (GNP–折旧)－间接税
≡ NNP－间接税

2.3.4 个人收入

个人收入(Personal Income，PI)是家庭收到的收入。国民收入是生产要素挣到的收入。两者的差别是，挣到的未必收到，收到的未必是挣到的。所以，

$$\text{PI} \equiv \text{NI} - \text{挣到但没有收到的收入} + \text{收到但不是挣到的收入}$$

挣到但没有收到的收入主要有两类：社会保险税和公司所得税。假设公司税后利润都用于派发股息，即未分配利润为零。收到但不是挣到的收入是政府向家庭的转移支付。最常见的政府转移支付是福利支出、失业救济金、政府债券利息和社会保障支出。值得注意的是，在宏观分析中，挣到但没有收到的收入和收到但不是挣到的收入都只包括发生在政府部门与私人部门之间的同类收入。虽然私人之间也会发生挣到但没有收到的收入，但是一个人挣到但没有收到的收入必定是另一个人收到但不是挣到的收入，两者相互抵消。

2.3.5　个人可支配收入

个人收入是个人收到的收入，但收到的收入未必是个人可以随意支配的收入。一般来说，个人收入要交纳个人所得税。**个人可支配收入**(DI)等于个人收入减去个人所得税。个人可支配收入中没有消费掉的是储蓄。所以，

$$\begin{aligned}\text{DI} &\equiv \text{个人收入} - \text{个人所得税}\\ &\equiv \text{消费} + \text{储蓄}\\ &\equiv C + S\end{aligned}$$

如果我们用 Y 记**广义国民收入**，即 GDP 或 GNP，忽略净外国要素收入，那么，

$$\text{DI} \equiv Y - \text{折旧} - (\text{间接税} + \text{社会保险税} + \text{公司所得税} + \text{个人所得税}) + \text{政府转移支付}$$

用 T 记全部税，用 TR 记政府转移支付，那么，

$$\text{DI} \equiv Y - \text{折旧} - T + \text{TR}$$

用 YD 记包括折旧在内的私人部门可支配收入，那么，

$$\text{YD} \equiv \text{DI} + \text{折旧} \equiv Y - T + \text{TR} \equiv C + S$$

其中 S 含折旧，指私人部门总储蓄。

2.4　一些重要恒等式

2.4.1　简单经济恒等式

简单经济只有两个部门：家庭和企业。

一方面，按照支出法，

$$Y \equiv C + I$$

另一方面，简单经济中的总收入都是私人可支配收入，而可支配收入分解为消费和储蓄，

$$Y \equiv C + S$$

所以，

$$C + I \equiv C + S$$

等式左边是支出来源，等式右边是收入用途。例如，一个经济体生产了 100 个面包，且面包的价格是每个 1 元，那么，从支出角度看，这 100 个面包要么被消费者买去，要么被企业作为存货投资买去。比如，消费者购买了 80 个面包，即消费支出等于 80 元，那么，无论企业家是否愿意，剩下的 20 个面包就成了企业存货投资，即投资支出等于 20 元。从收入用途的角度看，100 元的收入要么用于消费，要么变成储蓄。按照上述假设，消费者购买 80 个面包，即 C=80 元，那么，S=100−80=20(元)。

上述等式意味着，在简单经济中，

$$I \equiv S$$

即投资总是等于储蓄。这里的关键是，国民收入核算中的量是作为事后结果的量。尤其是，这里的投资包括期末(比如年终)仓库里的存货，即没有售出的产品都被看作存货投资，未必等于计划的存货投资。在上例中，如果消费者只支出 80 元购买 80 个面包，那么，其储蓄等于 20 元，企业的仓库里必定有 20 个面包的存货，即投资总是等于储蓄。也就是说，私人储蓄都变成了企业投资。还值得提醒的一点是，上述恒等式中，如果投资指的是包含折旧的总投资，那么，储蓄是包含折旧在内的私人部门总储蓄；如果投资指的是净投资，那么，储蓄指的是家庭储蓄。

2.4.2 包含政府和对外贸易部门的恒等式

在包含政府和对外贸易的一般情况下，一方面，按照支出法

$$Y \equiv C + I + G + \mathrm{NX}$$

另一方面，私人部门可支配收入(YD)等于总收入(Y)减去税收(T)，加上政府的转移支付(TR)，即

$$\mathrm{YD} \equiv Y - T + \mathrm{TR}$$

从而，

$$\begin{aligned} Y &\equiv \mathrm{YD} + (T - \mathrm{TR}) \\ &\equiv C + S + (T - \mathrm{TR}) \end{aligned}$$

所以，

$$C + I + G + \mathrm{NX} \equiv C + S + (T - \mathrm{TR})$$

整理后得，

$$S \equiv I + (G + \mathrm{TR} - T) + \mathrm{NX}$$

这个恒等式说明了私人部门储蓄(*S*)的三个用途：用于企业投资(*I*)、用于弥补政府财政赤字(*G*+TR−*T*)和贸易盈余(NX)。假设企业融资全部采用发行债券的方式，政府通过发行债券融资来弥补赤字，而出口换来的外国货币本质上是外国人给我们打的借条，那么，一国私人部门的储蓄要么借给企业用于投资，要么借给政府用于弥补财政赤字，要么借给外国人。而且，这三个用途是相互竞争的。

【例 2-2】假设一个经济中的私人储蓄是 100 单位。如表 2-6 第二行所示，当政府财政收支平衡且对外贸易平衡时，全部私人储蓄都变成私人投资。第三行表明，假设对外贸易平衡，当政府有 20 单位的财政赤字时，私人投资等量减少 20 单位，即政府支出必定挤掉私人投资。第四行表明，当政府赤字增加 10 单位时，如果对外贸易保持平衡，那么，私人投资等量减少 10 单位。第五行表明，当政府有盈余 10 单位时，私人投资增加 10 单位。第六行表明，如果政府收支平衡，那么，10 单位的贸易盈余意味着国内投资减少 10 单位。第七行表明，其他相同，10 单位的贸易赤字意味着国内投资增加 10 单位。第八行表明，虽然政府有财政赤字，但贸易赤字弥补了政府财政赤字，政府财政赤字不会挤掉私人投资支出。

表 2-6　包含政府和国际贸易的收入和支出平衡

S	*I*	*G*+TR-*T*	NX	备注
100	100	0	0	储蓄全部变成私人投资
100	80	20	0	财政支出挤掉私人投资
100	70	30	0	政府赤字增加，私人投资等量减少
100	110	−10	0	财政盈余使私人投资增加
100	90	0	10	贸易盈余挤掉本国私人投资
100	110	0	−10	贸易赤字使本国私人投资增加
100	100	10	−10	贸易赤字可弥补财政赤字

2.5　GDP 的局限性

人们往往用 GDP 衡量经济福利，然而，如果真正理解 GDP 是如何计算出来的，我们就不会把 GDP 当作一个可靠的经济福利指标来使用。肯尼迪(Robert Kennedy)在 1968 年的总统竞选演说中这样描述 GDP：

GDP 不衡量我们孩子的健康、他们接受的教育质量和他们玩耍的快乐。它不包括我们的诗歌的优美或我们的婚姻的牢固、我们的公共问题争论的智慧或我们的政府官员的诚实。它既不衡量我们的勇气，也不衡量我们的智慧和我们对我们国家的忠诚。简言之，它衡量所有事情，唯独不衡量使生命有意义的事情；它能够告诉我们有关美国的所有事情，唯独不告诉我们为什么我们作为美国人而自豪。

具体来说，作为经济福利指标来使用时，GDP 有如下局限：

(1) GDP 不计算家庭的自给自足的生产活动，尤其不计算家务劳动。这部分创造经济福利的生产活动因为没有进入市场而无法计入官方计算的GDP。这意味着，当一个经济体内自给自足的成分较大时，官方公布的GDP低估人们实际享受的经济福利。一般来说，经济越不发达，分工越不发达，市场化程度越低，即自给自足的成分越大，其GDP越是低估人们实际享受的经济福利。

(2) GDP不计算黑市交易。人们进行黑市交易也许是为了逃税，也许是因为这些活动本身不合法。黑市交易也创造经济福利。不过，官方计算的GDP无法把黑市交易计算进去，从而会低估人们实际享受的经济福利。

(3) GDP不计算负的或正的外部影响。负的外部影响是某种产品的生产和消费给他人造成不利影响，即减少了他人的经济福利。当GDP只计算消费者在这种产品上的支出，不计算其他消费者的福利减少，从而高估了人们享受的经济福利。相反，当一种产品的生产和消费有正的外部影响时，GDP会低估人们享受的经济福利。

(4) GDP不能全面反映社会进步和人民生活水平改善。同样的GDP也许是每周工作40小时生产出来的，也许是每周工作50个小时生产出来的。一般来说，GDP越大，就业水平越高，但对于劳动密集型和资本密集型产业来说，GDP对就业水平的影响还是有差异的，因此，GDP不能反映一个国家的就业情况。此外，GDP不是一个收入分配指标，不能反映收入分配是否公平合理。人均GDP还掩盖了收入差距的扩大，人们会感觉到收入“被提高”。

(5) GDP不反映产品质量的变化。使用化肥生产出来的西瓜没有不使用化肥生产出来的西瓜好吃。如果价格和产量相同，那么，GDP相同，但人们实际享受的经济福利不同，从而GDP高估了人们实际享受的经济福利。然而，计算机和手机等质量不断提高，价格却不断下降，从而GDP低估人们实际享受的经济福利。

综上所述，GDP既是重要的宏观总量指标，又存在着明显的局限性。单纯利用GDP指标来衡量地方政绩，有助于激励地方政府努力投身经济建设，但有可能会导致诸如生态环境恶化和涸泽而渔的短期行为。比如，GDP核算的重心在经济增长的数量上而非质量上，忽视了资源损耗与环境问题等。近年来，社会上出现对GDP批评的声音，我们应该客观地评价和使用这一宏观经济指标，不能奢望GDP能够满足方方面面的要求，因为世界上还没有任何一个统计指标能够做到这一点。GDP本身没有错，错的是把GDP看作一切的理念。正确使用GDP，在适用范围使用它，在超过适用范围时，要发挥其他合适的统计指标的作用。

专栏2-3　绿色GDP

为了计算GDP增长所付出的环境和资源代价，绿色GDP进入公众的视野。1993年，联合国在发布的《综合环境与经济核算体系》(SEEA)中首次正式提出了绿色GDP的概念，将经济活动对环境的利用作为投入看待，旨在引导更多的国家补充和修正传统的经济增长衡量方式，推动在国家层面上建立绿色国民核算体系。SEEA基于传统SNA体系对绿色GDP进行核算，计算公式为：

绿色GDP=GDP-资源消耗-环境退化

资源消耗主要考虑自然资源的存量及其变化对国民收入的影响。环境退化是指人类的社会经济活动给环境带来的损害以及对其恢复与治理的代价。在绿色GDP实践方面，最早开始研究的是挪威，1981年挪威政府出版了第一份自然资源的刊物，此后还出版了第一份自然资源核算的报告。继挪威之后，芬兰也开展了绿色 GDP 研究，建立了由森林资源、环保支出、空气污染物排放组成的自然资源核算的框架。1990 年，墨西哥在 SEEA 的框架下开始编制资源环境的实物数据，主要涉及石油、空气、水、森林、土壤，通过估算将其变成价值量数据。墨西哥是全球第一个编制资源环境实物量和价值量表的国家。近年来，随着各国对可持续发展战略越来越重视，越来越多的国家开始 SEEA 的试点和绿色 GDP 核算工作。

作为衡量一个国家经济实力的核心指标之一，GDP 改变了中国的经济实力和国际地位，让中国成为世界第二大经济体，也造成了中国疯狂的 GDP 崇拜。不少地方为了迅速做大 GDP，不惜牺牲环境、资源。根据 2012 年《特大城市承载力研究》，中国单位 GDP 的能耗是日本的 7 倍、美国的 6 倍，甚至是印度的 2.8 倍。这种牺牲环境做大 GDP 的模式受到越来越多的批判。2003 年，国家统计局在《中国国民经济核算体系》的框架下，试编了 2000 年土地、矿产、水资源的实物量表，并在黑龙江省、重庆市、海南省分别进行了森林、水、工业污染、环境保护支出等项目的核算试点。2005 年，环保总局和国家统计局在北京、天津、河北等 10 个省市区开展了为期一年的绿色 GDP 核算研究试点和环境污染损失调查。2006 年，环保总局和国家统计局首次发布了中国第一份《中国绿色国民经济核算研究报告 2004》，核算了各地区和 42 个行业的环境污染损失。此后，由于体制机制的原因，再加上绿色 GDP 核算在实践中操作起来比较困难，关于绿色国民经济核算研究报告再也没有发布过。2015 年，环保部宣布重启“绿色 GDP”研究，建立绿色 GDP2.0 核算体系，并确定在安徽、海南、四川、云南、深圳、昆明、六安市这 7 地开展试点工作。

总的看来，无论是国际还是国内，对绿色 GDP 的理念已经形成共识，越来越多的国家开始关注环境对国家经济发展的影响，但是绿色 GDP 的核算方法依然处在探索阶段。

(资料来源：编者根据相关资料整理)

2.6 衡量物价

保持物价稳定是宏观经济调控的目标之一，而宏观经济中所指的物价稳定不是某一种商品价格的稳定，而是一般物价水平的稳定。反映一般物价水平的指数称作**价格指数**。价格指数是综合多种商品或服务价格水平计算出来的。

价格指数的计算方法是：第一步，确定一个有代表性的商品和服务组合；第二步，调查这些商品和服务的价格；第三步，计算每一年购买这一篮子商品和服务的成本；第四步，选定某一年作为基期，各年的价格指数等于当年的成本除以基期的成本后乘以 100。

常用价格指数有三个：消费者价格指数(CPI)、生产者价格指数(PPI)和 GDP 缩减指数。CPI 的计算中使用的商品和服务组合是典型消费品的消费组合，目的是衡量居民生活成本的变动。PPI 的计算中使用的商品和服务的成本组合主要包括工资、租金、能源等生产投入品，目的是衡量生产成本的变动。GDP 缩减指数是最具综合性的价格指数，它的计算中使用的商品和服务组合既有消费品又有生产投入品，目的是衡量整个经济中总体价格水平的变动。

下面，让我们举例说明消费者价格指数的计算。

第一步，假设有代表性的消费组合是 4 千克面粉和 2 千克猪肉。

第二步，调查各年各种商品的价格。

年份	面粉价格(元/千克)	猪肉价格(元/千克)
2010	2.4	12
2011	2.4	16
2012	2.6	18
2013	3.0	26

第三步，计算这一组商品每年的购买成本。

年份	商品组合的成本(元)
2010	2.4×4+12×2=33.6
2011	2.4×4+16×2=41.6
2012	2.6×4+18×2=46.4
2013	3.0×4+26×2=64.0

第四步：选择以 2010 年为基期，计算每年价格指数。

年份	消费者价格指数
2010	(33.6/33.6)×100=100
2011	(41.6/33.6)×100=124
2012	(46.4/33.6)×100=138
2013	(64.0/33.6)×100=190

图 2-8 和图 2-9 分别描述了中国消费者价格指数与生产者价格指数的变动趋势。

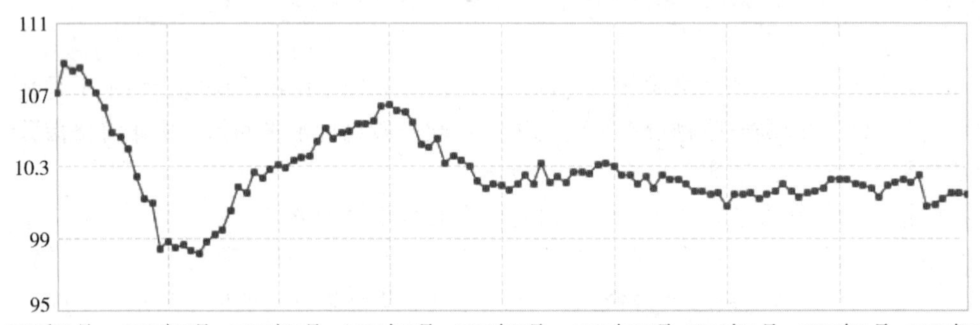

图 2-8　中国消费者价格指数(CPI)变动

(资料来源：东方财富网数据中心，http://data.eastmoney.com)

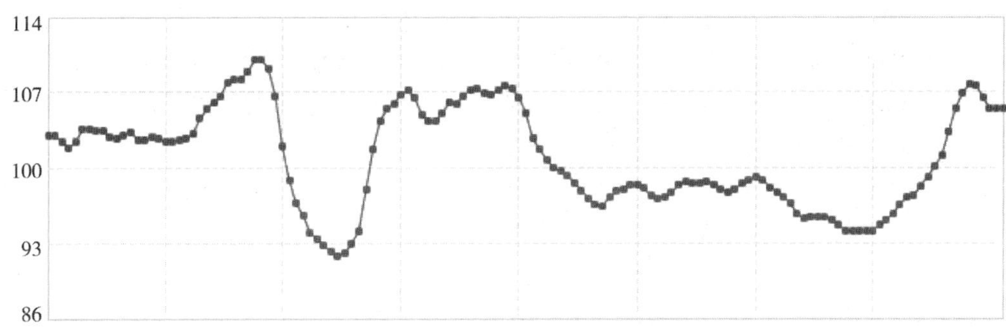

图 2-9　中国生产者价格指数(PPI)变动

(资料来源：东方财富网数据中心，http://data.eastmoney.com)

价格指数计算试图全面和准确衡量整体价格水平，但诸多原因使之并不完全准确。

(1) 相对价格会随着时间的推移而变动，用 CPI 衡量价格变动时，隐含的假设是消费者在相对价格变动时并不改变他们的购买习惯，这显然不符合事实。当相对价格变动时，消费者通常会减少相对较贵商品的购买量，增加相对便宜商品的购买量。相对价格变动会导致严重的偏差，CPI 计算中，相对变贵的商品得到的权重大于它应当得到的，这样，以 CPI 衡量的物价增长就会偏高。

(2) 商品的质量会随着时间的推移而发生变化。我们以 2005 年的奇瑞汽车与 2015 年的奇瑞汽车相比，2015 年的奇瑞汽车增加了全景天窗、加热座椅、倒车影像等。虽然 2015 年的奇瑞汽车价格更高，但是消费者在增加的支出中获得了更多。CPI 没有反映商品质量随着时间的推移而发生的变化，从这一点上讲，CPI 高估了物价上涨。

(3) 新旧产品的更迭。当有新产品出现和旧产品消失的时候，显然我们无法客观地计算较长时期的 CPI。

专栏 2-4　统计局详解 CPI 构成　2011 年启动新算法

作为国家统计系统 3000 多名价格调查员之一，张晓飞每月 6 次手持采集手机，对北京宣武区内的各类蔬菜等价格进行统计。

但是，2011 年的这个时候，张晓飞汇总到国家统计局的数据，将按新的方式计入居民消费价格指数(CPI)。

2010 年 4 月 7 日，国家统计局城市社会经济调查司司长魏贵祥透露，2011 年的 CPI 编制将启动新的权重方案，其中居住类、医疗保健类、娱乐教育文化类价格权重将上升，食品类权重将下降。

CPI 是城乡居民购买生活消费品和服务项目的价格指数，分别是度量通货膨胀、进行国民经济核算、薪资报酬谈判，以及进行地区间价格比较的依据。最低工资标准是否上调，央行是否加息……CPI 都是重要的参照依据。

目前，CPI 的统计构成有八大类，各个类别占 CPI 的权重是根据 13 万户的居民消费实际调查得出的。各类价格乘以权重，最终会加权得出全国的 CPI 数据。

2010 年 2 月，全国居民消费价格同比涨幅为 2.7%。根据国家统计局公布的数字，主要由食品和居住类价格上涨拉动。2009 年食品类在 CPI 中的比重为 32.79%，居住类价格在 CPI 中的比重为 14.69%。不过，2011 年食品类权重下降，居住类权重上升，CPI 走势也许将呈现与以往不同的曲线。

食品类权重 30 年下降一半

魏贵祥告诉记者，预计在 2010 年下半年组织调查人员对城乡居民消费支出展开新的调查，作为 2011 年 CPI 权重调整的依据。

根据居民消费支出情况，国家统计局每年对食品、烟酒用品、衣着、家庭设备用品及维修服务、医疗保健及个人用品、交通和通信、娱乐教育文化用品及服务、居住八大类的 CPI 权重进行微调，每 5 年进行一次大调。

魏贵祥指出，20 世纪 80 年代，食品占 CPI 的权重有 60%左右，目前下降到 30%左右，预计不久的将来还会继续降低。主要是居民收入持续增长，食品支出占消费的比重在逐步下降。“过去 30 年食品类权重下降了一半，但是居住消费以及其他消费的支出越来越多。”他解释说。

进入经常性 CPI 调查目录的产品和服务是根据 13 万多户城乡居民家庭消费的实际情况进行测算的，按照消费数量较大、供应相对稳定、价格易于采集、价格变动趋势和变动程度是否有较强代表性来选定。

而实际价格的采集，则采用派员调查的方式。目前全国共有 3000 多个调查员，定期对全国 550 多个市县的 5 万多个不同类型的商店、市场、服务网点进行实际成交价格的采集工作。

调查点按照地域、经营规模、经营方式配比，以保证其代表性。张晓飞等价格调查员按照定点、定时、定人原则，对鲜活食品每 5 天采集一次价格，其他商品每月采集 2～3 次价格。

获取相关产品和服务价格后，与相应的权重相乘，得出最后的 CPI 月度数字。国家统计局已经初步确定，将全国 590 多个市县作为居民消费支出的调查样本地，为 2011 年的 CPI 权重调整做准备。

对 CPI 走势影响不会太大

据记者了解，目前预备上调权重的 3 类价格——医疗保健及个人用品、娱乐教育文化用品及服务、居住——是近年来价格上升较快的类别。如果考虑到这些类产品在 CPI 中权重增加，在一定意义上可能会提升 CPI。

不过，魏贵祥指出，以教育支出为例，目前调查范围内的城乡居民有教育支出的只有 1/3 左右，其他 2/3 居民在这方面支出不多。因此，尽管教育占 CPI 的权重将增加，但是这对 CPI 影响幅度有限。

同时，随着城乡居民收入增加，食品占整个消费的比重减少，相应食品占 CPI 的权重下调，这在一定程度上会抵消其他 3 类权重上调的影响。

“所以最终权重调整后，新的价格走势如何还要看一看。”魏贵祥说。

魏贵祥进一步证实，在居住类价格权重调整中，原有的自有住房的房屋贷款利率，会被贷款利率与房价的加权数代替。这个贷款利率实际上是代表居民的虚拟房租，但是这个虚拟房租是否可以用现价房租代替，国家统计局正在研究。

CPI 中居住类价格目前包括四个子类：一是建房及装修材料，2009 年占居住类权重是 27%，其中包括木材、木地板、砖、水泥、涂料等 10 个商品集群；二是房租，2009 年占居住类权重是 11.1%，其中包括公房房租、私房房租、其他费用三项；三是自有住房，2009 年占居住类权重是 21.1%，其中包括房屋贷款利率、物业管理费用、维护修理费用等四项；四是水、电、燃料，2009 年占居住类权重是 40.8%，其中包括水费、电费、液化石油气、管道燃气、其他燃料五项。

魏贵祥表示，目前美国的居住类价格占 CPI 的权重达到 40%以上，包含了家具乃至草坪的修剪支出。中国的居住类价格目前没有涵盖这么全面，也不会很快达到美国当前的权重水平。

此外，新的调整也并不能完全解决 CPI 与居民实际物价体验之间的差异问题。例如，在医疗保健类支出方面，在药品价格下降的同时，医院可能通过增加开药的数量、延长用药时间、增多检查内容，导致居民的医疗负担继续增加。“药品价格无法反映居民的消费支出负担，这在统计领域是一个难题。”魏贵祥说。

(资料来源：21 世纪经济报道，2010 年 4 月 7 日)

通货膨胀是指商品和服务价格的持续普遍上升。通货膨胀的严重程度用通货膨胀率衡量。通货膨胀率等于价格指数的变化率，一般用消费者价格指数变化率衡量。所以，

$$\text{通货膨胀率}=\frac{\text{当年CPI}-\text{上年CPI}}{\text{上年CPI}}$$

在上面的例子中，2011 年的通货膨胀率=(124−100)/100=24%；2012 年的通货膨胀率=(138−124)/124=11%；2013 年的通货膨胀率=(190−138)/138＝38%。

有些经济学家按照通货膨胀率的高低把通货膨胀分为四类：3%以下的通货膨胀称作**爬行的通货膨胀**。一般认为，这样的通货膨胀不会给经济造成显著影响。4%～10%的通货膨胀称作**温和的通货膨胀**。此类通货膨胀会给人们的生活造成显著影响，从而成为人们关注的问题。10%～100%的通货膨胀称作**奔驰的通货膨胀**。此类通货膨胀会给经济造成严重破坏。100%以上的通货膨胀称作**超级通货膨胀**。此类通货膨胀大多伴随着剧烈的社会动荡，可能是社会动荡的结果，也可能是社会动荡的原因。

专栏 2-5 德国的超级通货膨胀

历史上最惊人的超级通货膨胀发生于 1919—1923 年的德国。这次通货膨胀的特殊历史背景是，作为第一次世界大战战败国的德国，按照凡尔赛条约背上了沉重的赔款负担。第一次世界大战爆发时——1914 年 7 月 31 日，德意志帝国首先采取的行动是停止兑换黄金。自 7 月 24 日至 8 月 7 日，帝国银行增发 2 亿马克纸券。截至 1923 年 11 月 15 日(通货膨胀在那天正式结束)，已发行的纸马克达 9 280 万万亿(92 800 000 000 000 000 000)，数目之大，令人不可思议。其中，1923 年物价上涨 13 800 亿倍。

(资料来源：亨利·赫兹里特. 通货膨胀危机[M]. 北京：时事出版社，1981：56.)

总之，通货膨胀是指物价普遍和持续上升。整个经济的物价水平用价格指数来衡量。价格指数是通过比较一组有代表性的商品组合的购买成本计算出来的。常见的价格指数有三个：消费者价格指数(CPI)、生产者价格指数(PPI)和 GDP 缩减指数。消费者价格指数(CPI)衡量居民生活成本的变动。PPI 衡量生产成本的变动。按照通货膨胀的高低，通货膨胀分为爬行的通货膨胀、温和的通货膨胀、奔驰的通货膨胀和超级通货膨胀。

2.7 衡量失业

失业率是衡量宏观经济运行状况的另一个重要指标。失业制约经济发展、影响居民生活、威胁社会稳定。为此，联合国《人权世界宣言》把保障人类参加经济活动的权力(即劳动权)置于突出地位，特别把失业者获得保护和再就业条件作为全球努力的目标。计算失业率首先需要明白什么是失业。

失业(unemployment)是指有劳动能力、愿意接受现行工资水平但仍然找不到工作的现象。失业人口占劳动力人口的百分比称作**失业率**。具体的计算过程如下。

对一个国家而言，首先把人口划分为劳动年龄人口和不在劳动年龄人口。世界上大多数国家把年龄在 16 至 65 周岁之间的人口定义为劳动年龄人口。在中国新退休政策之前，工人的法定劳动年龄为 16 岁以上，男性 55 岁以下，女性 50 岁以下；干部的法定劳动年龄为 16 岁以上，男性 60 岁以下，女性 55 岁以下。劳动年龄人口又分为两部分，一部分是不想工作和不能工作的人，这些统称为不在劳动力人口，包括家务劳动者、在校大学生、现役军人、病残者、劳教人员等；另一部分是劳动力人口，劳动力人口又分为就业者和失业者，如图 2-10 所示。最后，我们得到下面的公式：

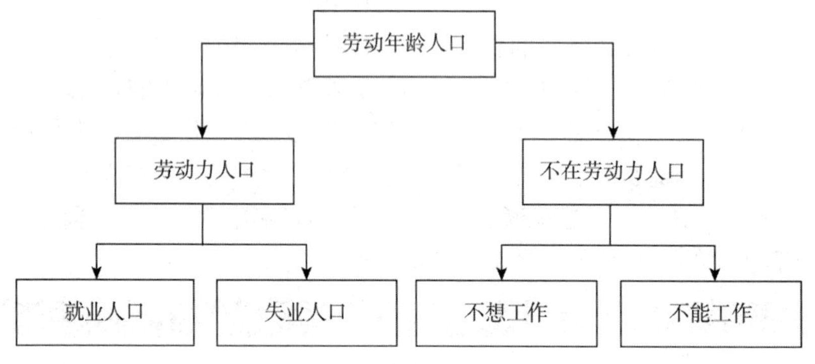

图 2-10 劳动年龄人口构成

总人口=劳动年龄人口+不在劳动年龄人口

劳动力人口=劳动年龄人口−不在劳动力人口=就业人口+失业人口

$$劳动参与率=\frac{劳动力人口}{劳动年龄人口}\times 100\%$$

$$就业率=\frac{就业人口}{劳动力人口}\times100\%$$

$$失业率=\frac{失业人口}{劳动力人口}\times100\%$$

例如，2000年美国有成年人口2.097亿，其中就业人数是1.352亿，失业人数是570万。所以，劳动力人口等于1.352+0.057=1.409(亿)。失业率等于0.057÷1.409×100%=4.0%。劳动参与率等于1.409÷2.097×100%=67.2%。

专栏2-6　失业率统计尚存三大提升空间

国务院总理李克强近日撰文透露，2013年上半年中国调查失业率为5%，失业率与经济增速、通胀率等指标“均处于合理、可控范围”。这是中国官方高层首次公开披露这一统计数据。此前中国定期公布的失业率指标主要是“城镇登记失业率”，而这一指标之所以经常被质疑能否真实反映就业状况，主要在于其统计涵盖面过小且选择性较强，如统计中不包括下岗职工及非城镇就业人口；再如失业统计须经自愿登记且登记程序过于严苛，等等。针对“城镇登记失业率”统计中存在的缺陷，不少专业机构或学者试图对其进行修正，但这些基于不同方法与口径开展的学术活动得出的结果往往大相径庭。开展并公布官方的、科学的、可信的“调查失业率”统计，无疑是在原有工作基础上的重大进步。不过综合目前各方面情况来看，中国的失业率统计起码还存在以下三方面待提升空间：

首先，假设中国的“调查失业率”统计能按国际通行标准及方法展开调查，但中国城乡二元户籍制度引致超过半数人口是非城镇户籍，而这部分人口一方面已成为中国产业工人的重要组成成分，另一方面其流动频繁且身后存在农村这一就业渠道(尽管隐性失业率极高)，因此，中国的失业率统计如何排除非充分就业巨大的干扰，着实是个极难解决的命题。

其次，参照此前各项地方性统计工作中屡禁不绝的造假现象，中国的失业率统计如何禁绝人为干预，注定将是更艰巨、更长期的考验。一方面，失业率统计客观上存在“失业”边界模糊的特性，因此，地方政府更容易借此“自由裁量”；另一方面，除了一般统计造假背后“数字出官”等或然性驱动因素，失业率统计因其直接关系地方财政预算安排，如失业救济、再就业培训、公益性岗位设置等，因此，地方政府就此造假的违规“收益”更易预见，更易收效。

最后，不断逼近真实劳动力市场状况的失业率统计，还需要进一步提升其对于政府宏观政策的引导性(或者说约束力)。中国的失业率统计不能为统计而统计，中国的基本国情与发展阶段决定了中国必须在多个战略目标排序中，尽早实现由“增长优先”向“就业优先”转变。唯有如此，中国方可逐步实现就业增长—收入增长—内需增长—经济增长之良性循环。

(资料来源：葛丰. 失业率统计尚存三大提升空间[J]. 中国经济周刊，2013(37)：2.)

习　题

一、判断题

1. 投资是流量。（　）
2. GDP 只计算最终产品是为了避免重复计算。（　）
3. 企业购买的小轿车属于投资。（　）
4. 一国的人均 GDP 高于另外一国，可以肯定该国的福利水平也高于另外一国。（　）
5. 张三和李四各买了一个手机，张三付了钱，李四赊账，则张三的购买行为对 GDP 的影响更大。（　）
6. 政府转移支付不计入 GDP。（　）
7. 一家企业出售自己拥有的一块土地所得收入应计入当年 GDP。（　）
8. 公司出售债券所得收入应计入 GDP。（　）
9. 实际 GDP 等于名义 GDP 除以价格指数。（　）
10. 如果一国每年的储蓄保持不变且政府保持其预算平衡，那么，贸易盈余增加 100 单位就意味着本国居民私人投资减少 100 单位。（　）

二、单选题

1. GDP 是(　　)。

   A. 一国在一年内生产的最终产品和服务的货币价值
   B. 一国在一年内支出在最终产品上的总支出
   C. 一国在一年中的总销售额
   D. 以上都对

2. 计算 GDP 的方法有(　　)。

   A. 支出法　　B. 收入法　　C. 增加值法　　D. 以上都对

3. 一个企业的增加值等于(　　)。

   A. 总销售额
   B. 总销售额减生产成本
   C. 产值减生产过程中的中间投入品价值
   D. 产值减由于生产而发生的资本折旧

4. 下列各项中不引起国民收入核算中总投资增加的是(　　)。

   A. 企业购买新机器　　B. 私人购买新房子
   C. 企业购买股票　　D. 企业没有全部销售掉的当年产品

5. 政府购买支出不包括(　　)

   A. 警察的薪水　　B. 政府对农民的补贴
   C. 建造政府办公大楼　　D. 研究市区交通的花费

6. 按收入法，国民收入包括(　　)。

A. 工资　B. 利润　C. 地租　D. 以上都对

7. 按收入法，国民收入不包括(　　)。

A. 租金收入　B. 失业救济　C. 薪水　D. 净利息

8. 企业给职工购买的医疗保险属于(　　)。

A. 企业向职工的转移支出　B. 政府征税

C. 要素成本　D. 上述说法都对

9. 原本独立的两个国家合并为一个国家后，GDP(　　)。

A. 不变　B. 增加　C. 减少　D. 上述说法都可能

10. 假定某国 2010 年和 2015 年的名义 GDP 分别为 1200 亿元和 2000 亿元，GDP 折算指数分别为 1.0 和 1.5。我们可以推断 2010 年和 2015 年之间的(　　)。

A. 名义 GDP 上升 33%　B. 实际 GDP 不变

C. 实际 GDP 上升 11%左右　D. 实际 GDP 下降

三、简答题

1. 解释下列名词

流量　存量　GDP　最终产品　增加值　中间产品　GNP　国民收入　实际 GDP　消费者价格指数　GDP 平减指数　投资　失业率

2. 解释为什么 GDP 只计算最终产品和服务。

3. 衡量 GDP 的三种方法是什么？

4. 收入-支出恒等式为什么重要？

5. 按照支出法，GDP 有哪些构成？

6. 按照收入法，GDP 有哪些构成？

7. 为什么按照收入法计算 GDP 时要加上间接税和减去政府补贴？

8. 当把 GDP 当作经济福利指标使用时，它有哪些缺陷？

9. 用国民收入核算恒等式说明政府赤字与私人投资之间的关系。

四、计算题

1. 根据如下国民经济统计指标(单位：亿元)，试求 GNP、NNP、NI、PI、DI。

名　称	金　额
政府税收 其中个人所得税	2000 500
政府转移支付	80
社会折旧总额	6000
公司业主利润收入 其中未分配利润	4600 560
工资总额	9500
社会保障支付	60

2. 根据下表中给出的某国国民收入核算数据(单位：10 亿美元)，计算个人收入、政府转移支付、间接税、折旧和 GDP。

名　称	金　额
GDP	
净外国要素收入	-9
GNP	9 957
折旧	
NNP	8 700
间接税	
国民收入	8 018
社会保险	-706
公司所得税	-286
公司未分配利润	-274
政府转移支付	
个人收入	
个人所得税	-1 292
可支配收入	6 990

3. 一个经济社会生产三种产品：书本、面包和苹果。它们在 2014 年和 2015 年的单价与产量如下，试求：

(1) 2014 年的名义 GDP；

(2) 2015 年的名义 GDP；

(3) 以 2014 年为基期，2015 年的实际 GDP 是多少？2015 年 GDP 折算指数是多少？

	2014 年		2015 年	
	数量(个)	单价(元/个)	数量(个)	单价(元/个)
书本	100	10	110	10
面包	200	1	200	1.5
苹果	500	2	450	4

第 3 章

简单收入决定模型

现代宏观经济学的核心内容是国民收入决定理论。本章讨论的简单国民收入决定理论，是我们最后要完成的总需求-总供给模型的最简单情况。本章第 1 节介绍国民收入决定模型的轮廓；第 2 节讨论简单国民收入决定理论中均衡收入(产出)的概念和条件；第 3 节讨论简单经济中国民收入的决定，介绍消费函数及相关概念，说明消费在国民收入决定中的作用；第 4 节讨论均衡收入条件的另一种表达方式，介绍储蓄函数及相关概念；第 5 节讨论乘数概念和投资乘数；第 6 节讨论政府在国民收入决定中的作用；第 7 节讨论与政府有关的乘数；第 8 节讨论政府预算和平衡预算乘数。

3.1 收入决定理论概述

本书第 3、4、5 章组成短期收入决定理论，其任务是解释一定资源和技术条件下，国民收入(产出)和物价水平的决定及其变动。从本章开始，我们将建立一个同时描述商品、货币(资产)和劳动市场的收入决定模型，称作**总需求-总供给模型**。

如图 3-1 所示，一条**总需求曲线**记作 AD，描述的是，一定条件下，对应于每一给定价格水平 P，经济中各单位总共愿意购买的数量 Y(称作**总需求量**或**意愿总支出**)。或者说，一条总需求曲线描述的是，其他事情相同，总需求量与价格水平之间的关系。一般来说，价格水平上升时，总需求量减少，所以总需求曲线是向右下方倾斜的。

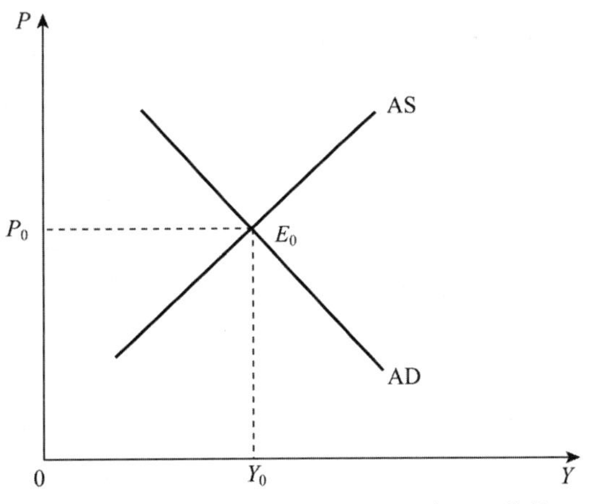

图 3-1　总需求和总供给决定均衡收入和价格

如图 3-1 所示，一条**总供给曲线**记作 AS，描述的是，一定条件下，对应于每一给定价格水平 P，生产者愿意提供的数量 Y(称作**总供给量**)。或者说，一条总供给曲线描述的是，其他事情相同，总供给量与价格水平之间的关系。一般来说，价格水平上升时，总供给量增加，所以总供给曲线是向右上方倾斜的。

如图 3-1 所示，总需求和总供给的交点代表整个经济的均衡状态，相应收入和价格水平分别是均衡收入和均衡价格水平。总需求或总供给发生变动时，产出和价格水平随之变动。所以，总需求-总供给模型将为我们提供一个综合分析框架或思维方式，用于解释或预测宏观经济的运行，而总需求和总供给的内容是复杂的，是以后各章节要详细讨论的。

3.2 简单收入决定模型

3.2.1 总需求决定均衡产出

如图 3-2 所示，假设总供给曲线是水平的，那么，总需求唯一决定均衡收入。也就是说，给定价格水平 P_0，人们愿意购买的数量(即意愿总支出)决定均衡总收入。如图 3-3 所示，总需求增加时，总需求曲线向右平移，均衡收入随之增加。

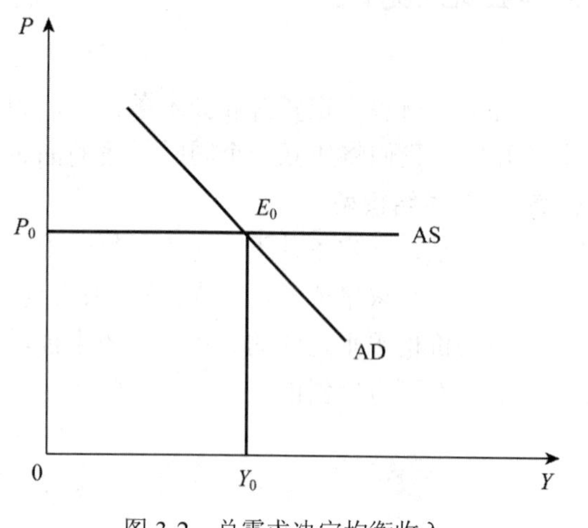

图 3-2 总需求决定均衡收入

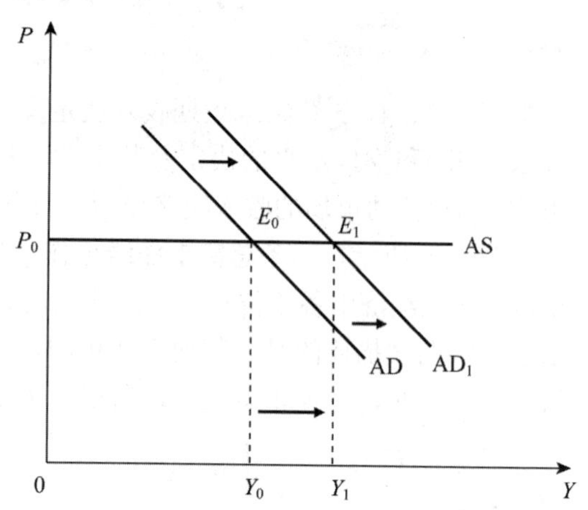

图 3-3 总需求增加，均衡收入增加

在水平总供给曲线情况下要说明收入的决定，我们只需说明总支出的决定，相应分析称作**总需求分析**。这是本章和第 4 章的任务。本章内容称作**简单收入决定模型**，是总需求-总供给模型的简化。其第一个简化假设是价格水平保持不变。其第二个简化假设是利率保持不变。其第三个简化假设是折旧等于零，即投资是净投资。这些假设也是整个收入决定模型中的假设。

在什么情况下，总供给曲线是水平的呢？水平总供给曲线是我们在第 5 章讨论的一般总供给曲线的一个特殊情况。它意味着，在现有价格水平上，生产者愿意生产任何数量。或者说，生产者要求的价格不会因为产量增加而上升。这种情况发生的条件：一是有很多闲置的生产能力，表现为大量工人失业、生产设施和其他资源闲置；二是劳动的边际产量不变，意味着单位产量所需其他要素投入不变。如此，当企业增加产量时，对劳动的需求增加不会导致工资上升，加之劳动的边际产量不变，单位成本不会因为产量增加而上升，从而生产者要求的价格不会上升。比如，1929 年开始的大萧条时期的美国经济几乎就是这样。这也正是凯恩斯在其 1936 年出版的《就业、利息和货币通论》(简称《通论》)中主要讨论的情况。

3.2.2 意愿总支出与均衡产出

在给定价格水平上，一个经济体中各单位愿意购买的数量称作**意愿总支出**，简称**总支出**，记作 AE。意愿总支出也就是**总需求量**，也称**有效需求**或**计划总支出**。正如我们在上一节说明的那样，在水平总供给曲线情况下，意愿总支出决定均衡产出即收入。下面，详细介绍这种情况下的均衡收入条件及其实现机制。

【例 3-1】假设一个经济体中的意愿总支出 AE = 1000 亿美元，那么，均衡产出和收入就等于 1000 亿美元。这是因为，如果现实产出 Y 小于 1000 亿美元，比如，Y = 800 亿美元，那么，AE > Y，即供不应求，企业的存货将会意外下降，低于计划的水平，即非自愿存货 IU < 0，企业将增加产出。

假设现实产出 Y 大于 1000 亿美元，比如 Y = 1200 亿美元，那么，AE < Y，即供过于求，企业的存货将会意外增加，高于计划的水平，即非自愿存货 IU > 0，企业将减少产出。

当现实产出正好是 1000 亿美元时，企业的存货等于计划的水平，从而没有调整产出的趋势。这时的产出就是均衡产出。或者说，相应收入是均衡收入。

所以，均衡收入的一般条件是

$$\mathrm{AE} = Y$$

一般来说，总支出并不像上例中所假设的那样保持不变，而是依赖于多个因素，尤其随总收入增加而增加。然而，只要我们有了 AE 函数，那么，解方程 AE = Y 就可得出均衡收入。

【例 3-2】假设一个经济体中的总支出函数是 AE=100+0.8Y (单位：亿美元)，那么，令 AE=Y，得

$$100 + 0.8Y = Y$$

解方程得

$$Y = 500$$

一般来说，如图 3-4 所示，方程式 $f(Y) = g(Y)$的解是函数 $f(Y)$的图像与函数 $g(Y)$的图像的交点相应的 Y_0。

类似地，如图 3-5 所示，方程式 AE(Y)=Y 的解是方程两边函数图像的交点相应的 Y_0 值。其右边函数是单位函数，即 $g(Y)=Y$，图像是 45°线。其左边函数 $f(Y)$=AE(Y)一般来说是 Y 的递增函数，其图像是向上倾斜的曲线。不过，在下面的讨论中，我们写出的 AE 函数通常是线性的，且斜率小于 1。所以，在简单收入决定模型中，均衡条件 AE(Y)=Y 的图示是 AE 线与 45°线的交点。所以，简单收入决定模型的这一图示简称 45°线交点模型，也称**凯恩斯交点**。当现实产出为 Y_1 时，AE > Y，供不应求，产出将增加。当现实产出为 Y_2 时，AE < Y，供过于求，产出将减少。产出等于 Y_0 时，AE = Y，是均衡产出。

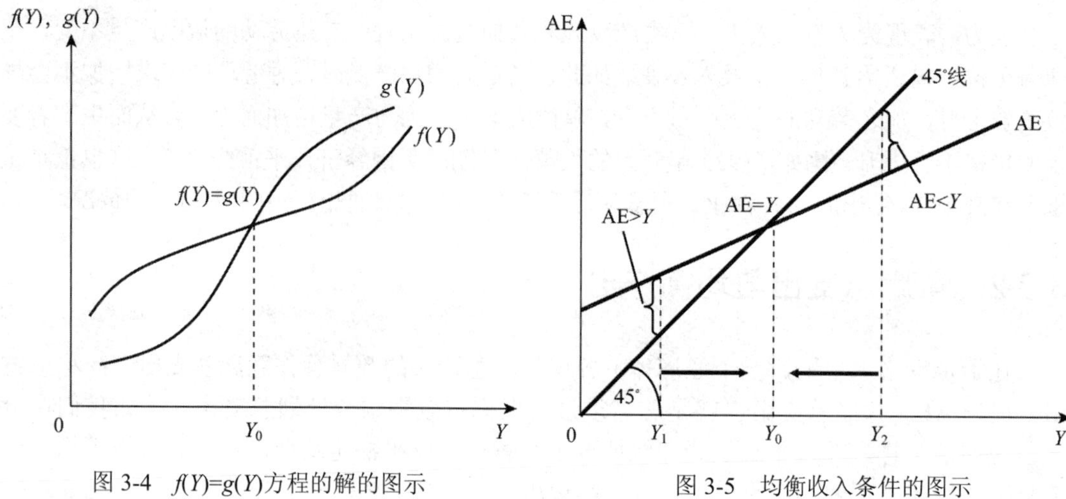

图 3-4　$f(Y)=g(Y)$方程的解的图示

图 3-5　均衡收入条件的图示

总之，一般情况下，一条向下倾斜的总需求曲线和一条向上倾斜的总供给曲线的交点决定均衡收入(产出)和价格水平。在水平总供给曲线，即价格水平保持不变的情况下，均衡收入的条件是 AE=Y。在均衡产出水平上，实际存货正好等于计划存货，即没有正的或负的非自愿存货，从而没有产出调整趋势。当 AE $\neq Y$ 时，企业将调整产出，以使其存货达到计划或理想水平。只要有了 AE 函数，解方程 AE $= Y$ 就可得出均衡收入。均衡收入的图示是 AE 线和 45°线的交点，也称凯恩斯交点。所以，在简单收入决定模型中，我们的任务是设法说明 AE，讨论其构成和每个构成如何依赖于 Y。

3.3　简单经济的均衡收入决定

3.3.1　简单经济的总支出构成

让我们把上节讨论的均衡收入概念及其分析思路应用于一个简单经济。一个**简单经济**只有两个部门：家庭和企业。所以，一个简单经济体的总支出只有两个构成：消费 C 和投资 I，即

$$\mathrm{AE} = C + I$$

为了说明 AE 如何依赖于收入 Y，我们要分别说明消费和投资如何依赖于 Y。

3.3.2　消费函数

一般来说，家庭消费支出依赖于多个因素，比如，可支配收入、利率、财富和预期等。这里，我们的重点是说明国民收入决定的最基本原理，从而简单假设消费仅仅依赖于家庭可支配收入 YD。我们将在附录 A 中详细讨论消费函数。我们把消费 C 与可支配收入 YD 的一般关系写成

$$C = f(\mathrm{YD})$$

在一个简单经济中，没有税收和政府转移支付，所以 YD = Y。因此

$$C = f(Y)$$

实际上，消费可能以多种方式依赖于收入。在接下来的讨论中，我们采用如下简单的线性消费函数，

$$C \equiv \bar{C} + cY$$

其中，$\bar{C}$ 是不依赖于收入 Y 的消费，称**自主消费支出**。如图 3-6 所示，一个线性消费函数的图像是一条向右上倾斜的直线。其截距为 $\bar{C}$，斜率为 c。

短期内，一个正的自主消费支出是合理的，因为没有收入的家庭可以通过储蓄或举债来维持消费。然而，就整个经济而言，长期内 $\bar{C}$ 几乎等于 0。

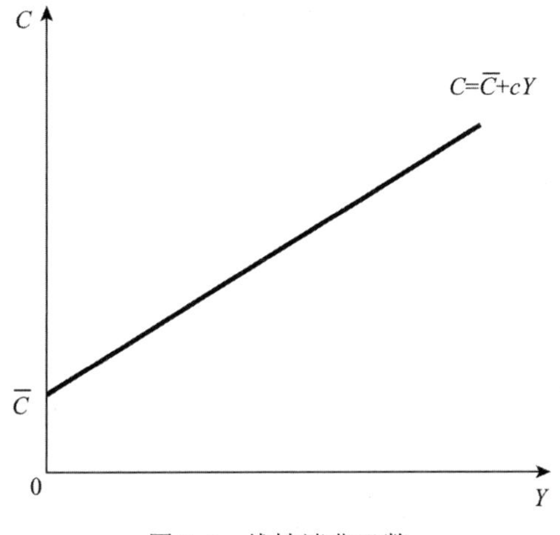

图 3-6　线性消费函数

收入增加 1 单位所带来的消费增加称作**边际消费倾向**，记作 MPC。一般来说，

$$\mathrm{MPC} = \frac{\Delta C}{\Delta Y}$$

或

$$\mathrm{MPC} = \frac{\mathrm{d}C}{\mathrm{d}Y}$$

对于上述线性消费函数来说，边际消费倾向 MPC=c 是个常数。边际消费倾向是消费函数的斜率。边际消费倾向越大，消费函数越陡峭。有些经济学家认为，富人的边际消费倾向小于穷人的边际消费倾向。这样的假设意味着，当收入增加时，边际消费倾向递减。

有关消费函数的另一个概念是**平均消费倾向**，记作 APC。平均消费倾向等于消费除以收入，即

$$\mathrm{APC} = \frac{C}{Y}$$

对于上述线性消费函数来说，当自主消费支出 $\bar{C}$ 等于 0 时，APC 等于 MPC。当 $\bar{C}$ 大于 0 时，APC 总是大于 MPC，而且 APC 随收入增加而递减。

3.3.3 自主投资

一般来说，投资 I 依赖于多个因素，比如利率、产出、预期等。这里，我们假定投资是给定的，记作 $\overline{I}$ 。关于投资函数的详细讨论留待第 4 章。

3.3.4 AE 函数和均衡产出

在一个简单经济中

$$\mathrm{AE}=C+I$$

假设 $C=\overline{C}+cY$，$I=\overline{I}$ ，那么

$$\begin{aligned}\mathrm{AE}&=C+I\\&=\overline{C}+cY+\overline{I}\\&=cY+\overline{C}+\overline{I}\end{aligned}$$

应用均衡收入条件 AE=Y，得

$$cY+\overline{C}+\overline{I}=Y$$

解方程得均衡收入

$$Y_0=\frac{\overline{C}+\overline{I}}{1-c}$$

【例 3-3】假设一个简单经济中 C=100+0.8Y，I=50。求均衡收入和均衡消费。

解：根据假设条件

$$\mathrm{AE}=C+I=100+0.8Y+50=0.8Y+150$$

令 AE=Y, 得

$$0.8Y+150=Y$$

解方程得

$$Y_0=750$$

把均衡收入代入消费函数得

$$均衡消费=100+0.8\times750=700$$

如图 3-7 所示，总支出函数在纵轴上的截距等于自主支出 $\overline{C}+\overline{I}$ ，其斜率等于边际消费倾向，而 MPC=c。均衡收入水平是 AE 线与 45°线交点所决定的收入水平 Y_0。

如图 3-8 所示，其他条件不变，当边际消费倾向从 c 增加到 c' 时，AE 变得更为陡峭，均衡收入增加。值得注意的是，边际消费倾向的微小变化可以带来均衡产出的很大变化，这说明了边际消费倾向的重要性。在我们的简单模型中，边际消费倾向是个常数。但是，在现实生活中，人们的边际消费倾向可能是不稳定的，会因为人们对经济前景是否乐观而改变，衡量这一乐观程度的一个指数是**消费者信心指数**。

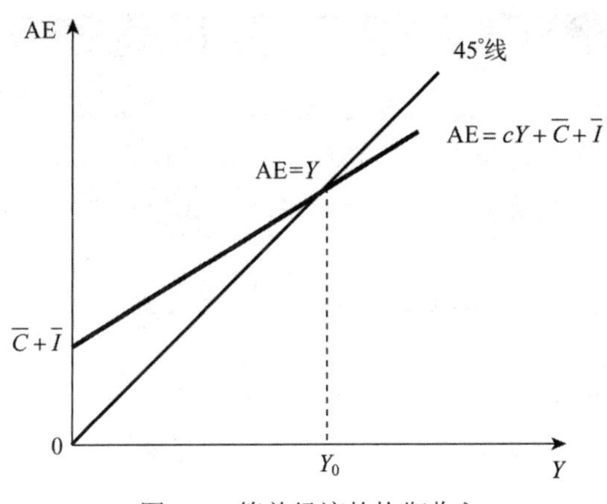

图 3-7 简单经济的均衡收入

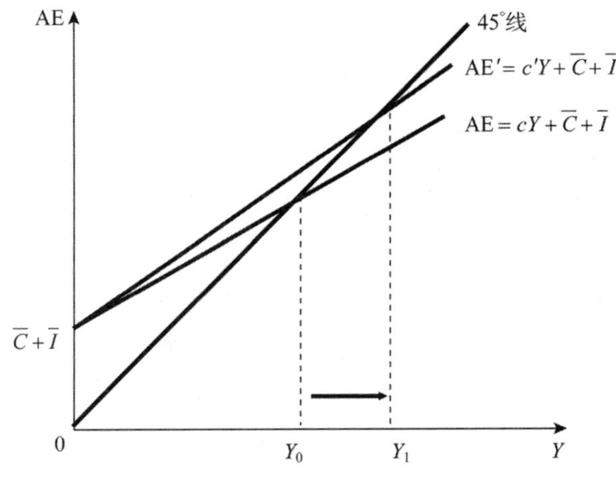

图 3-8 边际消费倾向变大，均衡收入增加

如图 3-9 所示，当自主消费支出从 $\overline{C}$ 增加到 $\overline{C}'$ 时，AE 向上平移，均衡收入增加。

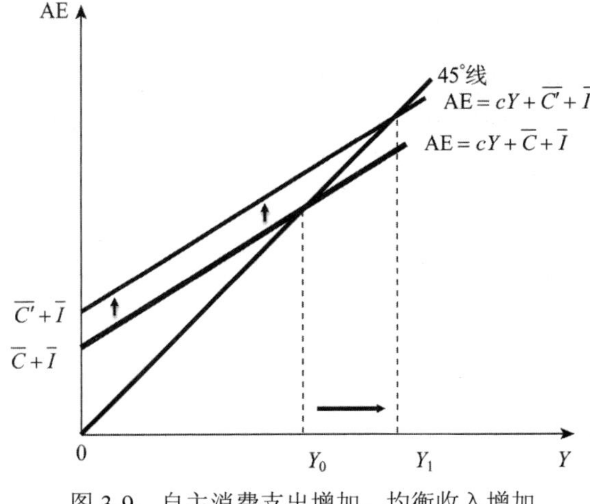

图 3-9 自主消费支出增加，均衡收入增加

专栏 3-1 消费者信心指数

消费者信心指数(Consumer Confidence Index，CCI)是反映消费者信心强弱的指标，是综合反映并量化消费者对当前经济形势评价和对经济前景、收入水平、收入预期以及消费心理状态的主观感受，是消费趋向和预测经济走势的一个先行指标，是监测经济周期变化不可缺少的依据。

20 世纪 40 年代，美国密西根大学的调查研究中心为了研究消费需求对经济周期的影响，编制了消费者信心指数，随后欧洲一些国家也先后开始编制消费者信心指数。1997 年 12 月，国家统计局中国经济景气监测中心开始编制中国消费者信心指数。北京作为中国的首都，在广泛借鉴国外经验的基础上，于 2002 年初在省市一级率先建立了消费者信心指数调查制度。

按照目前国际上通行的做法，对消费者信心调查采用的是问卷调查法。问卷的设计涉及以下几个方面内容：经济发展形势、家庭收入、就业、物价水平、消费意愿。每一方面由两类问题构成：对现状的看法和对未来的预期。前者指消费者对上述几个基本方面当前整体状况的评价；后者指消费者对几个基本方面未来一段时期(如半年或一年)发展变化趋势的估计或预期。例如，世界大型企业联合会(conference board)从 1967 年开始发布美国消费者信心指数，其调查问卷只要求受访者回答对如下 5 个因素的估计：目前经济形势、就业形势、未来 6 个月经济形势、就业形势和家庭总收入。属于亚太地区范围的万事达卡消费者信心指数(Master Index)则要求受访者回答对目前及未来半年 5 个经济因素的看法和信心程度：就业状况、经济状况、国民日常所得、股市发展及生活品质。

(资料来源：编者根据相关资料整理)

总之，在一个简单经济中，总支出等于消费加投资。为了写出或说明总支出函数，我们要说明消费和投资如何依赖于收入。现实中，消费和投资各自依赖于多个因素。在目前的模型中，为了简化，我们选择如下简单假设：假设投资给定，消费函数是收入的线性函数。假定了具体的投资和消费函数，我们就可以写出总支出函数。然后，利用均衡收入条件解方程即可得出均衡收入。收入增加一单位所带来的消费增加称作边际消费倾向。边际消费倾向决定总支出函数的陡峭程度，从而是决定均衡收入的一个重要参数。其他相同，边际消费倾向越大，均衡收入越大。自主消费支出和自主投资支出决定总支出函数的位置。其他相同，自主支出越多，均衡收入越多。

3.4 注入、漏出和均衡收入

3.4.1 均衡收入条件

当一个流量循环系统达到均衡状态时，其中各个流量达到其均衡水平，在现有条件下，这些流量将保持不变。当这个系统某个漏出增加或有新的漏出时，要使整个系统重新稳定下来，必须有相应的注入增加。这是因为，如果注入大于漏出，那么这个系统的总流量必定逐渐增加，从而不是均衡状态；相反，如果注入小于漏出，那么这个系统的总流量将会逐渐变小，从而也不是均衡状态。所以，一个流量循环系统的均衡条件是

$$注入=漏出$$

一个经济系统也是一个流量循环系统，从而经济系统的均衡条件也是注入等于漏出。如图 3-10 所示，在一个简单经济中，储蓄 S 是唯一的漏出，而投资 I 是唯一的注入，所以简单经济的均衡收入条件是

$$I = S$$

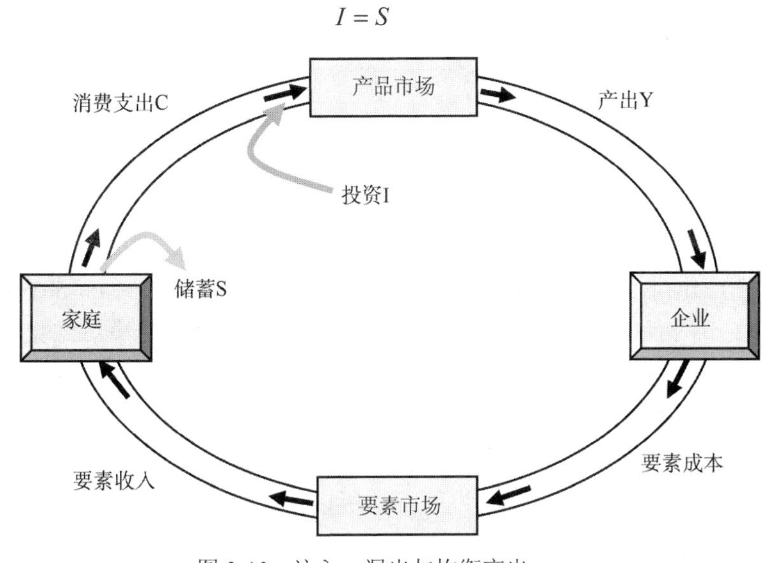

图 3-10 注入、漏出与均衡产出

【例 3-4】假设一个简单经济中 $C = 100 + 0.8Y$，$I = 50$，计算均衡产出。

解：根据假设条件

$$S = Y - C = -100 + 0.2Y$$

令 $I = S$ 得

$$-100 + 0.2Y = 50$$

解方程得均衡收入

$$Y_0 = 750$$

均衡产出(收入)条件 $I = S$ 的图示见图 3-11。当我们假设投资完全是自主投资时，投资 $I = \bar{I}$ 是个常数，其图像是一条水平直线[①]。线性储蓄函数的图像是向上倾斜的直线。两者的交点决定均衡收入水平。

现在，我们以不同方式得到两个均衡收入条件。它们是否一致呢？在简单经济条件下，$I = S$ 和 $AE = Y$ 同时成立。这是因为，在简单经济中，$AE = C + I$，而 $Y = YD = C + S$，

① 一般来说，投资也许随产出增加而增加，那么投资函数的图像是向上倾斜的。

从而 AE = Y 意味着 $C+I=C+S$，进而意味着 $I=S$。另外，$I=S$ 意味着 $C+I=C+S$，从而意味着 AE = Y。

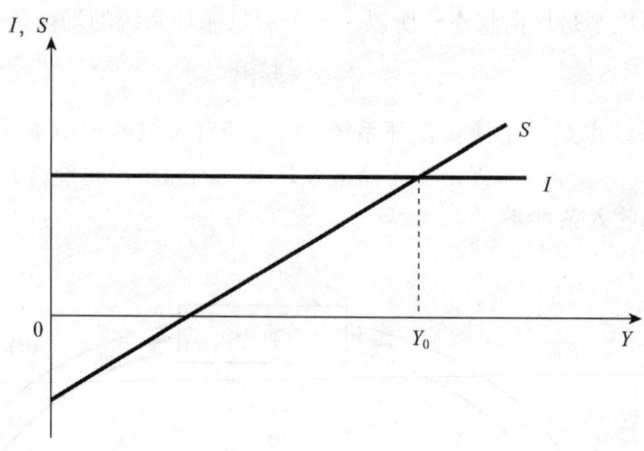

图 3-11　I=S 决定均衡(产出)收入

作为均衡产出(收入)条件的 $I=S$ 与国民收入核算中的恒等式 $I\equiv S$ 是否相同呢？两者不同。关键在于两者中的投资不同。国民收入核算中的投资是事后结果，而均衡收入条件中的投资是计划投资，是事前所期望的投资。一方面，在国民收入核算中，按照支出法，总产出中家庭购买之外的部分都成为企业存货投资，其中包括自愿存货投资和非自愿存货投资。另一方面，按照收入法，在一个简单经济中，总产出最终全部成为家庭收入，家庭消费支出之外的部分都成为储蓄。所以，$I\equiv S$。在讨论均衡产出(收入)条件时，我们关心的是是否有产出调整趋势。每当现实存货投资不等于计划存货投资时，就有产出调整趋势，就不是均衡状态。只有在家庭不愿购买的数量(即储蓄)，正好等于企业计划的存货投资，即 $I=S$ 时，才是均衡状态。

【例 3-5】假设一个简单经济的总产出是 100 个面包，且面包的价格是每个 1 元，那么，这个经济的总产出和收入都等于 100 元。如果家庭消费支出等于 80 元，买了 80 个面包，那么，储蓄 $S=20$ 元，企业那里必定有 20 个面包的存货投资，即 I=20 元。无论企业的计划存货投资是多少，在期末核算中，这 20 个面包总是被算作企业的存货投资，因此 I 必定等于 S。然而，企业的计划存货投资也许只是 10 个面包，即计划投资 I=10 元，从而企业的计划投资就小于储蓄。在这种情况下，收入核算恒等式 $I\equiv S$ 仍然成立，但均衡(产出)收入条件 $I=S$ 没有得到满足。

3.4.2　储蓄函数

储蓄与收入的关系称作**储蓄函数**。由于

$$\mathrm{YD}\equiv C+S$$

所以，

$$S=\mathrm{YD}-C$$

且

$$C = \text{YD} - S$$

收入增加 1 单位所导致的储蓄增加称作**边际储蓄倾向**，记作 MPS。

$$\text{MPS} = \frac{\Delta S}{\Delta Y}$$

平均储蓄倾向等于储蓄除以收入，记作 APS。

$$\text{APS} = \frac{S}{Y}$$

由 $\text{YD} \equiv C+S$，得

$$\text{MPC} + \text{MPS} \equiv 1$$

$$\text{APC} + \text{APS} \equiv 1$$

总之，作为一个流量循环系统，一个经济的均衡条件是：注入=漏出。在简单经济中，均衡收入条件是 $I=S$。在有政府和对外贸易的情况下，注入和漏出有多个。储蓄函数是储蓄与可支配收入的关系。边际储蓄倾向 MPS 是收入增加 1 单位所导致的储蓄增加。

专栏 3-2　节俭悖论

节俭悖论是凯恩斯在《就业、利息和货币通论》中提出的。他引用了一则古老寓言：有一窝蜜蜂原本十分繁荣兴隆，每只蜜蜂都整天大吃大喝。后来一个哲人教导它们说，不能如此挥霍浪费，应该厉行节俭。蜜蜂们听了哲人的话，觉得很有道理，于是迅速贯彻落实，个个争当节约模范。但结果出乎预料，整个蜂群从此迅速衰败下去，一蹶不振了。类似地，一个经济中的人们突然变得更加节俭，即增加储蓄，减少消费，经济会陷入衰退，收入减少，甚至会使储蓄减少。

简单收入决定模型中，节俭悖论是有可能发生的。如图 3-11 所示，均衡产出(收入)条件是 $I=S$。当人们的储蓄愿望增强时，表现为储蓄函数向左上移动，假设投资是自主支出，那么，均衡收入将会减少，即经济陷入衰退。不过，由于 $I=S$ 且投资保持不变，均衡储蓄并不减少，而是保持不变。如果投资随收入增加而增加，随收入减少而减少，那么，当储蓄函数向左上移动使得均衡收入减少时，等于投资的均衡储蓄最后也会减少。如此，想储蓄更多，即更加节俭，结果储蓄反而减少，真的像是一个悖论了。

(资料来源：编者根据相关资料整理)

3.5　乘　　数

3.5.1　乘数的概念

【例 3-6】假设一个简单经济中消费函数是 $C = 100 + 0.8Y$，投资 $I = 100$ 单位。如果投资增加 10 单位，均衡产出增加多少？

解：根据假设条件

$$AE = C + I = 100 + 0.8Y + I$$

当 $I = 100$ 时

$$AE = 200 + 0.8Y$$

令 $AE = Y$，得

$$200 + 0.8Y = Y$$

解方程可得均衡产出

$$Y_0 = 1000$$

如果投资增加 10 个单位，即从 100 增加到 110，重复上述过程可得新的均衡产出为 $Y_1 = 1050$，即 $\Delta Y = 50$。也就是说，如果投资增加 10 单位，均衡产出将增加 50 单位。后者是前者的 5 倍。

如图 3-12 所示，当自主投资支出增加时，AE 函数向上平移，AE 线与 45° 线的交点所决定的均衡收入增加。值得注意的是，均衡收入的增加 ΔY 大于投资的增加 $\Delta\bar{I}$，即前者是后者的若干倍。

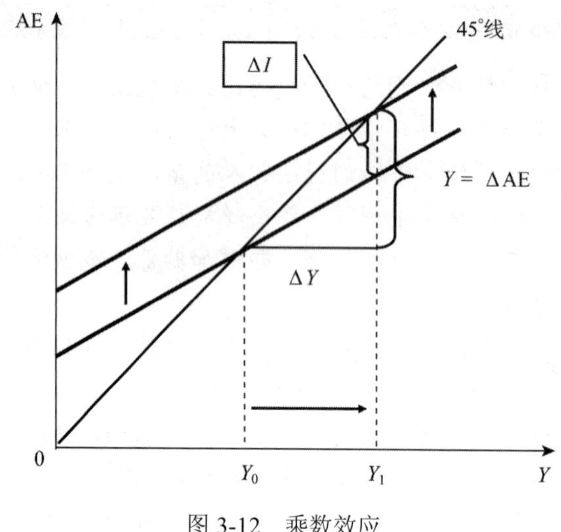

图 3-12 乘数效应

均衡收入改变量与引起这一变动的自主投资改变量相比的倍数称作**投资乘数**。也可以说，投资乘数是自主投资支出改变 1 单位所引起的均衡产出改变量。用 α_0 记简单经济的投资乘数，那么，

$$\alpha_0 = \frac{\Delta Y}{\Delta \bar{I}}$$

在我们的简单收入决定模型中，不依赖于收入的支出称作**自主支出**①。比如，在上面的讨论中，我们假设投资是自主支出。随着我们模型的扩展，会有更多类似自主投资支出

---

① 比自主支出更为宽泛的一个概念是外生变量。外生变量是在建立模型时给定的量，是在模型之外决定的量。由模型决定的量称作内生变量。例如，我们建立模型是为了说明收入的决定，那么，收入是我们的模型的内生变量。如果我们假设投资不依赖于收入，那么，投资就是外生变量。如果假设消费依赖于收入，那么，消费是内生变量。

的自主支出。像自主投资变动那样，任何一个自主支出变动都会引起均衡收入变动，从而发生乘数效应。一般来说，某个自主支出乘数是该自主支出变动一单位所导致的均衡收入变动，等于均衡收入改变量除以自主支出改变量。

3.5.2 乘数原理

为什么均衡产出的改变量会是自主投资支出改变量的若干倍呢？这是因为，当自主投资支出改变时，总支出改变，收入相应改变；而收入改变时，消费支出随之改变，从而总支出和收入随之相应改变。每当收入改变时，都会派生消费支出改变。各轮次收入改变的总和通常会大于自主投资支出的改变。

【例 3-7】假设人们的边际消费倾向 MPC = 0.8。让我们讨论自主投资增加 1 单位所带来的影响。如表 3-1 所示，当投资支出增加 1 单位时，在第一轮，总支出 AE 直接增加 1 单位，即 $\Delta AE=1$，产出和收入等量增加 1 单位，即 $\Delta Y=\Delta AE=1$；在第二轮，由于边际消费倾向等于 0.8，收入增加 1 单位使消费支出增加 $MPC\times\Delta Y=0.8\times1$，进而使总支出和收入等量增加 0.8×1，即 $\Delta Y=0.8\times1$；在第三轮，上一轮收入增加 0.8×1 使消费支出增加 $MPC\times\Delta Y=0.8\times(0.8\times1)$，进而使 AE 和收入等量增加 $0.8\times0.8\times1$；如此等等。在整个经济中，自主投资支出增加 1 单位总共带来的收入增加等于各轮次收入增加的总和，即

$$\Delta Y=\Delta AE=\sum_{n=1}^{\infty}0.8^{n-1}\times1=5\times1$$

也就是说，自主投资支出增加 1 单位最终导致均衡收入增加 5 单位。或者说，自主投资的增加被放大了 5 倍，即投资乘数等于 5。

表 3-1 投资乘数发挥作用的过程

轮　次	ΔI	ΔC	$\Delta Y=\Delta AE$
1	1	0	1
2	0	0.8×1	0.8×1
3	0	$0.8\times0.8\times1$	$0.8\times0.8\times1$
4	0	$0.8^3\times1$	$0.8^3\times1$
…	…	…	…
n	0	$0.8^{n-1}\times1$	$0.8^{n-1}\times1$
…	…	…	…
$\Delta Y=\Delta AE=\sum_{n=1}^{\infty}0.8^{n-1}\times1=5\times1$			

乘数发挥作用的过程如图 3-13 所示。当自主投资增加 $\Delta\bar{I}$ 时，AE 向上平移 $\Delta\bar{I}$。水平方向上，为适应 AE 的增加，Y 等量增加。之后，每当收入增加时，都按照边际消费派生消费支出增加，AE 进一步增加，而为适应 AE 的这一增加，收入等量增加……

在我们目前的模型中，投资乘数为

$$\alpha_0 = \frac{1}{1-\text{MPC}}$$

显然，边际消费倾向越大，收入增加派生的消费支出越大，乘数越大。

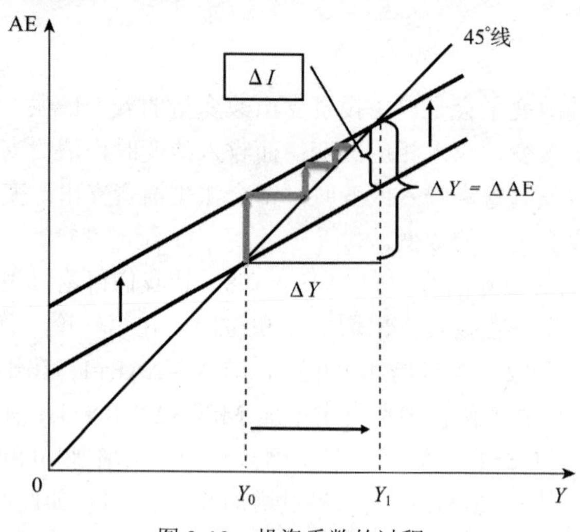

图 3-13　投资乘数的过程

现在，让我们用比较一般的方式推导投资乘数。从一个均衡状态出发，当自主投资支出变动时，整个经济将从原有均衡状态调整到一个新的均衡状态。当新的均衡状态实现时，总支出重新等于总收入，因此总支出的变动必定等于总收入的变动，即

$$\Delta \text{AE} = \Delta Y$$

在这个过程中，自主投资支出的变动所带来的总支出变动分为两个部分：一是自主投资支出的变动直接导致的总支出变动 $\Delta \bar{I}$；二是收入变动派生的支出变动。假如模型中只有消费支出依赖于收入且边际消费倾向等于 c，那么，1 单位收入增加导致的消费变动等于 c，收入变动 ΔY 派生的消费支出变动等于 $c\Delta Y$。所以

$$\Delta \text{AE} = \Delta \bar{I} + c\Delta Y$$

令 $\Delta Y = \Delta \text{AE}$，得

$$\Delta Y = \Delta \bar{I} + c\Delta Y$$

所以，投资乘数为

$$\alpha_0 = \frac{\Delta Y}{\Delta \bar{I}} = \frac{1}{1-c}$$

需要强调的是，上述投资乘数公式是在相应假设条件下得出的。一般来说，没有通用的投资乘数公式。在不同收入决定模型中，同一自主支出的乘数可以不同。在上例中，我们假设只有消费支出依赖于收入，所以收入增加仅仅按照边际消费倾向派生消费支出，相应乘数等于 5。然而，如果我们假设投资支出也依赖于收入 Y，比如，把投资函数改为 I=100+0.1Y，那么，如表 3-2 所示，收入增加不但派生消费支出，还派生投资支出，从而，投资乘数增大为 10。

表 3-2　投资乘数的推导表

轮　次	ΔI	ΔC	ΔY
1	1	0	1
2	0.1×1	0.8×1	(0.1+0.8)×1=0.9×1
3	0.1×0.9×1	0.8×0.9×1	(0.1+0.8)×0.9×1
4	$0.1\times0.9^2\times1$	$0.8\times0.9^2\times1$	$0.9^3\times1$
…	…	…	…
n	$0.1\times0.9^{n-2}\times1$	$0.8\times0.9^{n-2}\times1$	$0.9^{n-1}\times1$
…	…	…	…

$$\Delta Y=\Delta \mathrm{AE}=\sum_{n=1}^{\infty}0.9^{n-1}\times1=\frac{1}{1-0.9}=10\times1$$

还需要强调的是，在上面的讨论中，我们没有考虑调整过程所需要的时间和这一过程中的不确定性。现实生活中，当需求增加时，产出增加必定需要一定的时间。比如，人们对新鲜猪肉的需求增加了，那么，适应这一需求增加的充分调整会需要相当长的时期：把更多猪崽留作母猪；母猪受孕和产下猪崽，猪崽长大……在产出调整过程中，很有可能发生预料不到的事情，即存在不确定性，从而，自主支出的增加不大可能像我们的乘数公式描述的那样影响产出。我们在前面讨论的乘数发挥作用的过程，好比在一个平静的池塘中投下一颗石头，然后，波纹向外传播，在这一过程中，没有新的条件变化(如没有一丝风，没有一片树叶或另一颗石头落入水中)干扰波纹的传播。然而，在现实中，投资支出变动对产出和收入的影响总是来不及充分发挥出来，就会有其他因素发生变化，从而使经济向另一个潜在均衡状态调整。

总之，投资乘数是均衡收入改变量相对于自主投资支出改变量的倍数，即 1 单位自主投资支出变动所引起的均衡收入变动。任何自主支出变动都会导致均衡收入变动，都有相应乘数效应。自主支出是收入决定模型中不依赖于收入或其他内生变量的支出。自主支出变动之所以有乘数效应，是因为收入增加派生消费支出或其他支出进一步增加。边际消费倾向越大，派生效果越大，乘数越大。一般情况下，投资乘数依赖于多个因素。而且，同一自主支出的乘数会因为收入决定模型不同而不同。把乘数的概念应用于现实时，要考虑到产出调整所需要的时间和不确定性。

3.6　政府与均衡收入决定

3.6.1　引入政府部门后的总支出

在我们的模型中引入政府部门会产生两个影响。首先，政府购买支出，记作 G，是总支出的一个构成。政府购买支出是由政府预算决定的，是自主支出，记作 $\overline{G}$。所以，引入政府部门后，

$$\mathrm{AE}=C+\overline{I}+\overline{G}$$

其次，政府征税和进行转移支付，使得个人可支配收入 YD 不像简单经济中那样等于总收入 Y。要应用 $\mathrm{AE}=Y$ 说明均衡收入的决定，我们必须说明 AE 如何依赖于 Y。因为消费直接依赖于可支配收入，所以我们必须说明消费如何依赖于收入。

一般来说，可支配收入等于总收入减去税收，再加上政府向家庭的转移支付 TR，即

$$\mathrm{YD}=Y-T+\mathrm{TR}$$

假设 $C=\overline{C}+c\mathrm{YD}$，那么

$$\begin{aligned} C &= \overline{C}+c\mathrm{YD} \\ &= \overline{C}+c(Y-T+\mathrm{TR}) \end{aligned}$$

接下来，我们必须说明 T 和 TR 如何依赖于 Y。

首先，为了简单，我们假设 TR 是自主支出，记作 $\overline{\mathrm{TR}}$。实际上，TR 在一定程度上依赖于 Y，并随 Y 增加而减少，随 Y 减少而增加。这是因为，转移支付 TR 主要包括失业救济支出和扶贫支出。当 Y 增加时，失业人数减少，从而失业救济支出减少；同时，位于贫困线之下的人口减少，从而扶贫支出减少。

关于税收 T，可供选择的假设有三种。第一种假设是**定额税**或**定量税**。在这种情况下，税收额是与收入无关的常数，记作 $\overline{T}$。这类税收包括人头税和房产税等。第二种假设是**比例所得税**。在这种情况下，无论收入高低，所得税税率相同，所以，$T=tY$。第三种假设是**累进所得税**。在这种情况下，当收入增加时，新增的收入将面对更高的税率，而新增的收入面对的税率被称作**边际税率** t。现实中，收入往往被分为若干个区间，不同区间上的收入面对的税率不同，较高收入区间上的收入面对较高税率。如图 3-14 所示，所得税起征点是 2001 元，2001～4000 元的收入面对的税率是 0.1，4001～6000 元的收入面对的税率是 0.2，6001 元以上的收入面对的税率是 0.5。如果一个人的收入是 4500 元，那么，他的纳税额等于 2000×0+2000×0.1+ 500×0.2＝0+200+100=300(元)。一般来说，纳税总额等于税率函数下面的面积。用微积分的术语说，它等于税率函数在相应区间上的定积分。

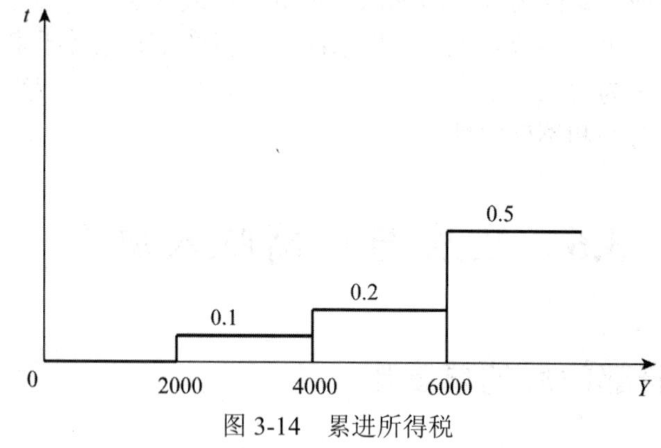

图 3-14　累进所得税

一个人可以根据自己的需要或观点来选择税收函数的形式。在下面的讨论中，我们假设

$$T=\overline{T}+tY$$

即一部分是定额税，一部分是比例所得税。

选定了关于转移支付和税收函数的假设，我们就可以写出消费函数。假设 $\mathrm{TR}=\overline{\mathrm{TR}}$，且 $T=\overline{T}+tY$，那么，

$$\begin{aligned}\mathrm{YD}&=Y-T+\mathrm{TR}\\&=Y-(\overline{T}+tY)+\overline{\mathrm{TR}}\\&=(1-t)Y+\overline{\mathrm{TR}}-\overline{T}\end{aligned}$$

所以，

$$\begin{aligned}C&=\overline{C}+c\mathrm{YD}\\&=\overline{C}+c[(1-t)Y+\overline{\mathrm{TR}}-\overline{T}]\\&=c(1-t)Y+\overline{C}+c\overline{\mathrm{TR}}-c\overline{T}\end{aligned}$$

结合以上假设，我们有如下总支出函数：

$$\begin{aligned}\mathrm{AE}&=C+I+G\\&=c(1-t)Y+\overline{C}+\overline{I}+\overline{G}+c\overline{\mathrm{TR}}-c\overline{T}\end{aligned}$$

令 $\overline{A}=\overline{C}+\overline{I}+\overline{G}+c\overline{\mathrm{TR}}-c\overline{T}$，那么，

$$\mathrm{AE}=c(1-t)Y+\overline{A}$$

3.6.2　均衡收入

应用均衡收入条件 $\mathrm{AE}=Y$，得

$$c(1-t)Y+\overline{A}=Y$$

解方程，得均衡收入

$$Y_0=\frac{\overline{A}}{1-c(1-t)}$$

如图 3-15 所示，均衡收入仍然是 AE 函数和 45°线的交点所对应的收入。现在，AE 在纵轴上的截距是 $\overline{A}=\overline{C}+\overline{I}+\overline{G}+c\overline{\mathrm{TR}}-c\overline{T}$。与简单经济情况相比，$\overline{A}$ 一般来说会更大。现在 AE 的斜率等于 $c(1-t)$。所以，在税率 $t>0$ 的情况下，AE 不如简单经济情况下那么陡峭。

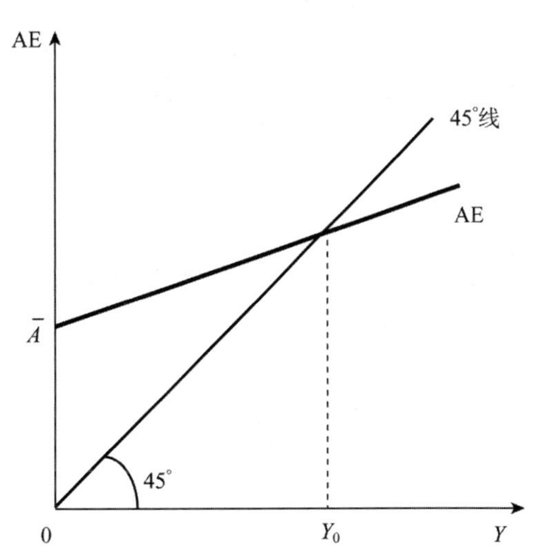

图 3-15　包含政府部门时的均衡收入

【例 3-8】假设一个经济由下列函数描述：

消费 $C=100+0.75Y$，投资 $\overline{I}=50$，政府购买支出 $\overline{G}=20$。

(1) 写出 AE 函数；

(2) 计算均衡收入。

解：(1) $AE=C+I+G=100+0.75Y+50+20=170+0.75Y$

(2) 令 $AE=Y$，得

$$170+0.75Y=Y$$

解方程得均衡产出

$$Y_0=680$$

【例 3-9】接例 3-8。把消费函数改为 $C=100+0.75\text{YD}$，并假设税收 T=20，转移支付 TR=0，其他条件不变。(1)重写 AE 函数；(2)计算均衡收入；(3)验证注入等于漏出，即 $I+G=S+T$。

解：(1) 根据假设条件，

$$\text{YD}=Y-T+\text{TR}=Y-20$$

所以，

$$\begin{aligned}C&=100+0.75\text{YD}\\&=100+0.75(Y-20)\\&=0.75Y+85\end{aligned}$$

$$\begin{aligned}\text{AE}&=C+I+G\\&=0.75Y+85+50+20\\&=0.75Y+155\end{aligned}$$

(2) 令 $\text{AE}=Y$，得

$$0.75Y+155=Y$$

解方程得均衡收入

$$Y_0=620$$

(3) 在均衡收入水平

$\text{YD}=Y-T+\text{TR}=Y-20=620-20=600$

$C=100+0.75\text{YD}=100+0.75\times600=550$

$S=\text{YD}-C=600-550=50$

$I+G=50+20=70$

$S+T=50+20=70$

所以，在均衡状态，$I+G=S+T$，即注入=漏出。

【例 3-10】接例 3-9，税收函数改为 $T=20+0.20Y$，其他相同。计算均衡收入。

解：$\text{YD}=Y-T+\text{TR}=Y-(20+0.20Y)+0=0.8Y-20$

所以

$$\begin{aligned}C&=100+0.75\text{YD}\\&=100+0.75\times(0.8Y-20)\\&=0.6Y+85\end{aligned}$$

$$\text{AE}=C+I+G=0.6Y+85+50+20=0.6Y+155$$

令 $\mathrm{AE}=Y$，得

$$0.6Y+155=Y$$

解方程得，均衡收入

$$Y_0=387.5$$

上面的例子告诉我们，只要有正确的思路，写出 AE 函数并计算均衡收入并不困难，没有必要记住均衡收入公式。事实上，也没有通用的均衡收入公式。这是因为，不同的人可以根据自己的理解给出关于消费函数、投资函数和税收函数的不同假设，从而有不同的总支出函数，即不同的收入决定模型。关于我们在本书中给出的 AE 函数和均衡收入公式推导，重要的是体验其过程，不要死记硬背其结果。

总之，在简单收入模型中，均衡产出(收入)的条件是 $\mathrm{AE}=Y$。收入决定分析的主要任务是说明总支出函数。引入政府部门之后，$\mathrm{AE}=C+I+G$，其中 G 是政府购买支出，是由政府预算决定的自主支出。而且，我们继续假设投资是自主支出。政府收支使可支配收入不等于总收入。我们必须结合关于税收函数和转移支付函数的假设，明确消费与总收入的关系。选定关于消费函数、税收函数、转移支付函数等之后，我们就可以写出 AE 函数，从而求解和图示均衡收入。值得强调的是，每个人都可以根据自己的理解写出自己的消费函数、投资函数和税收函数，从而有不同的总支出函数。这体现在不同学派的收入决定理论。请不要照搬任何教课书上的收入决定公式。在均衡收入的图示中，均衡收入条件仍是 AE 函数与 45°线的交点。与简单经济相比，一般来说总支出的截距更大，但陡峭程度会因为比例所得税而变小。

3.7　与政府有关的乘数

3.7.1　政府购买支出乘数

政府购买支出 $\overline{G}$ 是自主支出，所以我们可以讨论**政府购买支出乘数**，即 $\overline{G}$ 增加 1 单位引起的均衡收入变动。

当政府购买支出 $\overline{G}$ 增加 1 单位时，AE 的变动分为两个部分。第一个部分是政府购买支出增加所导致的总支出第一轮增加。当政府购买支出增加 1 单位时，总支出直接增加 1 单位，即第一轮 $\Delta\mathrm{AE}=1$。第二个部分是收入增加所派生的总支出变动。当 AE 增加时，Y 增加，而 Y 的增加派生消费支出增加。

派生的消费支出总共是多少呢？每当收入增加 1 单位时，可支配收入的增加等于 $1-t$，即 $\Delta\mathrm{YD}=(1-t)$，其中 t 是所得税税率。派生的消费支出等于边际消费倾向乘以可支配收入的增加，即

$$\Delta C=\mathrm{MPC}\times\Delta\mathrm{YD}=c(1-t)$$

假设政府购买支出增加 1 单位总共导致的均衡收入改变量等于 ΔY，那么，ΔY 所派生

的消费支出为

$$\Delta C = c(1-t)\Delta Y$$

因此，政府购买支出增加 1 单位所带来的总支出改变量是

$$\Delta \text{AE} = 1 + c(1-t)\Delta Y$$

令 $\Delta \text{AE} = \Delta Y$，得

$$1 + c(1-t)\Delta Y = \Delta Y$$

所以，政府购买支出增加 1 单位所导致的均衡收入变动是

$$\Delta Y = \frac{1}{1-c(1-t)}$$

依照定义，这正是政府购买乘数，记作 α_1。

顺便指出，这个模型中的投资乘数也是 α_1。这是因为，自主投资 $\overline{I}$ 增加 1 单位对 AE 的第一轮影响和派生的效果，与政府购买支出增加 1 单位相同。请注意，这个模型中的投资乘数不同于简单经济中的投资乘数。

【例 3-11】假设边际消费倾向 MPC=0.8，所得税税率 t=0.25。计算政府购买支出乘数。

解：当 $\overline{G}$ 增加 1 单位时，AE 直接增加 1 单位。然后，AE 的增加导致产出和收入增加。每当收入增加 1 单位，可支配收入增加 $1-t=1-0.25=0.75$ 单位，从而消费增加 $\text{MPC}\times\Delta\text{YD}=0.8\times0.75=0.6$ 单位。

假设 Y 总共增加 ΔY，那么，派生的消费支出增加 $0.6\times\Delta Y$。所以，AE 总共改变

$$\Delta \text{AE} = 1 + 0.6\Delta Y$$

令 $\Delta \text{AE} = \Delta Y$，得

$$1 + 0.6\Delta Y = \Delta Y$$

$$\Delta Y = 2.5$$

即政府购买乘数等于 2.5。

3.7.2 转移支付乘数

政府转移支付乘数是政府转移支付增加 1 单位所导致的均衡收入增加。当政府转移支付增加 1 单位时，总支出的改变分为两个部分。当政府转移支付增加 1 单位时，个人可支配收入增加 1 单位，即 $\Delta\text{YD}=1$ 单位，从而 $\Delta C=\text{MPC}\times\text{YD}=c\times1=c$。这是转移支付增加 1 单位对 AE 的第一轮影响。之后，总支出增加使产出和收入增加，收入增加派生消费支出增加。在边际消费倾向和税率相同的情况下，收入增加派生消费支出增加的过程是相同的。收入每增加 1 单位，可支配收入的增加等于 $1-t$，由此派生的消费支出等于 $c(1-t)$。假设收入总共改变 ΔY，那么，总共派生的消费支出等于 $c(1-t)\Delta Y$。所以，政府转移支付增加 1 单位所导致的 AE 改变是

$$\Delta \text{AE} = c + c(1-t)\Delta Y$$

令 $\Delta \text{AE} = \Delta Y$，得

$$c + c(1-t)\Delta Y = \Delta Y$$

所以，政府转移支付增加 1 单位带来的均衡收入变动，即转移支付乘数是

$$\Delta Y=\frac{c}{1-c(1-t)}=c\times\frac{1}{1-c(1-t)}=c\alpha_1$$

不难看出，政府转移支付乘数小于政府购买支出乘数。我们可以发现，把转移支付增加 1 单位对总支出的影响与政府购买支出增加 1 单位对总支出的影响加以比较，两者的不同仅仅在于第一轮的影响不同。当政府购买支出增加 1 单位时，总支出直接增加 1 单位，而当转移支付增加 1 单位时，个人可支配收入增加 1 单位，然后按照边际消费倾向 $\text{MPC}=c$，消费增加 c 单位，从而总支出增加 c 单位。也就是说，就总支出在第一轮受到的影响来说，转移支付增加 1 单位仅仅相当于政府购买支出增加 c 单位。之后，在边际消费倾向和税率相同的情况下，收入增加派生消费支出增加的过程是完全一样的。所以，转移支付增加 1 单位对均衡收入的影响仅仅相当于政府购买支出增加 c 单位，所以转移支付乘数等于 $c\alpha_1$。

3.7.3 税收的变动对均衡收入的影响

税收的变动分为两种情况：一是定额税的变动，二是税率的变动。

当定额税增加 1 单位时，个人可支配收入减少 1 单位。因此，就个人可支配收入受到的影响来说，定额税增加 1 单位相当于政府转移支付减少 1 单位。所以，定额税增加 1 单位导致的均衡收入变动与政府转移支付减少 1 单位导致的均衡收入变动相同。由于政府转移支付增加 1 单位导致均衡收入变动等于 $c\alpha_1$，所以定额税增加 1 单位导致均衡收入变动等于 $-c\alpha_1$，即定额税乘数等于 $-c\alpha_1$。

税率的变动对均衡收入的影响要复杂一些。假设税率上升，即 $\Delta t>0$，那么，税收额增加，增加额等于原有收入水平乘以税率的变动，即

$$\Delta T=Y_0\times\Delta t$$

个人可支配收入的减少等于税收额的增加，即

$$\Delta \text{YD}=-Y_0\times\Delta t$$

消费的减少等于边际消费倾向乘以可支配收入的减少，即

$$\Delta C=\text{MPC}\times\Delta\text{YD}=c(-Y_0\times\Delta t)=-cY_0\Delta t$$

这是税率上升对 AE 的第一轮影响。

然后，按照新的税率 t_1，每当收入改变 1 单位时，可支配收入就改变 $1-t_1$，从而消费改变 $c(1-t_1)$。假设收入总共改变 ΔY，那么，派生的消费变动是

$$\Delta C=c(1-t_1)\Delta Y$$

所以，税率的变动对 AE 总的影响是

$$\Delta\text{AE}=-cY_0\Delta t+c(1-t_1)\Delta Y$$

令 $\Delta\text{AE}=\Delta Y$，得

$$-cY_0\Delta t+c(1-t_1)\Delta Y=\Delta Y$$

解方程可得税率变动对均衡收入影响，

$$\Delta Y=\frac{1}{1-c(1-t_1)}\times(-cY_0\Delta t)=-\alpha_1'cY_0\Delta t$$

其中，$\alpha_1' = 1/[1-c(1-t_1)]$。

总之，政府购买支出乘数是政府购买支出增加 1 单位所导致的均衡收入增加。在边际消费倾向为c且所得税税率为t的情况下，政府购买支出乘数为$\alpha_1 = 1/[1-c(1-t)]$。政府转移支付乘数是政府转移支付增加 1 单位所导致的均衡收入增加。政府转移支付乘数等于$c\alpha_1$。定额税增加 1 单位对家庭可支配收入的影响相当于转移支付减少 1 单位。所以，定额税增加 1 单位所导致的均衡收入变动正好等于政府转移支付减少 1 单位，定额税乘数与转移支付乘数正负号相反，绝对值大小相等。税率提高使税收额增加，家庭可支配收入减少，进而消费和均衡收入减少。不过，在计算收入变动导致的消费支出变动时，要使用新的税率。

3.8 预　算

3.8.1 预算盈余

政府预算盈余，记作 BS，等于政府收入减去支出。假设政府收入等于税收 T，政府支出等于购买支出$\overline{G}$加上转移支付$\overline{\mathrm{TR}}$，那么，

$$\mathrm{BS} = T - (\overline{G} + \overline{\mathrm{TR}})$$

当$\mathrm{BS} < 0$时，我们说政府有**财政赤字**。

在比例所得税假设下，

$$\mathrm{BS} = tY - (\overline{G} + \overline{\mathrm{TR}})$$

如图 3-16 所示，由于政府支出是给定的，预算盈余随收入增加而增加，随收入减少而减少，有一个收支平衡的收入水平。不过，这个收入水平未必是均衡收入水平，也不是靠经济自身条件可以实现的收入水平。

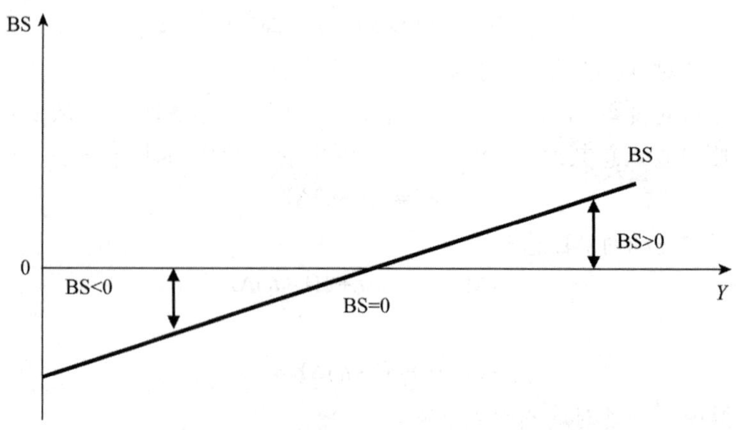

图 3-16　预算盈余随收入增加而增加

3.8.2　政府购买支出对预算盈余的影响

在我们的收入决定模型中，如果政府购买支出增加，预算盈余必定减少，或政府财政赤字增加。不过，预算盈余的减少不会等于政府购买支出的增加。也就是说，如果政府购买支出增加 100 亿元，预算盈余不会正好减少 100 亿元，或赤字不会增加 100 亿元。这是因为，当政府购买支出增加时，总支出的增加会导致收入增加，而收入增加将带来税收增加。

【例 3-12】假设税率是 0.25，边际消费倾向等于 0.8，那么，政府购买支出乘数为 2.5。当政府购买支出增加 100 亿元时，均衡收入将增加 250 亿元，从而税收增加 62.5 亿元，预算盈余减少 37.5 亿元，或赤字增加 37.5 亿元。

当政府购买支出增加时，有无可能税收的增加多于政府购买支出的增加，从而使盈余增加呢？在我们现有的模型中，可以证明，这样的事情不会发生。①

3.8.3　平衡预算乘数

平衡预算乘数是指在保持预算平衡条件下，政府购买支出增加 1 单位所导致的均衡收入增加。这里，平衡预算是指在我们关注时期之内政府收支平衡，即这一时期内增加的政府支出等于税收，$\Delta \mathrm{BS}=0$。

当前收入决定模型中可以证明，平衡预算乘数等于 1。当政府购买支出增加 1 单位时，假设政府转移支付保持不变，那么，为了保持预算平衡，就必须同时增税 1 单位。这意味着个人可支配收入不变，从而没有派生的消费支出。当政府购买支出增加 1 单位时，总支出和收入的增加仅限于第一轮支出和收入增加 1 单位，所以平衡预算乘数等于 1。

平衡预算乘数的另一个常见证明是分别计算政府购买支出增加 1 单位的影响和税收增加 1 单位的影响，然后相加。假设政府转移支付保持不变，政府购买支出增加 1 单位所导致的收入变动等于政府购买支出乘数，即 α_1，而税收增加 1 单位所导致的收入变动等于税收乘数，即 $-c\alpha_1$，两者相加等于 $(1-c)\alpha_1$。政府转移支付保持不变的情况下，平衡预算假设意味着，增加 1 单位政府购买支出，就必须立即增加 1 单位定额税，且所得税税率等于 0。这是因为，当政府购买支出增加 1 单位导致收入增加 1 单位时，如果税率不等于 0，税收将随收入增加而增加，就会有预算盈余。由于税率等于 0，$\alpha_1=1/(1-c)$，从而 $(1-c)\alpha_1=1$，即平衡预算乘数等于 1。

---

① 证明：

$$\begin{aligned}\Delta \mathrm{BS} &= \Delta T-\Delta \overline{G}\\ &= \Delta(tY)-\Delta \overline{G}\\ &= t\Delta Y-\Delta \overline{G}\\ &= t\alpha_1\Delta \overline{G}-\Delta \overline{G}\\ &= (t\alpha_1-1)\Delta \overline{G}\\ &= -\frac{(1-c)(1-t)}{1-c(1-t)}\Delta \overline{G}\end{aligned}$$

只有 $0<c<1$ 且 $t<1$，才有 $\mathrm{BS}<0$，即政府购买支出增加必定导致预算盈余减少或赤字增加。

上面的证明中，我们假设了政府转移支付保持不变，相应假设了税率等于 0。没有这一假设，也可以证明平衡预算乘数等于 1：

依照均衡收入条件，

$$\Delta \mathrm{AE} = \Delta Y$$

从而

$$\Delta(C + \overline{I} + \overline{G}) = \Delta Y$$

$$\Delta C + \Delta\overline{G} = \Delta Y$$

$$c\Delta \mathrm{YD} + \Delta\overline{G} = \Delta Y$$

$$c\Delta(Y - T + \mathrm{TR}) + \Delta\overline{G} = \Delta Y$$

$$c\Delta Y - c\Delta(T - \mathrm{TR}) + \Delta\overline{G} = \Delta Y$$

依照平衡预算假设，

$$\Delta \mathrm{BS} = 0$$

$$\Delta(T - \overline{G} - \mathrm{TR}) = 0$$

$$\Delta(T - \mathrm{TR}) = \Delta\overline{G}$$

将这一结果代入均衡条件得

$$c\Delta Y - c\Delta\overline{G} + \Delta\overline{G} = \Delta Y$$

$$(1-c)\Delta Y = (1-c)\Delta\overline{G}$$

$$\Delta Y = \Delta\overline{G}$$

所以，平衡预算乘数等于 1。

总之，预算盈余 $\mathrm{BS} = T - (\overline{G} + \overline{\mathrm{TR}})$。当 $\mathrm{BS} < 0$ 时，称作预算赤字。当政府购买支出增加时，预算盈余必定减少，或赤字增加，但盈余的减少小于政府支出的增加。平衡预算乘数是保持预算盈余不变，政府购买支出增加 1 单位所导致的均衡收入变动。在当前简单收入决定模型中，平衡预算乘数等于 1。

习　题

一、判断题

1. 当一个系统调整到非均衡状态时，不存在调整趋势。（　）
2. 根据国民收入核算理论，收入等于产出。（　）
3. 均衡收入是商品市场供求平衡时的收入。（　）
4. 均衡收入(产出)的条件是，企业的自愿存货等于零。（　）
5. 把一个经济看作一个流量循环系统，那么，均衡状态的条件是注入大于漏出。（　）
6. 简单经济中均衡收入条件是 $I = S$。（　）
7. 边际消费倾向等于消费除以收入。（　）

8. 一般来说，边际消费倾向不大于 1。 ( )
9. 边际消费倾向总是等于 1 减去边际储蓄倾向。 ( )
10. 平均消费倾向不会大于 1。 ( )
11. 边际消费倾向可以小于平均消费倾向。 ( )
12. 边际消费倾向变大，均衡收入增加。 ( )
13. 简单经济中，如果边际消费倾向为 0.8，那么，投资乘数为 0.2。 ( )
14. 总投资等于资本存量的变动。 ( )
15. 在消费函数与 45°线的交点处，消费等于储蓄。 ( )
16. 总支出与 45°线交点所对应的收入水平是均衡收入水平。 ( )
17. 均衡收入水平是充分就业的收入水平。 ( )
18. 在一个简单经济中，如果边际储蓄倾向等于 0.2，那么，投资乘数等于 5。 ( )
19. 政府购买支出增加，均衡收入增加。 ( )
20. 政府转移支付增加，均衡收入减少。 ( )
21. 税率提高，乘数变大。 ( )
22. 边际储蓄倾向越大，政府购买支出变动对均衡收入的影响越大。 ( )
23. 在简单收入决定模型中，平衡预算乘数等于 1。 ( )
24. 在简单收入决定模型中，政府购买支出乘数不会小于 1。 ( )
25. 政府转移支付乘数不会小于 1。 ( )
26. 如果政府购买支出增加 100 亿，财政赤字必定增加 100 亿。 ( )

二、单选题

1. 在简单收入决定模型中，均衡收入的条件是( )。
   A. 总需求等于总产出　　B. 非自愿存货等于零
   C. 漏出等于注入　　D. 以上都对
2. 当需求增加时，首先出现的调整是( )。
   A. 提高价格　　B. 增加产量
   C. 提高利率　　D. 增加存货
3. 现实中消费依赖于( )。
   A. 可支配收入　　B. 利率
   C. 股票价格　　D. 上述说法都对
4. 边际消费倾向( )。
   A. 不会大于 1　　B. 不会小于 1
   C. 总是大于平均消费倾向　　D. 总是小于平均储蓄倾向
5. 在一个简单经济中，消费函数为 $C=100+0.8Y$，$I=100$，那么，均衡收入等于( )。
   A. 1 000　　B. 200　　C. 400　　D. 500
6. 在一个简单经济中，消费函数为 $C=0.8Y$，那么，乘数等于( )。
   A. 0.5　　B. 4　　C. 5　　D. 10

7. 设消费函数为 C=1 000+0.8Y，当 Y=1 000 时的平均消费倾向为(　　)。

A. 1　　B. 2　　C. 3　　D. 1.8

8. 如果 MPC＝0.8，在没有所得税的情况下，转移支付乘数为(　　)。

A. 4　　B. 5　　C. 6　　D. 8

9. 如果 MPC＝0.9，税率为 1/3，那么，投资乘数为(　　)。

A. 0.5　　B. 2.5　　C. 5　　D. 10

10. 当消费函数线位于 45°线上方时(　　)。

A. 消费大于收入　　B. 消费等于收入

C. 消费小于收入　　D. 这种情况不会发生

11. 消费函数的向上移动(　　)。

A. 不影响均衡收入　　B. 增加均衡收入

C. 减少均衡收入　　D. 都可能

12. 如果 MPC=0.8，那么最有可能的是(　　)。

A. 平均消费倾向是 0.9　　B. 乘数为 5

C. 乘数为 1.25　　D. 在均衡状态，投资等于储蓄的 80%

13. 在一个简单经济中，投资增加 100 亿元导致均衡收入增加 300 亿元，这意味着(　　)。

A. 平均消费倾向为 1/3　　B. MPC 是 2/3

C. 平均消费倾向为 2/3　　D. 乘数是 4

14. 如果在某一收入水平上储蓄为 0，那么，(　　)。

A. MPC=1　　B. 平均消费倾向为 1

C. 乘数为 0　　D. A 和 B 都对

15. 预算盈余(　　)。

A. 不完全受政府控制　　B. 依赖于经济运行情况

C. 受气候影响　　D. 上述说法都对

16. 政府转移支付乘数小于购买支出乘数的原因是(　　)。

A. 转移支付本质上不是政府支出

B. 转移支付不是对产品和服务的直接支出

C. 转移支付是预算外支出

D. 转移支付数额难以事先决定

三、简答和计算题

1. 解释下列名词

总需求　　总供给　　总支出　　均衡产量(收入)　　边际消费倾向

边际储蓄倾向　　自主支出　　乘数　　政府购买支出乘数　　预算盈余

2. 假设一个简单经济中的消费函数是 $C=100+0.8Y$，投资 $\overline{I}=100$。

(1) 计算均衡收入水平。

(2) 计算均衡消费和储蓄。

(3) 假如因为某种原因实际产出为 800，产出将会如何调整？为什么？

(4) 倘若 $\overline{I}$ 增加到 200，均衡收入将如何变动？

(5) 投资乘数是多少？

(6) 画图说明(1)和(4)。

3. 假设一个简单经济中 $C = 30 + 0.8Y$ ， $\overline{I} = 30 + 0.1Y$ 。

(1) 求均衡收入和均衡消费。

(2) 计算投资乘数。

4. 假设一个封闭经济中消费 $C = 100 + 0.8\text{YD}$ ，投资 $\overline{I}$ =200，政府购买支出 $\overline{G}$ =200，政府转移支付 $\overline{\text{TR}}$ =62.5，所得税税率 t =0.25。

(1) 计算均衡收入。

(2) 计算投资乘数，并解释为什么这里的投资乘数小于习题 2 中的投资乘数。

(3) 计算均衡时的财政盈余。

5. 假设一个封闭经济由下列函数描述：

消费函数 $C = 50 + 0.8\text{YD}$ ，投资 $\overline{I} = 70$ ，政府购买支出 $\overline{G} = 200$ ，政府转移支付 $\overline{\text{TR}} = 100$ ，所得税税率 t=0.20 且没有定额税。请回答下列问题：

(1) 计算均衡收入。

(2) 计算政府购买支出乘数。

(3) 计算均衡时的财政盈余 BS。

(4) 假设税率 t 提高到 0.25，重新计算均衡收入和乘数。

(5) 预算盈余如何变化？

(6) 如果边际消费倾向从 0.8 增加到 0.9，预算盈余将如何变动？

6. 假设一个经济处于均衡状态，收入水平为 Y_0=1 000 单位。如果政府把税率降低 5%，同时减少政府购买支出 50 单位，预算盈余将如何变动？为什么？

7. 假设一个经济由如下函数描述， $C = 40 + \frac{2}{3}\text{YD}$ ， $\overline{I}$ =50， $\overline{G}$ =150， $\overline{T}$ =60。请回答下列问题：

(1) 计算均衡收入。

(2) 假设充分就业的收入水平为 690 单位，政府打算用增加购买支出的办法来实现充分就业，购买支出应该增加多少？

(3) 如果政府用减税的办法来实现充分就业，税收应减少多少？

8. 假设政府转移支付随收入增加而减少，与政府转移支付固定不变的情况，政府购买支出乘数如何变化？为什么？

9. 假设一个人现年 45 岁，年收入 50 000 元，60 岁退休，预期寿命为 85 岁。请回答下列问题：

(1) 求他的财富边际消费倾向和劳动收入边际消费倾向。

(2) 假定他现在的财富积累为 200 000 元，那么，他的年消费支出是多少？

第 4 章

IS-LM 模型

在上一章的简单收入决定模型中，我们仅仅讨论了商品市场的均衡，从而说明收入这个宏观经济总量的决定。在这一章里，我们将讨论商品市场和货币(资产)市场的同时均衡，从而说明收入或利率的同时决定。本章第 1 节讨论投资函数，是为引入讨论 IS 曲线所做的准备；第 2 节讨论 IS 曲线概念及其性质；第 3 节讨论货币市场的均衡，是为了讨论 LM 曲线做准备；第 4 节讨论 LM 曲线概念及其性质；第 5 节讨论商品市场和货币市场的同时均衡，说明收入和利率的同时决定及其变动。

专栏 4-1　关于 IS-LM 模型

凯恩斯的《通论》出版一年之后，约翰·R. 希克斯发表了论文《凯恩斯先生和古典学派: 一个暗含的解释》。希克斯在文中指出，凯恩斯的利息理论和均衡收入理论是不确定的。这是因为，凯恩斯的体系中，利率是由流动偏好(对货币的需求)和货币供给决定的。一旦市场利率得到确定，那么，投资也就决定下来。投资支出和消费支出决定总支出，进而决定国民收入水平。希克斯指出，凯恩斯的流动性偏好本身依赖于国民收入，而且收入增加导致货币需求增加。希克斯提出了解决这个问题的方法，并由此发展了一个统一的经济模型。这个模型把凯恩斯和新古典学派的观点综合到一起。汉森在他的《货币理论与财政政策》和《凯恩斯入门》中详细阐述了希克斯的论文，从而有了今天经济学教科书中流行的 IS-LM 模型，也称希克斯-汉森模型。

(资料来源：编者根据相关资料整理)

4.1　投资函数

在上一章的简单收入决定模型里，我们假定投资是自主支出，即投资固定不变，与经济的运行状况无关。然而，在现实中，投资依赖于多个因素，所以广义的投资函数是一个多元函数。作为讨论 IS 曲线的准备工作，我们这里仅仅强调投资与利率的关系，把投资函数定义为投资与利率的关系。关于投资如何依赖于其他因素的讨论见附录 B。下面，我们从人们常用的两种投资决策准则——净现值法和内部收益率法——推导投资与利率的关系。

对于投资者来说，一个投资项目就是一个收益流。

一张面值 100 元，年利率 5%，每年付息一次的永久债券的收益流是

$$5, 5, 5, \ldots$$

一只股票每年的分红所带来的收益流可能是

$$0, 0, 1, 2, 0, 5, 0, 0, 1,\ldots$$

对于投资者来说，一座工厂、一个果园和可以出租的住房等都是一个收益流。一项投资所带来的收益流包括的时期可多可少。每年收益可以是稳定的，也可以是不稳定的；可以是正的，也可以是负的。用 R_n 记第 n 期收益，那么，一项投资的收益流可以表达为

$$R_1, R_2, R_3,\ldots$$

净现值法的思路是，一个投资项目所产生的未来收益现在值多少？与这项投资当前价格或成本相比，这个项目可行吗？

一个投资项目的现在价值称作**现值**，记作 PV。它等于未来各个时期的现值。为了计算各个时期收益的现值，需要选定**贴现率**，把未来货币折算成现在货币的比率，记作 i_d。依照时间偏好定律，即人们偏好现在甚于未来，所以 i_d 是正的。假设一个投资者选定的贴现率为 5%，那么，现在的 100 元值 1 年后的 100×(1+5%)元，即 1 年后的 105 元的现值等于 $\frac{105}{1+5\%}$=100 元。现在的 100 元值 10 年后的 $100\times(1+5\%)^{10}$ 元，即 10 年后的 100 元的现值等于 $\frac{100}{(1+5\%)^{10}}$ 元。

一般来说，假设一个决策者选定的贴现率是 i_d，那么，收益流为

$$R_1, R_2, R_3,\ldots$$

的一个投资项目的现值是

$$\mathrm{PV}=\frac{R_1}{1+i_d}+\frac{R_2}{(1+i_d)^2}+\cdots$$

一个项目的现值减去购买该项目的价格或成本称作**净现值**，记作 NPV。用 C_0 记投资项目的价格，那么，

$$\mathrm{NPV}=\mathrm{PV}-C_0$$

NPV 大于零，表明当前市场低估了该项目的价值，该投资项目可行。否则，该项目不可行。

不同投资者看到的投资机会和融资成本不同，从而选定的贴现率不同，对同一个投资项目评价不同，即计算的现值不同。不过，在宏观经济分析中，我们假设有一个成熟和竞争的金融市场，每个投资者都可以按照市场利率借入或借出，从而可以把市场利率当作普通投资者的贴现率。如此，

$$\mathrm{PV}=\frac{R_1}{1+i_d}+\frac{R_2}{(1+i_d)^2}+\cdots$$

当利率上升时，所有投资项目的 PV 变小，从而可行的投资项目减少，整个经济的投资减少。这就得出投资与利率之间的负相关关系。

内部收益率法的思路是计算一个投资的收益率，并将其与市场利率进行比较。具体来说，假设投资 C_0，获得收益流

$$R_1, R_2, \ldots$$

这一投资的收益率是多少呢？在最简单的情况下，假设投资 C_0，一定时期的收益是 R，未知收益率记作 x，那么，

$$R = (1+x)C_0$$

即

$$C_0 = \frac{R}{1+x}$$

求解上述方程可以得出该投资的收益率。

一般来说，假如投资 C_0，获得收益流 $R_1, R_2, \ldots$，那么，求解如下方程可得这一投资的内部收益率：

$$C_0 = \frac{R_1}{1+x} + \frac{R_2}{(1+x)^2} + \cdots$$

一项投资的内部收益率正是凯恩斯所说的**资本边际效率**，记作 MEC (Marginal Efficiency of Capital)。

对于一位投资者来说，一项投资是否可行取决于该项目的资本边际效率与投资成本的比较。比如，假设某个项目的资本边际效率等于 6%，如果一位投资者靠举债投资，那么，当他举债的利率低于 6%时，该项目可行，否则不可行。如果该投资者资金有限，要投资于该项目就必须放弃其他投资项目，那么，当其他项目的资本边际效率低于 6%时，该项目可行，否则不可行。

一位投资者通常面对多个投资项目。如图 4-1 所示，把这些项目的资本边际效率从高到低排列，所组成的曲线称作**资本边际效率曲线**。一位投资者投资多少，取决于他可以利用的资金数量和要求的收益率。假设有一个充分竞争的金融市场，投资者可以按照市场利率不受限制地获得资金，而市场利率是他要求的收益率。资本边际效率高于市场利率的投资项目可行，他的投资将进行到使资本边际效率等于市场利率。当市场利率下降时，他的投资将沿着资本边际效率增加。如此，资本边际效率曲线就是单个投资者的投资函数曲线。

在一个充分竞争经济中，对于单个投资者来说，投资项目的价格 C_0 是给定的。然而，在宏观经济分析中，我们关心的是整个社会的投资如何依赖于市场利率。当利率下降时，所有投资者增加投资，他们的竞争将推高投资项目的价格，使得投资项目的内部收益率或边际收益率下降。把利率下降导致投资项目价格上升的这一影响考虑进去的资本边际效率重新排列所得曲线称作**投资边际效率**(Marginal Efficiency of Investment，MEI)**曲线**。所以，严格来说，整个经济的投资曲线是投资边际效率曲线，而不是资本边际效率曲线。

总之，净现值法和内部收益率法都给出投资与利率的负相关关系。一般来说，这一关系是

非线性的。不过，为了便于讨论，我们在下面的讨论中使用如图 4-2 所示的线性投资函数，其方程式是

$$I = \bar{I} - bi$$

其中，$\bar{I}$ 是自主投资，参数 $b(b>0)$描述投资对利率的敏感程度。b 越大，投资对利率越敏感，即一定的利率变动所导致的投资变动越大，投资函数越平坦。

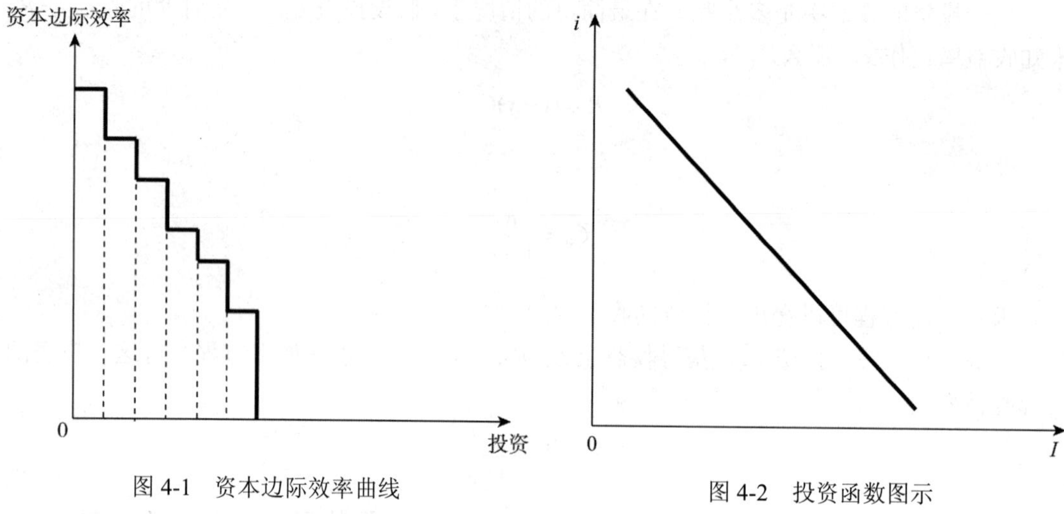

图 4-1　资本边际效率曲线

图 4-2　投资函数图示

4.2　IS 曲线

4.2.1　IS 曲线的定义和推导

IS 曲线是保持产品市场均衡，收入与利率之间的关系。换句话说，IS 曲线是使产品市场均衡的收入与利率组合所组成的曲线。

要说明 IS 曲线的形状，让我们来到产品市场，看一看利率变动如何影响收入。比如，当利率上升时，均衡产出和收入如何变动。

一般来说，产品市场的均衡条件是

$$\mathrm{AE} = Y$$

对于一个封闭经济来说，产品市场的均衡条件是

$$C + I(i) + G = Y$$

如图 4-3(a)所示，当 $i = i_0$ 时，$I = I(i_0)$，$\mathrm{AE} = \mathrm{AE}(i_0)$，$C + I(i) + G = Y$ 所决定的均衡收入是 Y_0。在图 4-3(b)中，有一个使产品市场均衡的收入-利率组合 E_0-(Y_0, i_0)，它与图 4-3(a)中的 E_0 相对应。

如图 4-3(a)所示，当利率上升到 i_1 时，投资减少到 $I = I(i_1)$，AE 向下移动到 $\text{AE}(i_1) = C + I(i_1) + G$，均衡收入减少到 Y_1。在图 4-3(b)中，有另一个使产品市场均衡的收入-利率组合 E_1-(Y_1, i_1)，它与图 4-3(a)中的 E_1 相对应。如果愿意的话，重复上述过程，我们可以得出更多这样的组合。如图 4-3(b)所示，把这些使产品市场均衡的收入-利率组合连接起来就可得到 IS 曲线。

一般来说，当利率 i 上升时，投资 I 减少，从而 AE 减少，由 AE=Y 决定的均衡收入 Y 减少，所以一般的 IS 曲线是向右下倾斜的，即 IS 曲线的斜率是负的。

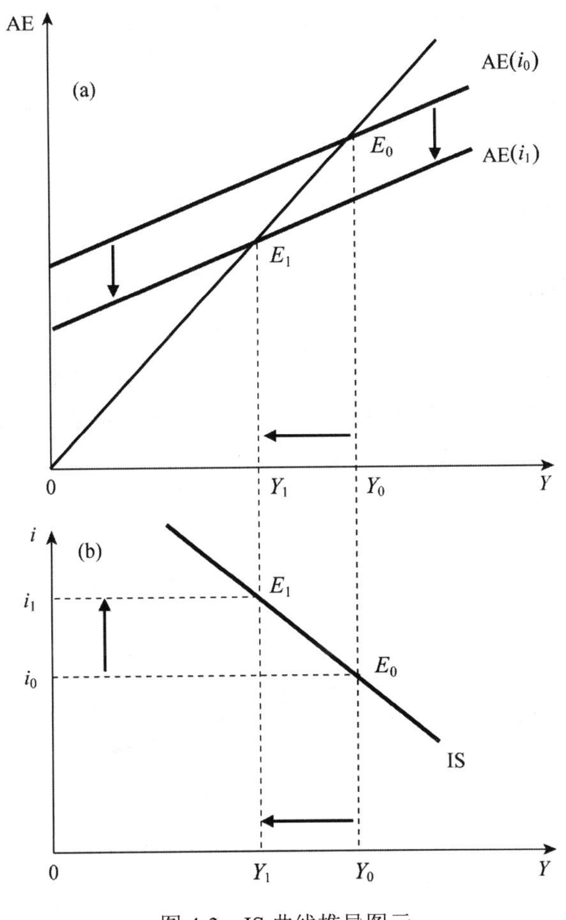

图 4-3 IS 曲线推导图示

IS 方程的一般形式是 $\text{AE}(Y,i) = Y$。只要写出 AE 函数，就不难写出 IS 方程。

【例 4-1】假设一个经济由下列方程描述：

$C = 100 + 0.75\text{YD}$

$I = 125 - 600i$

$\overline{G} = 50$

$\overline{\text{TR}} = 0$

$T = 20 + 0.2Y$

写出 IS 方程。

解：IS 方程是产品市场的均衡条件 $\mathrm{AE}(Y,i) = Y$ 。因此，我们的主要任务是写出 AE 函数。

根据假设条件，

$\mathrm{YD} = Y - T + \mathrm{TR} = Y - (20 + 0.2Y) + 0 = 0.8Y - 20$

$C = 100 + 0.75\mathrm{YD} = 100 + 0.75(0.8Y - 20) = 0.6Y + 85$

$\mathrm{AE} = C + I + G$

$\quad = 0.6Y + 85 + 125 - 600i + 50$

$\quad = 0.6Y - 600i + 260$

令 $\mathrm{AE} = Y$ ，得

$$0.6Y - 600i + 260 = Y$$

整理得 IS 方程：$Y = 650 - 1500i$

4.2.2 IS 曲线的斜率

一条向右下倾斜的 IS 曲线的陡峭程度，反映的是一定的利率变动导致多大的收入变动，即收入对利率的敏感程度。如图 4-4 所示，一条较为平坦的 IS 曲线意味着较小幅度的利率上升带来较大幅度的收入减少。

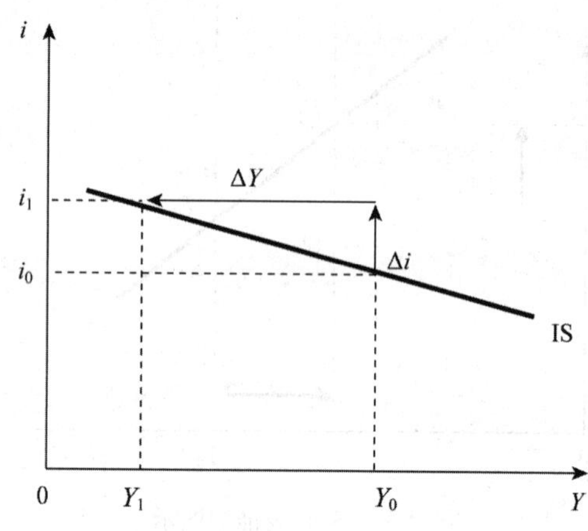

图 4-4　较为平坦的 IS 曲线

相反，如图 4-5 所示，一条较为陡峭的 IS 曲线意味着较大幅度的利率上升引起较小幅度的收入减少。

我们可以通过分析利率影响收入的传导机制，来发现 IS 曲线陡峭程度的决定因素。利率影响收入的传导机制是：①利率变动引起投资变动；②投资变动意味着 AE 变动，并按照投资乘数放大为收入减少。一定幅度的利率变动引起多大幅度的投资变动，取决于投资对利率的敏感程度。一定的投资变动引起多大的均衡收入变动，取决于投资乘数的大小。

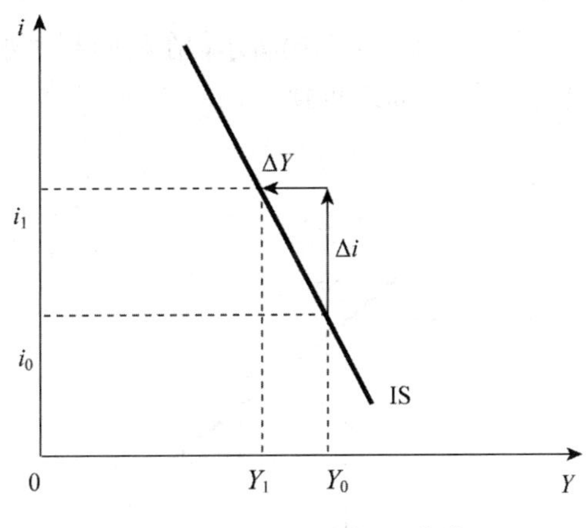

图 4-5　较为陡峭的 IS 曲线

$$\Delta i \xrightarrow[\text{投资对利率是否敏感}]{} \Delta I \xrightarrow[\text{投资乘数大小}]{} \Delta Y$$

投资对利率越是敏感，且投资乘数越大，IS 曲线越是平坦。相反，投资对利率越是不敏感，且投资乘数越小，IS 曲线越是陡峭。一个极端情况是，投资对利率丝毫不敏感，从而 IS 曲线是垂直的。

通过投资乘数，IS 曲线的陡峭程度进一步联系到边际消费倾向和税率。根据第 3 章的讨论，当税率上升时，投资乘数变小，从而 IS 曲线变得较为陡峭，如图 4-6 所示，税率上升使 IS 曲线向左旋转且变得更加陡峭。当边际消费倾向变小时，投资乘数变小，IS 曲线也变得更加陡峭。相反，当边际消费倾向变大时，IS 曲线向右旋转且变得更为平坦。

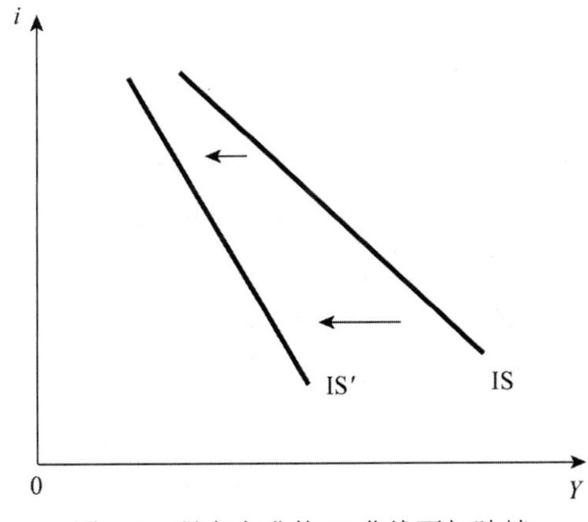

图 4-6　税率上升使 IS 曲线更加陡峭

4.2.3　IS 曲线的移动

如图 4-7(a)所示，利率从 i_0 下降到 i_1，**其他事情相同**，收入从 Y_0 增加到 Y_1，描述为沿着一条**给定的** IS 曲线向右下移动；如图 4-7(b)所示，在相同利率水平 i_0 上，**其他事情变动**，收入从 Y_0 增加到 Y_1，描述为 IS 曲线向右平移。

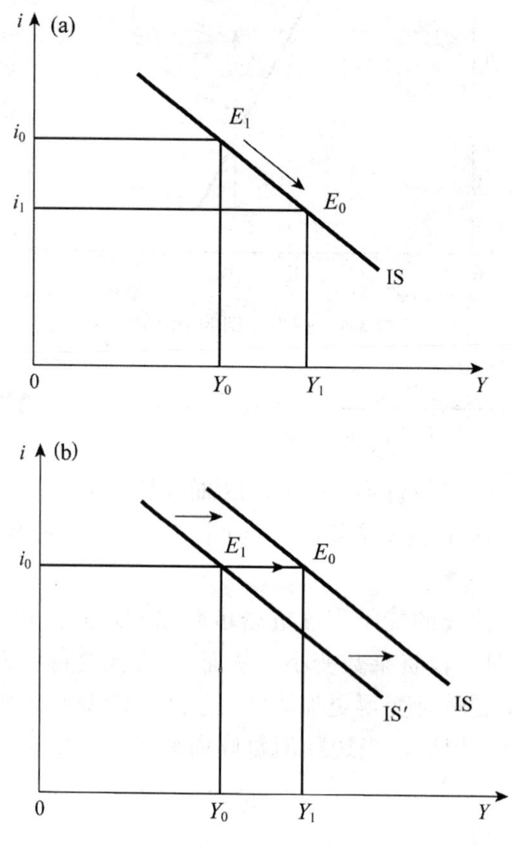

图 4-7　IS 曲线的移动

比如，当政府购买支出增加时，IS 曲线向右平移。这是因为，如图 4-8(a)所示，对于任意给定的利率 i_0，当政府购买支出从 $\overline{G_0}$ 增加到 $\overline{G_1}$ 时，总支出从 AE($\overline{G_0}$) 增加到 AE($\overline{G_1}$)，均衡收入从 Y_0 增加到 Y_1。如图 4-8(b)所示，这意味利率不变而收入增加，从而表现为 IS 曲线向右平移。依照第 3 章的讨论，在利率不变从而投资不变的情况下，政府购买支出增加使收入增加 $\alpha_1\Delta\overline{G}$，从而 IS 曲线向右平移的距离是 $\alpha_1\Delta\overline{G}$，$\alpha_1$ 是政府购买支出乘数。

类似地，当政府转移支付增加时，相同利率水平上 AE 和均衡收入增加，IS 曲线向右平移。不过，由于转移支付的乘数是 $c\alpha_1$，政府转移支付的增加使 IS 曲线向右平移的距离是 $c\alpha_1\Delta\overline{\text{TR}}$，小于等量政府购买支出增加所导致的 IS 曲线向右移动距离。

当定额税增加时，相同利率水平上，AE 和均衡收入减少，IS 曲线向左平移，且平移的距离是 $c\alpha_1\Delta T_0$。

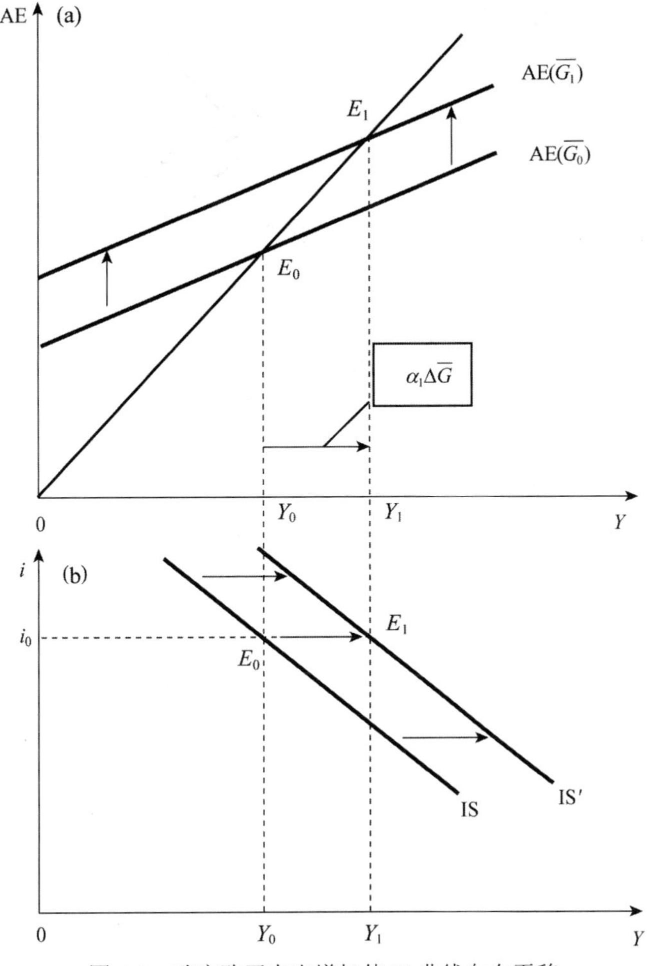

图 4-8 政府购买支出增加使 IS 曲线向右平移

4.2.4 偏离 IS 曲线的点

IS 曲线上每一点都代表使产品市场均衡的一个收入-利率组合。偏离 IS 曲线必定意味着产品市场不均衡。问题是，在 IS 曲线的右上方或左下方，产品市场是供过于求还是供不应求呢？如图 4-9 所示，在 IS 曲线右上方，比如 H 处，产品市场供过于求，即 $Y > \text{AE}$。这是因为，与利率水平 i_0 相应的均衡收入是 IS 曲线上 E_0 处的收入水平 Y_0，小于同一利率水平的 H 处的收入水平 Y_1。这意味着，企业有非计划存货投资，从而有减少产出的调整趋势。在简单经济情况下，这意味着 $I < S$。类似可以说明，在 IS 曲线左下方，产品市场上供不应求，有增加产出的调整趋势。

总之，IS 曲线是，保持产品市场均衡，收入与利率之间的关系。在总支出的构成中，投资对利率最为敏感。投资与利率之间的关系称作投资函数。当利率上升时，投资减少，总支出减少，均衡收入减少。所以，IS 曲线的斜率是负的，即向右下倾斜。IS 曲线的陡峭程度取决于投资对利率的敏感程度和投资乘数。自主支出变动，IS 曲线水平移动。偏离 IS 曲线的点必定意味着产品市场不均衡。

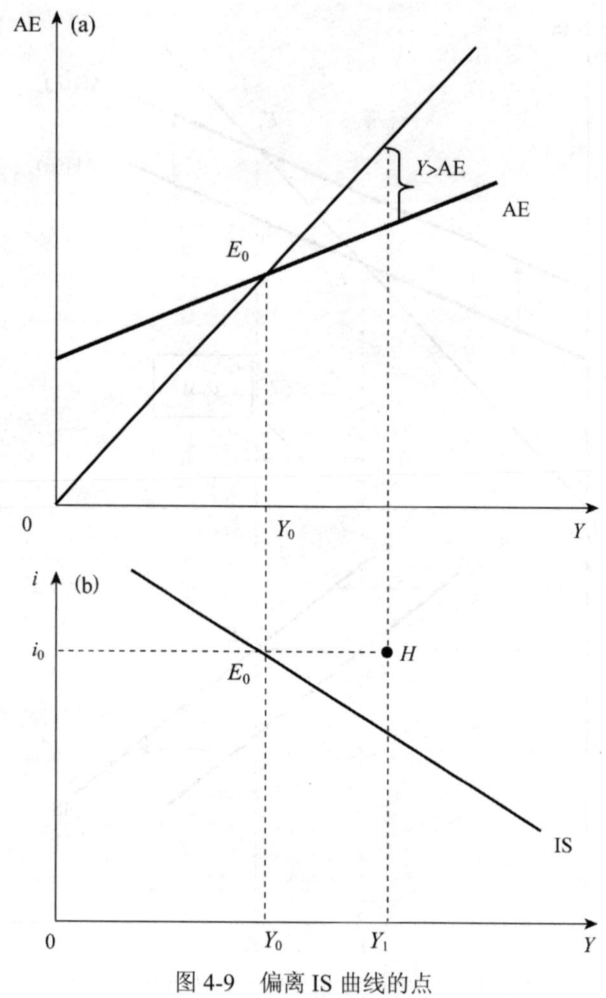

图 4-9　偏离 IS 曲线的点

4.3　货币市场的均衡

收入与利率之间的另一个关系是 LM 曲线。LM 曲线描述的是货币市场上的情况。本节讨论货币市场上均衡利率的决定，是为下一节推导 LM 曲线所做的准备。

4.3.1　货币的概念

理论上说，货币是充当交易媒介的物品。货币有四个功能：交易媒介、价值贮藏、报价和记账单位和延期支付标准。其中，最基本的是交易媒介功能，其余三个功能是从交易媒介功能派生出来的。

原理上说，人们持有货币是为了在将来某个时候购买想要的东西。如果一种东西难以贮藏和保持一定的购买力，那么，它就很难成为人们广为接受的支付手段——货币。比如，冰激凌因不易保存而很难成为货币。如果一种东西的数量很不稳定，从而其购买力或价值很不稳定，这种东西也不大可能成为货币。货币必须具有价值贮藏职能，但并非具有价值贮藏功能的东西都是货币。比如，股票、债券和房子等都具有价值贮藏功能，但不是货币。

当一种东西被确立为货币之后，它通常也会成为各种商品和服务的报价单位和记账单位。美国的货币是美元，所以，在美国各种商品和服务用美元标价。今天，美元是大多数国际贸易的支付手段，所以世界石油价格、铁矿石价格等也都是用美元标价。

货币作为延期支付标准的功能是指货币单位被用于长期交易。5 年或 10 年期贷款会明确规定用某种货币作为支付标准。与日常交易中的一手交钱一手交货相比，只不过时期更长而已。

4.3.2 货币的计量

理论上的货币是充当交易媒介——支付手段——的物品。现实中不同物品只是在不同程度上适合用作支付手段。而且，在不同时期、不同条件下，相同物品被人们用作支付手段的程度也不相同。我们把一种物品被人们广泛用作支付手段的程度称作这种物品的**流动性**。比如，房子和圆木几乎不具有流动性，而香烟和白银则更具有流动性。

要定量地研究货币的数量对经济活动的影响，尤其要通过调控货币的数量来稳定经济，我们必须明确货币的计量。由于很多东西都程度不等地可以用作货币，因此，货币的计量——把哪些东西计入货币——就没有绝对的标准。所以，货币的计量可以宽一些，也可以窄一些。一般认为，最基本和最窄意义上的货币计量是所谓的 M1。在美国，M1 包括现钞、活期存款和类似活期存款的资产。其中，现钞包括流通中的硬币和纸币。活期存款是在商业银行的无利息支票账户上的存款。不同国家在不同时期的货币计量所包含的资产类型和名称会大不相同。况且，金融创新不断产生新的类似活期存款的资产。在下面的讨论中，我们约定货币存量 M1 只包括现钞 CU 和活期存款 D，即

$$\mathrm{M1} = \mathrm{CU} + D$$

4.3.3 货币需求

在特定时期内，一个人的财富表现为一组资产，其中包括货币(现钞和活期存款)、债券、股票、黄金、汽车和房子等。为了简单表述，我们用 B 记货币之外的资产，用 W 记财富，用 L 记货币，那么，

$$W \equiv L + B$$

从本质上说，货币需求是对流动性的需求，即持有可随时用作支付手段的资产，以满足随时出现的支付需要。人们持有货币的动机或货币需求可分为交易需求、预防需求和投机需求。

专栏 4-2 货币≠财富≠收入

人们为什么需要货币？如果你认为这是个愚蠢的问题，那么，你似乎混淆了货币、财

富和收入。在某个时刻，一个人的财富包括这个人名下的各类资产，其中包括现金、活期存款、定期存款、国库券、股票、黄金、古玩、房子、香烟、酒、方便面和土豆。货币只不过是这些资产中最具流动性的资产。按照我们的约定，货币仅仅包括现金和活期存款。所以，货币不等于财富，只是财富的一部分。人们需要货币，是因为货币具有流动性。

一个人在一定时期内的收入是其财富的增加，而增加的财富未必是货币，可以是股票、黄金、白银、公司债券、房子等任何有价值资产。所以，雇主可以用国库券、面包和土豆给工人支付报酬。因此，收入不等于货币收入，更不等于财富。

(资料来源：编者根据相关资料整理)

交易需求是为了日常支付而持有一定数量的货币。一个人或一个家庭，总是有一些日常支出，比如食品、日常用品、交通、水、电、气和娱乐支出。一个人的收入越高，消费支出越多，日常支出也越多。所以，对货币的交易需求随收入增加而增加。另外，货币需求还在一定程度上依赖于利率和把其他资产转换为货币的交易成本。持有货币的(机会)成本是失去了持有债券可以挣到的利息(或持有其他资产带来的收入)。假如人们可以毫无成本地随时把债券转换为货币，那么，理论上说，人们就可以做到仅仅在需要支付的时候才把债券转换为货币，货币需求量将等于零。现实中，把债券转换为货币是有成本的。人们的最优货币需求量是持有货币导致的利息损失与把债券转换为货币的交易成本之间权衡的结果。其他相同，利率越高，人们愿意持有的货币量越小；交易成本越高，人们愿意持有货币的数量越多。经济学家托宾(James Tobin)用存货模型解释了基于交易动机而持有的最优货币数量，见附录 D。

预防需求是为了预防意外事件而持有一定数量的货币。比如，一个人开车无意间撞坏了别人的东西，本来只需赔 200 元就可以解决问题。如果开车的人对这样的事情有准备，身上有足够的货币，那么，他的损失仅限于 200 元。如果他身上只有 100 元货币，那么，他就不能马上离开，有可能耽误重要的事情，造成重大损失。

投机需求是为了抓住随时出现的获利机会而持有的货币。比如，你预期债券或股票价格不久将会下降到值得购买的水平，如果持有货币，就可以在恰当时机买入。从宏观的角度看，市场利率是通用贴现率，资产价格随利率上升而下降。因此，当人们预期利率将会上升时，等于预期资产价格将会下降，人们就会投机性地持有货币。显然，投机动机的强弱依赖于现有利率的高低。现有利率越低，相对来说利率降低的可能性越小，利率上升的可能越大，从而投机性货币需求量越大。同时，现有利率越低，持有货币的机会成本——持有债券的利息——越小。总之，利率越低，投机性货币需求量越大。相反，利率越高，投机性货币需求量越小。

综合上述三种货币需求动机，货币需求量 L 依赖于收入 Y 和利率 i，且随收入增加而增加，随利率上升而减少。我们把这一依赖关系称作货币需求函数，记作

$$L = L(Y,i)$$

有的时候，为了方便，我们也可以把货币需求函数写成

$$L = L(Y,i) = L_1(Y) + L_2(i)$$

其中，L_1 描述收入变动对货币需求量的影响，L_2 描述利率变动对货币需求量的影响。

一个更为简单的货币需求函数是

$$L = kY - hi$$

其中，$k > 0$，描述的是货币需求量对收入的敏感程度；$h > 0$，描述的是货币需求量对利率的敏感程度。而且，h 的大小依赖于投机动机的强烈程度。利率越低，投机动机越强，h 越大；利率越高，投机动机越弱，h 越小。

如图 4-10 所示，对于给定的收入水平 Y，货币需求量 L 与利率 i 之间的负相关关系可以用一条向下倾斜的货币需求曲线描述，即利率越低，货币需求量越大。沿着货币需求曲线向右下移动，随着利率越来越低，投机动机越来越强，货币需求曲线越来越平坦。极端情况下，当人们认为利率不可能更低时，货币需求线是水平的，h 的取值为零。这种情况称作**流行陷阱**。当收入增加时，相同利率水平上货币需求量增加，描述为货币需求曲线向右平移。

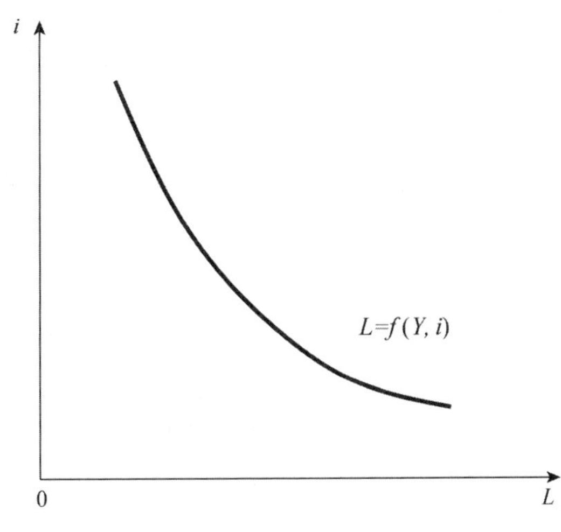

图 4-10　货币需求曲线

最后，货币需求分为名义货币需求和实际货币需求。人们在特定时刻的货币需求是当时购买力水平的货币需求，称作**名义货币需求**。**实际货币需求**等于名义货币需求除以价格水平。这里，我们假设 L 代表实际货币需求。

4.3.4 货币供给和均衡利率

在现行货币制度下，我们可以假定名义货币供给量，记作 M，完全受中央银行控制，与利率无关。至于中央银行如何控制名义货币量，我们将在第 7 章介绍货币政策工具时讨论。另外，由于假定货币需求是实际货币需求，在讨论货币供求决定利率时，L 代表实际货币供给量，实际货币供给量等于名义货币供给量除以价格水平，即 $\frac{M}{P}$。由于本章的讨论仍然假定价格水平不变，为了简单，我们干脆假设价格水平等于 1，从而 M 就代表实际货币供给量。如图 4-11 所示，由于假定货币供给完全受中央银行控制，实际货币供给线是垂直的。垂直的货币供给线和上面介绍的向右下方倾斜的货币需求线决定均衡利率。

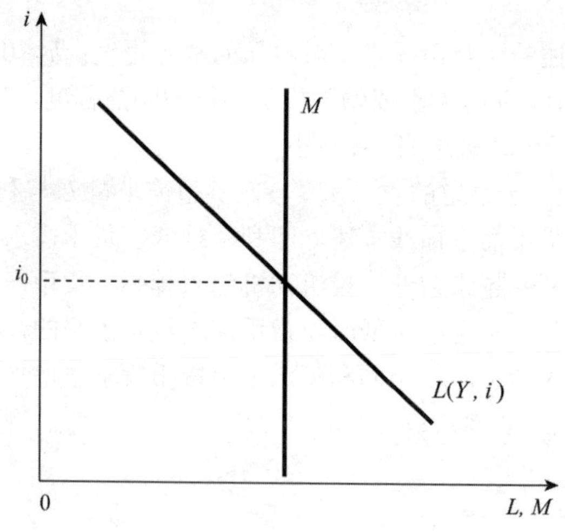

图 4-11　货币供求决定利率

顺便指出，货币市场的均衡也意味着资产市场均衡。这是因为，依照恒等式

$$W \equiv L + B$$

当货币市场达到均衡状态时，人们持有的货币量是理想的，那么，他们持有的其他资产也必定是理想的。如果其他资产市场不均衡，人们希望持有更多其他资产，他们必将购入更多其他资产，从而减少货币数量，货币市场也必定不均衡。

总之，要讨论均衡利率的决定，我们要分别描述货币需求和货币供给。理论上，货币是可以充当交易媒介的任何物品。货币的功能有：支付手段、贮藏价值、报价和记账单位、延期支付标准。最常用的货币计量是 M1，它包括现金、活期存款和类似于活期存款的资产。我们约定 M1=现钞+活期存款。人们持有货币的动机有三个：交易需求、预防需求和投机需求。基于这些动机，货币需求量随收入增加而增加，随利率上升而减少。对于任意给定的收入，我们可以画出一条负斜率的货币需求线。货币供给量由中央银行控制，所以货币供给线是垂直的。均衡利率由货币供求决定。货币市场达到均衡状态时，其他资产市场处于均衡状态。

4.4　LM 曲线

4.4.1　LM 曲线的定义和推导

LM 曲线是，保持货币市场均衡，收入与利率之间的关系。或者说，LM 曲线描述的是每一收入水平上的均衡利率。LM 曲线的形状说明，其他事情相同，收入变动时，货币市场所决定的均衡利率如何变动。

如图 4-12(b)所示，当收入水平为 Y_0 时，货币需求是 $L=L(Y_0, i)$，$L=M$ 所决定的均衡利率是 i_0。在图 4-12(a)中，相应有一个使得货币市场均衡的收入-利率组合 E_0。在图 4-12(b)中，当收入增加到 Y_1 时，货币需求增加到 $L(Y_1, i)$，表现为货币需求曲线向右平移，假设货币供给不变，均衡利率上升到 i_1。在图 4-12(a)中，相应有一个使得货币市场均衡的另一个收入-利率组合 E_1。以此类推，我们可以得出更多这样的收入-利率组合。把类似 E_0 和 E_1 的点连接起来得到 LM 曲线。所以，LM 曲线上的每一个点都代表货币市场或资产市场的一个均衡状态。一般来说，当收入增加时，货币需求增加，假设货币供给不变，那么，均衡利率将会上升，所以 LM 曲线通常是由右上倾斜的，即斜率为正。

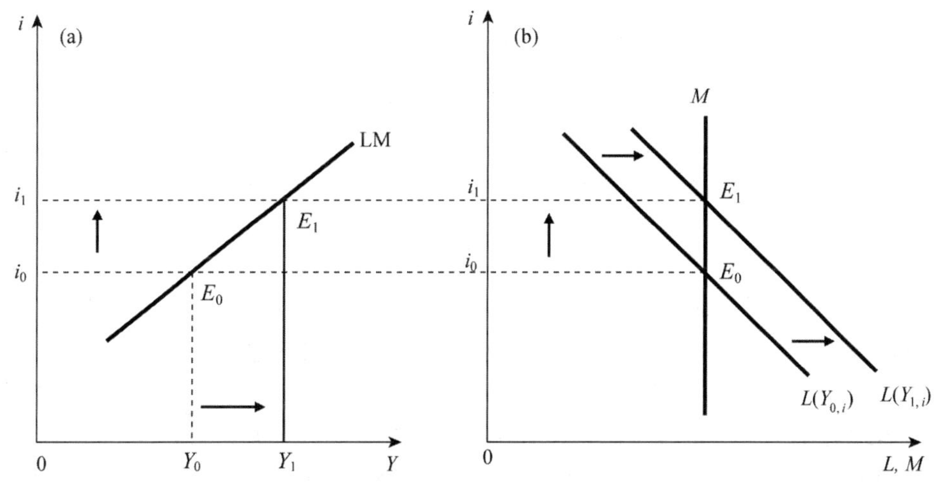

图 4-12 LM 曲线推导图示

LM 曲线是，保持货币均衡，收入与利率之间的关系，而货币市场的均衡条件是 $L=M$，所以 LM 方程就是 $L=M$。

假设 $L = kY - hi$，$M = \overline{M}$，那么，LM 方程是

$$kY - hi = \overline{M}$$

【例 4-2】假设名义货币供给是 200 个单位，价格水平 P=1，那么，实际货币供给 $\overline{M}/P = 200$ 单位。假设实际货币需求是 L=135+0. 25Y-600i。令 $L=M$ 得 LM 方程

$$200=135+0.25Y-600i$$

或

$$Y=2400i+260$$

4.4.2 LM 曲线的斜率

当收入增加时，货币需求增加，在货币供给不变的情况下，利率将会上升，所以 LM 曲线通常有一个正的斜率。而 LM 的陡峭程度描述的是，要保持货币市场均衡，一定的收

入增加导致多大幅度的利率上升。

如图 4-13 所示，一条较为陡峭的 LM 曲线意味着，一定的收入增加导致较大幅度的利率上升。相反，较为平坦的 LM 曲线则意味着，一定的收入增加导致较小的利率上升。

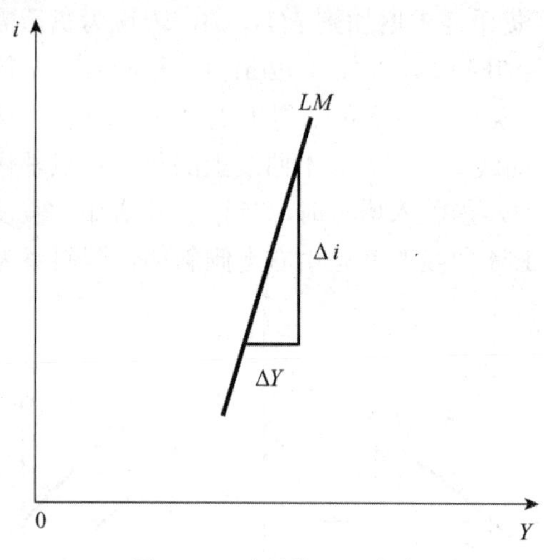

图 4-13　陡峭的 LM 曲线

当收入增加一定数额时，利率上升多少取决于什么呢？为了便于这里的分析，我们把货币需求函数写成 $L(Y,i)=L_1(Y)+L_2(i)$。当收入增加时，依赖于收入的货币需求 $L_1(Y)$增加，由于货币供给 M 保持不变，要保持货币市场均衡，即 $L(Y,i)=L_1(Y)+L_2(i)=M$，依赖于利率的货币需求 $L_2(i)$必须等量减少；要使 $L_2(i)$减少，利率必须上升。用 k 表示货币需求对收入的敏感程度，那么，k 越大，货币需求对收入越敏感；用 h 表示货币需求对利率的敏感程度，那么，h 越小，货币需求对利率越不敏感。如此，Y 增加一定数额导致 $L_1(Y)$增加多少，取决于 k 的大小，且 k 越大，这部分货币需求量增加越多；$L_2(i)$的等量减少要求利率 i 上升多少，取决于 h 的大小，且 h 越小，利率上升幅度越大。所以，LM 曲线的陡峭程度取决于货币需求对收入的敏感程度和货币需求对利率的敏感程度。其他相同，货币需求对收入越是敏感，即 k 越大，LM 曲线越是陡峭。其他相同，货币需求对利率越不敏感，即 h 越小，LM 曲线越是陡峭；货币需求对收入越是敏感且对利率越是不敏感，LM 曲线越是陡峭；货币需求对收入越是不敏感，对利率越是敏感，LM 曲线越是平坦。

假设货币供给为 M，货币需求方程是 $L=kY-hi$，那么，LM 方程是

$$kY-hi=M$$

不难看出，LM 曲线的斜率是 k/h。这证明了我们上面推理得到的结论，即较大的 k 和较小的 h 意味着较为陡峭的 LM 曲线。

LM 曲线有两个重要的极端情况：流动偏好陷阱和古典情况。**流动偏好陷阱**是指在一定利率水平上，公众打算持有任意数量的货币。当公众相信利率只会上升而不会下降时，等于说人们坚信资产价格将会下降，人们持有货币的投机动机极为强烈，愿意持有任意数量的货币。此时，即便收入改变，使依赖于收入的那部分货币需求改变，但这一改变与人们持有货币的强烈愿望相比微不足道，从而不影响利率，如图 4-14 所示，LM 是水平的。

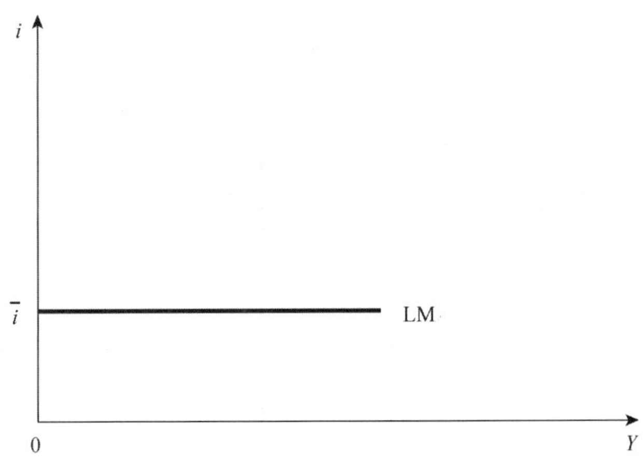

图 4-14 流动偏好陷阱的 LM 曲线

专栏 4-3 日本的流动性陷阱

1998 年 5 月，美国麻省理工学院教授保罗·克罗格曼(Paul Krugman)在其有关“日本陷阱”(Japan Trap)的论文中指出，日本经济已经陷入“流动偏好陷阱”。克罗格曼教授认为，由于总需求的增长因种种原因赶不上总供给的增长，因而造成全球物价水平下降的趋势。20 世纪 90 年代日本经济泡沫破灭后，其经济便陷入“休眠状态”。日本政府曾多次下令下调利率，日本人的利率水平曾接近 0 的底线。但是，这么低的利率对刺激日本的消费和投资几乎没有任何影响。这样日本就出现了利率已无法继续下降，但投资仍然小于储蓄的情况。

克罗格曼将“流动性陷阱”定义为一国经济出现总需求连续下降，即使名义利率已降到 0，而总需求仍然小于生产能力的状况。克罗格曼所定义的“流动偏好陷阱”其本质与凯恩斯基本一致，但也有不同之处：克罗格曼认为，当达到“流动偏好陷阱”的名义利率临界点时，人们不一定仅仅储藏货币(指现金和活期存款)，也可能将钱存入银行进行储蓄(定期存款)，以致储蓄总量超过充分就业所需要的量。因此，导致一国经济陷入“流动偏好陷阱”的原因不一定是狭义货币需求对利率的弹性无限大，更可能是广义货币需求的利率弹性无限大。这里的货币需求不仅包括有投机动机的货币需求，同时也包括预防性的货币需求。可见克罗格曼的“流动偏好陷阱”理论拓宽了凯恩斯“流动偏好陷阱”的条件，但得出了和凯恩斯相同的结论，是在凯恩斯理论基础上的进一步发展。

(资料来源：周清杰，高扬，徐振宇. 宏观经济学[M]. 北京：机械工业出版社，2007.)

古典货币理论仅仅强调货币需求的交易动机，没有投机动机。也就是说，在古典假设下，货币需求与利率无关，即 h=0，从而 L=kY。所以，如图 4-15 所示，古典情况下的 LM 曲线是垂直的。

LM 曲线的一般形状如图 4-16 所示。在其中间，LM 曲线有正常的陡峭程度；向左下移动，随着利率下降，投机动机越来越强，LM 曲线越平，极端情况是水平的 LM，代表流动偏好陷阱；向右上移动，随着利率上升，投机动机越来越弱，LM 曲线越来越陡峭，极端情况是垂直的 LM，代表古典情况。

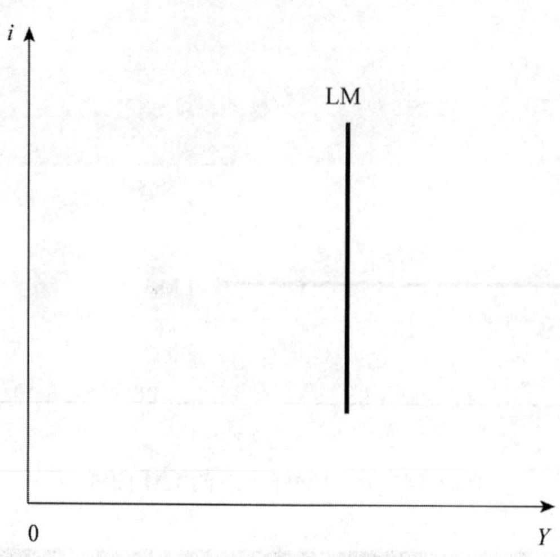

图 4-15　古典情况的 LM 曲线

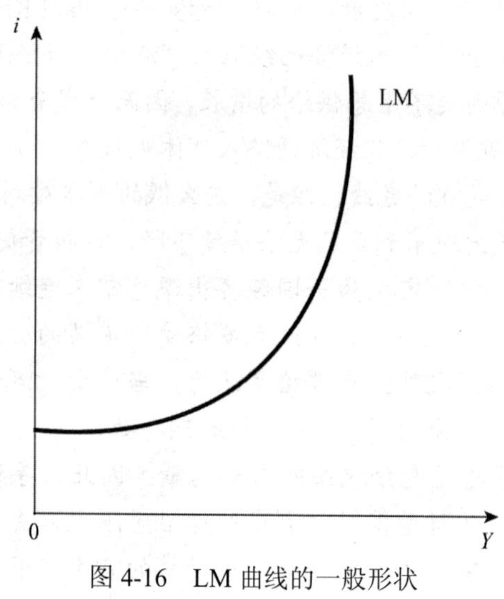

图 4-16　LM 曲线的一般形状

4.4.3　LM 曲线的移动

一条 LM 曲线描述了一定条件下货币市场的均衡要求，即其他事情相同，当收入变动时，要保持货币市场均衡，利率必须如何变动。假如收入不变，其他因素变动，那么，LM 曲线移动。如图 4-17(a)所示，假设最初条件下的 LM 曲线是 LM_0，那么，对于任意给定的收入水平 Y_0，LM_0 上代表货币市场均衡状态的是 E_0，相应均衡利率是 i_0。如图 4-17(b)所示，货币需求为 $L(Y_0, i)$，实际货币供给为 M_0，货币市场在 E_0 供求平衡，均衡利率为 i_0。如果 4-17(b)所示，当实际货币供给从 M_0 增加到 M_1 时，假设收入和货币需求不变，均衡利率从 i_0

下降到 i_1。如图 4-17(a)所示，相同收入水平上，利率的下降，意味着 LM 曲线向下方平移到 LM_1。一般来说，LM 曲线的位置取决于实际货币供给。由于当前我们假定价格水平是固定不变的，LM 曲线的位置取决于名义货币供给。其他相同，名义货币供给增加，LM 曲线向下方移动；名义货币供给减少，LM 曲线向上方移动。

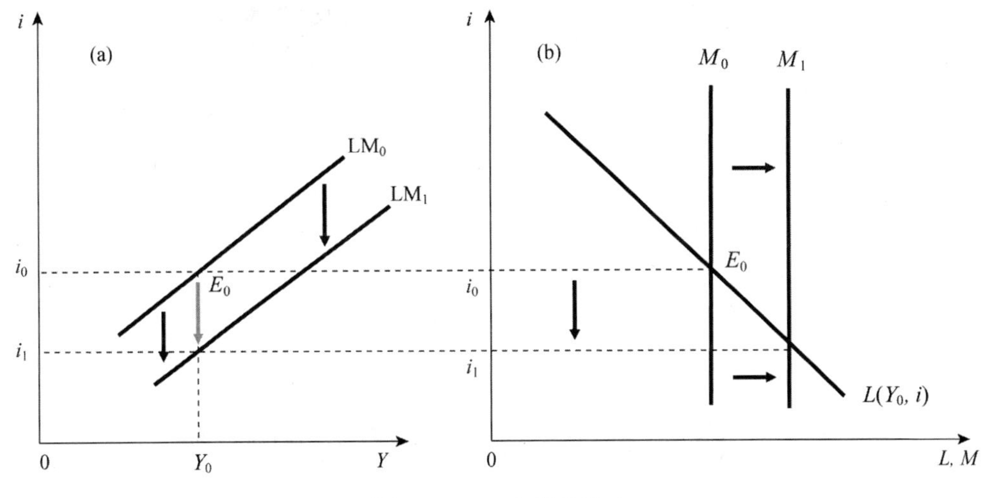

图 4-17 LM 曲线的移动

4.4.4 偏离 LM 曲线的点

LM 曲线上的每一点代表一定条件下货币市场的一个收入-利率组合。偏离 LM 曲线，货币市场肯定不均衡。问题是，货币市场上是供过于求还是供不应求呢？利率的调整方向是上升还是下降呢？

如图 4-18(a)所示，收入-利率组合 S 位于 LM 曲线的左上方，意味着当前利率 i_1 高于 LM 曲线上 E_0 处的均衡利率 i_0。如图 4-18(b)所示，货币市场上，货币供给 M 大于当前利率 i_1 上收入水平 Y_0 所决定的货币需求量，即货币市场供过于求，有利率下降的趋势。

总之，LM 曲线是，保持货币(或资产)市场均衡，收入与利率之间的关系。其他条件不变，收入增加，那么货币需求增加，利率上升，因此我们有正斜率的 LM 曲线。LM 曲线的斜率取决于货币需求对收入的敏感程度(k)和货币需求对利率的敏感程度(h)。货币需求对收入越是敏感，对利率越不敏感，LM 曲线越陡峭。货币需求对收入越不敏感，对利率越是敏感，即投机动机越强，LM 曲线越平坦。代表货币需求动机极为强烈的水平 LM 称作流动偏好陷阱。代表没有投机动机的垂直 LM 称作古典情况。LM 曲线的位置取决于(实际)货币供给。对于任意给定的收入水平，货币供给增加，利率下降，LM 曲线向右下平移。离开 LM 曲线的点意味着货币市场不均衡。在 LM 曲线的上方，利率高于均衡利率，货币市场供过于求。

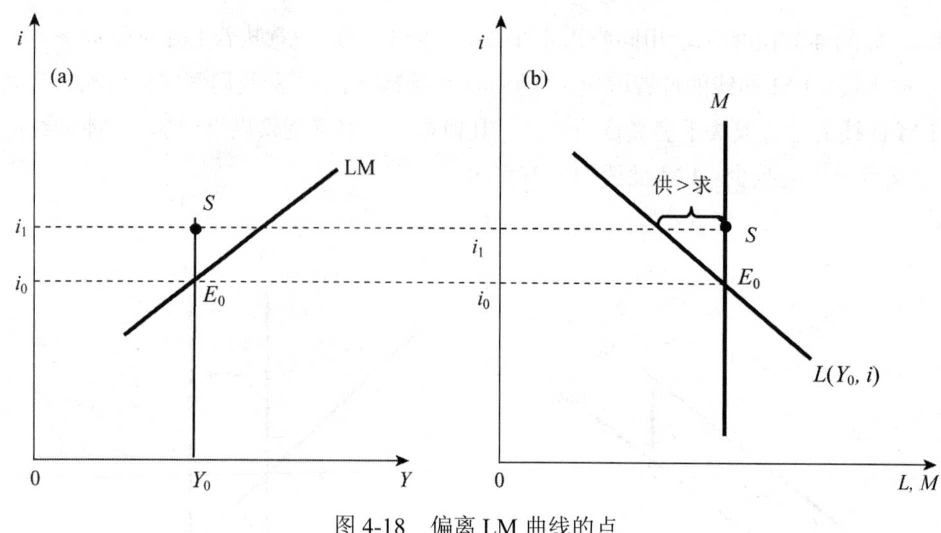

图 4-18　偏离 LM 曲线的点

4.5　商品和资产市场的同时均衡

4.5.1　均衡收入和利率的同时决定

如图 4-19 所示，一条 IS 曲线代表一定条件下产品市场均衡的要求，一条 LM 曲线代表一定条件下货币市场均衡的要求，两者的交点意味着两个市场同时均衡，并同时决定均衡收入和利率。

假设我们知道描述产品市场的 IS 方程和描述货币市场的 LM 方程，那么，我们就可以通过求解 IS 方程和 LM 方程所组成的方程组，得出均衡收入或利率。例如，假设 IS 方程是 $Y=650-1500i$，LM 方程是 $Y=2400i+260$，那么，解二者组成的方程组可得均衡收入和利率分别为 $i_0=0.10$，$Y_0=500$。

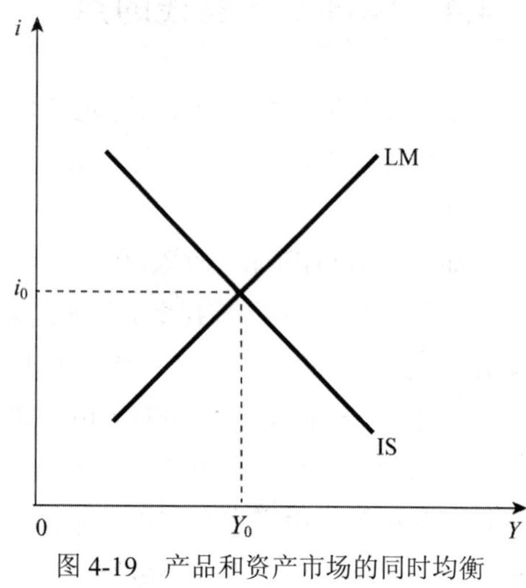

图 4-19　产品和资产市场的同时均衡

4.5.2　均衡收入和利率的变动

一条反映产品市场既定条件的 IS 曲线与一条反映货币市场既定条件的 LM 曲线共同决定一组利率和均衡收入。均衡利率和收入的变动要么来自产品市场条件的变动—— IS 曲线的变动，要么来自货币市场条件的变动—— LM 曲线的变动。

如图 4-20 所示，当企业家对经济前景更为乐观导致自主投资支出增加时，IS 曲线向右平移，均衡收入增加，均衡利率上升。类似地，政府购买支出增加、政府转移支付增加、定额税减少和自主消费支出时，IS 曲线向右平移，均衡收入增加，均衡利率上升。当消费者信心上升时，边际消费倾向变大，乘数变大，IS 曲线整体上向右下旋转，均衡收入增加，均衡利率上升。当政府提高所得税税率时，乘数变小，IS 曲线整体上向左上旋转，均衡收入减少，利率下降。

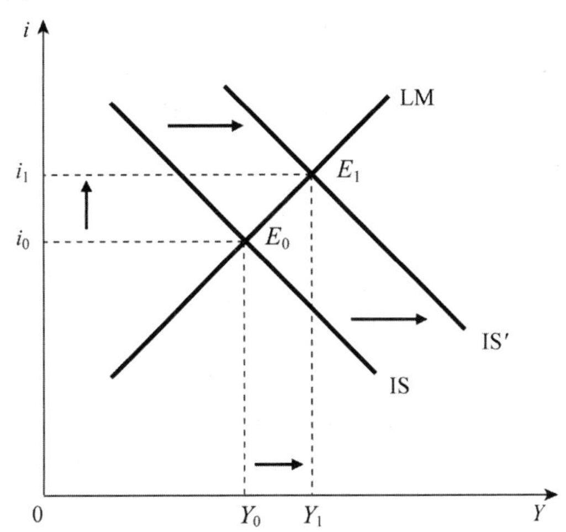

图 4-20　产品市场条件变动所导致的均衡收入和利率变动

货币市场条件的变化意味着 LM 曲线变动。比如，央行增加货币供给，那么，如图 4-21 所示，LM 曲线向右下移动，均衡利率下降，均衡收入增加。

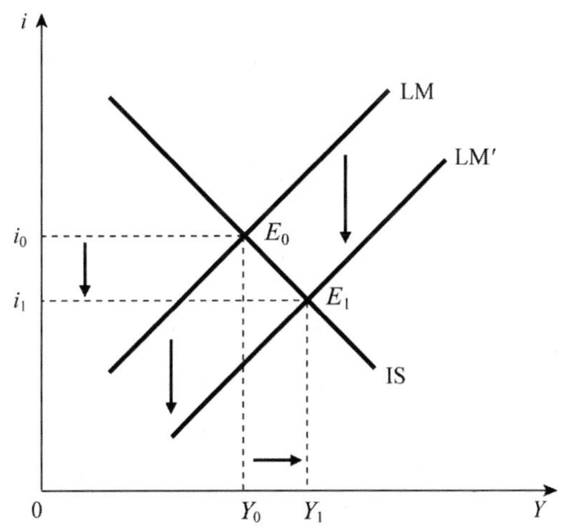

图 4-21　货币市场条件变动所导致的均衡利率和收入变动

4.5.3　两个市场的失衡及其调整

偏离 IS 曲线和 LM 曲线意味着产品市场和货币市场不均衡。如图 4-22 所示，一条 IS

曲线与一条 LM 曲线把产品和货币市场的非均衡情况分为四个区域。

区域Ⅰ中的点位于 IS 曲线的右上方和 LM 曲线的左上方。产品市场上供过于求，有产出减少的趋势。货币市场上供过于求，有利率下降的趋势。

区域Ⅱ中的点位于 IS 曲线的左下方和 LM 曲线的左上方。产品市场上供不应求，有产出增加的趋势。货币市场上供过于求，有利率下降的趋势。

区域Ⅲ中的点位于 IS 曲线的左下方和 LM 曲线的右下方。产品市场上供不应求，有产出增加的趋势。货币市场供不应求，有利率上升的趋势。

区域Ⅳ中的点位于 IS 曲线的右上方和 LM 曲线的右下方。产品市场上供过于求，有产出减少的趋势。货币市场上供不应求，有利率上升的趋势。

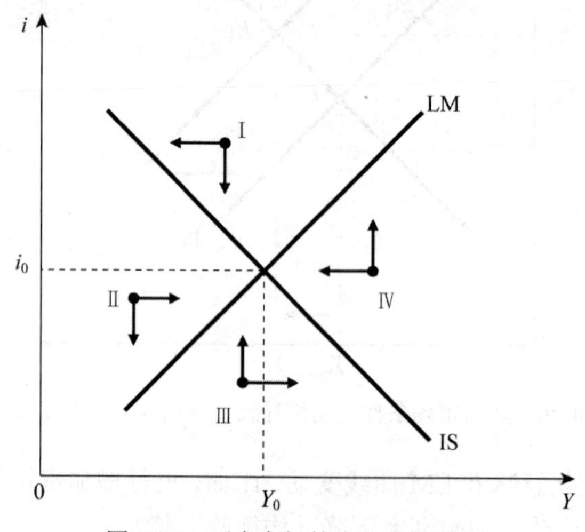

图 4-22　两个市场的失衡及其调整

当产品市场或货币市场情况发生变动时，IS 曲线或 LM 曲线移动，经济最终会调整到新的均衡状态。然而，考虑到调整所需要的时间以及两个市场调整快慢不同，就会得出特殊的调整路径。如图 4-23 所示，当货币市场的情况发生变动使得货币市场的均衡条件变成由 LM′描述时，新的均衡状态是 E_1。不考虑调整所需时间的比较静态分析的结论是，其他条件不变，经济从 E_0 出发最终调整到 E_1。实际上，调整需要时间，且两个市场调整快慢不同，最有可能的调整路径是什么呢？我们有理由假设，货币市场的调整远远快于产品市场的调整。比如，当央行宣布新的货币政策时，市场利率会在几分钟内做出充分调整。相比来说，当企业决定增加产出时，即便有闲置生产设施和失业工人，产出增加也需要数天甚至数月。所以，如图 4-23 所示，我们可以假设，在产品市场还来不及调整的情况下，货币市场立即调整到均衡状态 F，即调整到新的 LM 曲线上。然后，在保持货币市场均衡的情况下，产品市场逐步调整，并最终调整到新的均衡状态 E_1。

总之，IS 曲线和 LM 曲线的交点代表产品和资产市场的同时均衡，并同时决定均衡收入和均衡利率。均衡收入和利率的变动必定源于 IS 曲线和 LM 曲线的变动。产品市场情况的变化使 IS 曲线变动。货币市场情况变化使 LM 曲线变动。IS 曲线与 LM 曲线把两个市场失衡的情况分为四个区域。产品市场的调整是产出水平调整，横向朝向 IS 曲线。货币市场的调整是利率调整，纵向朝向 LM 曲线。

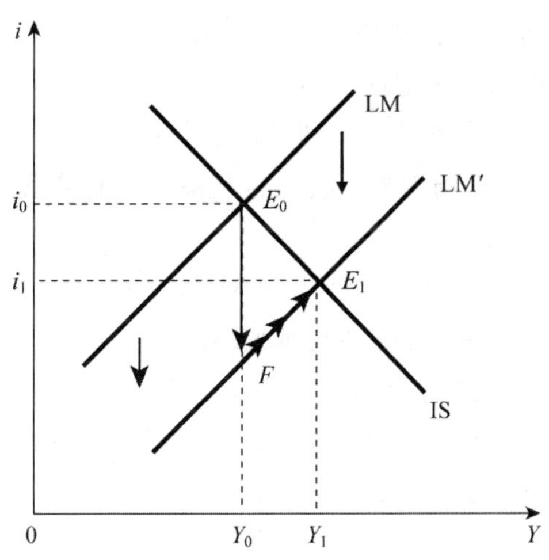

图 4-23 迅速调整的货币市场

习 题

一、判断题

1. 其他条件不变，利率上升，投资减少。 ( )
2. IS 曲线是保持产品市场均衡，收入与利率之间的关系。 ( )
3. 当利率上升时，均衡产出趋于增加。 ( )
4. IS 曲线斜率为负。 ( )
5. 边际消费倾向越大，IS 曲线越陡峭。 ( )
6. 投资对利率越敏感，IS 曲线越陡峭。 ( )
7. 税率越高，IS 曲线越陡峭。 ( )
8. 当政府购买支出增加时，IS 曲线向右平移。 ( )
9. 当政府减税时，IS 曲线向右移动。 ( )
10. 当政府提高失业救济金标准时，IS 曲线向左移动。 ( )
11. 偏离 IS 曲线必定意味着产品市场不均衡。 ( )
12. 在 IS 曲线的上方，产品市场供不应求。 ( )
13. 货币是人们广为接受的支付手段。 ( )
14. M1 包括活期存款。 ( )
15. 货币需求的交易动机是为了日常支付而需要货币。 ( )
16. 货币需求的审慎动机是为了应付意外事件而需要货币。 ( )
17. 货币需求的投机动机是为了捕捉更好的机会而需要货币。 ( )
18. 货币需求函数描述货币需求量如何依赖于收入和利率。 ( )

19. 名义货币供给量基本上是由中央银行控制的。 ( )
20. 资产市场与货币市场同时实现均衡状态。 ( )
21. 当收入增加时，货币需求增加，利率趋于上升。 ( )
22. LM 曲线是保持货币市场均衡，收入与利率之间的关系。 ( )
23. LM 曲线的斜率是负的。 ( )
24. 相对来说，货币需求对利率越敏感，LM 曲线越陡峭。 ( )
25. 货币需求对收入越敏感，LM 曲线越平坦。 ( )
26. 当货币供给增加时，LM 曲线向下平移。 ( )
27. 流动陷阱是指在现有利率水平上，公众准备持有任何数量的货币。 ( )
28. 在流动陷阱情况下，LM 曲线是水平的。 ( )
29. 按照古典货币理论，货币需求量与利率无关，这意味着 LM 曲线是垂直的。 ( )
30. 当物价水平上升时，LM 曲线向上平移。 ( )
31. 偏离 LM 曲线必定意味着货币市场不均衡。 ( )
32. 在 LM 曲线的上方，货币市场上供不应求。 ( )
33. 在 IS 曲线与 LM 曲线的交点处，产品市场和资产市场都实现了均衡。 ( )
34. 当政府购买支出增加时，LM 曲线向右平移，均衡收入增加，利率下降。 ( )
35. 当货币供给增加时，IS 曲线向右移动，均衡收入增加，利率下降。 ( )
36. 当产品市场和货币市场都不均衡时，货币市场调整得较快。 ( )
37. 假设货币市场调整得十分迅速，那么，经济几乎不可能离开 LM 曲线。 ( )

二、单选题

1. 以下属于投资的有( )。
   A. 家庭购买的洗衣机　　B. 家庭购买的汽车
   C. 家庭购买的股票　　D. 家庭购买的房子
2. *IS* 曲线负斜率的原因是( )。
   A. 利率上升使投资减少　　B. 收入增加使消费增加
   C. 投资增加使需求减少　　D. 产品市场不均衡
3. 以下有可能导致 IS 曲线更为陡峭的是( )。
   A. 利率下降　　B. 投资增加
   C. 出口增加　　D. 税率提高
4. 以下有可能导致 IS 曲线更为平坦的是( )。
   A. 税率提高　　B. 货币供给增加
   C. 边际消费倾向变大　　D. 投资变得对利率不敏感
5. 当政府支出增加时，( )。
   A. IS 曲线向右平移　　B. IS 曲线向左平移

C. LM 曲线向右平移　　D. LM 曲线向左平移

6. 在 IS 曲线的右上方，(　　)。

A. 产品市场供过于求　　B. 产品市场供不应求

C. 货币市场供过于求　　D. 货币市场供不应求

7. 以下属于货币的职能的是(　　)。

A. 支付手段　　B. 记账单位

C. 价值贮藏　　D. 以上都是

8. M1 包括(　　)。

A. 现钞　　B. 信用卡

C. 黄金　　D. 定期存款

9. LM 曲线的斜率是正的，原因在于(　　)。

A. 利率上升使投资减少　　B. 收入增加使货币需求增加

C. 投资增加使需求减少　　D. 货币市场不均衡

10. 以下有可能导致 LM 曲线更为陡峭的是(　　)。

A. 利率下降　　B. 收入增加

C. 货币供给增加　　D. 人们预期利率即将下降

11. 以下有可能导致 LM 曲线更为平坦的因素是(　　)。

A. 人们预期利率不可能再下降　　B. 边际消费倾向变大

C. 法定准备金比率提高　　D. 人们对未来更加充满信心

12. 当货币供给增加时，其他条件不变，(　　)。

A. IS 曲线向右上平移　　B. IS 曲线向左下平移

C. LM 曲线向右下平移　　D. LM 曲线向左上平移

13. 在 LM 曲线的左上方，(　　)。

A. 产品市场供过于求　　B. 产品市场供不应求

C. 货币市场供过于求　　D. 货币市场供不应求

14. 当货币市场均衡时，证券市场(　　)。

A. 必定均衡　　B. 供过于求

C. 供不应求　　D. 都可能

三、简答和计算题

1. 解释下列名词

投资函数　　IS 曲线　　LM 曲线　　流动性陷阱　　古典情况

2. 假设一个经济中的消费函数为 C=130+0.5YD，其中 YD=$Y-T$，投资函数为 I=200−600i，政府购买支出 G=112，税收函数为 T=20+0.2Y，计算对应于以下每一利率水平的均衡收入。

利率 i(%)	20	15	10	5
均衡收入 Y				

3. 说明 IS 曲线陡峭程度的决定因素。
4. 说明税率的提高如何影响 IS 曲线。
5. 说明边际消费倾向变小如何影响 IS 曲线。
6. 假设一个经济中的实际货币供给为 300 个单位，实际货币需求函数为

$$L=50+0.5Y-600i$$

计算对应于以下每一收入水平的均衡利率。

收入 Y	560	620	680
利率 (%)			

7. 说明 LM 曲线陡峭程度的决定因素。
8. 解释为什么货币需求量随利率下降而增加。
9. 说明收入增加对货币需求线的影响。
10. 说明货币供给量增加对 LM 曲线的影响。
11. 一个经济由下列方程描述(其中 $i=5$ 代表利率是 5%)：

消费函数 $C=0.8(1-t)Y$

所得税税率 $t=0.25$

投资函数 $I=900-50i$

政府购买支出 G=800

货币需求函数 $L=0.25Y-62.5i$

名义货币供给 $M=500$

价格水平 $P=1$

回答下列问题：

(1) 写出 IS 方程。
(2) 写出 LM 方程。
(3) 计算均衡收入和利率。
(4) 画图并解释为什么 IS 和 LM 交点是均衡状态。

12. 说明投资对利率的敏感程度变小如何影响均衡收入和利率。

第 5 章

AD-AS 模型

在前两章的讨论中，我们假定价格水平保持不变，说明了任意给定价格水平上的意愿总支出的决定，以及水平总供给曲线条件下均衡收入的决定。本章讨论均衡价格水平和收入的同时决定。一方面，我们用总需求曲线描述价格水平变动如何影响总支出。另一方面，我们用总供给曲线描述价格水平变动如何影响厂商愿意提供的商品数量。一定条件下的总需求和总供给，决定均衡价格水平和产出(收入)水平。总需求或总供给的变动或两个同时变动，引起均衡价格水平和产出的变动。

5.1 总需求

5.1.1 总需求曲线的推导

我们在第 3 章第 1 节里已经指出，一定价格水平上经济中各单位愿意购买的量称作**总需求量**，也称**总支出**，记作 AE。在一个封闭经济中，总支出包括消费、投资和政府购买支出。总需求量与价格水平之间的关系称作**总需求**，记作 AD。或者说，总需求描述的是每一价格水平上的总需求量。我们在第 3 章和第 4 章里已经说明，在水平总供给曲线情况下，或者说对于任意给定的价格水平，总需求量即总支出决定均衡产出或收入水平，而这里的均衡指的是产品市场和货币市场同时均衡。所以，我们可以说，**总需求是保持产品和货币市场均衡的收入水平与价格水平之间的关系**。描述产品市场和货币市场同时均衡时价格水平与收入水平之间关系的曲线称作**总需求曲线**。

要说明总需求曲线的一般形状，即价格水平变动如何影响商品市场和货币市场同时均衡时的产出水平，让我们回到描述这两个市场同时均衡的 IS-LM 模型。IS-LM 模型描述的是，价格水平保持不变情况下，商品市场和货币市场同时均衡所决定的产出水平。如图 5-1(a)所示，对于任意给定的价格水平 P_0，实际货币供给为 M/P_0，相应决定一条 LM 曲线，与描述商品市场条件的 IS 曲线决定的均衡收入是 Y_0。也就是说，如图 5-1(b)所示，其他条件相同，与价格水平 P_0 相应的均衡收入水平是 Y_0，即图中点 E_0。

假设价格水平 P_0 上升到 P_1，那么，实际货币供给将从 M/P_0 减少到 M/P_1。如图 5-1(a)所示，实际货币供给减少导致 LM 曲线向上平移，新的均衡状态是 E_1，均衡利率从 i_0 上升到 i_1，而利率上升导致投资减少，均衡收入从 Y_0 减少到 Y_1。如图 5-1(b)所示，价格水平 P_0

上升到 P_1 时，产品市场和货币市场均衡的收入水平是 Y_1。这就给出另一个均衡收入和价格水平组合 E_1。把 E_0 和 E_1 等均衡收入和价格水平组合连接起来得到总需求曲线 AD。

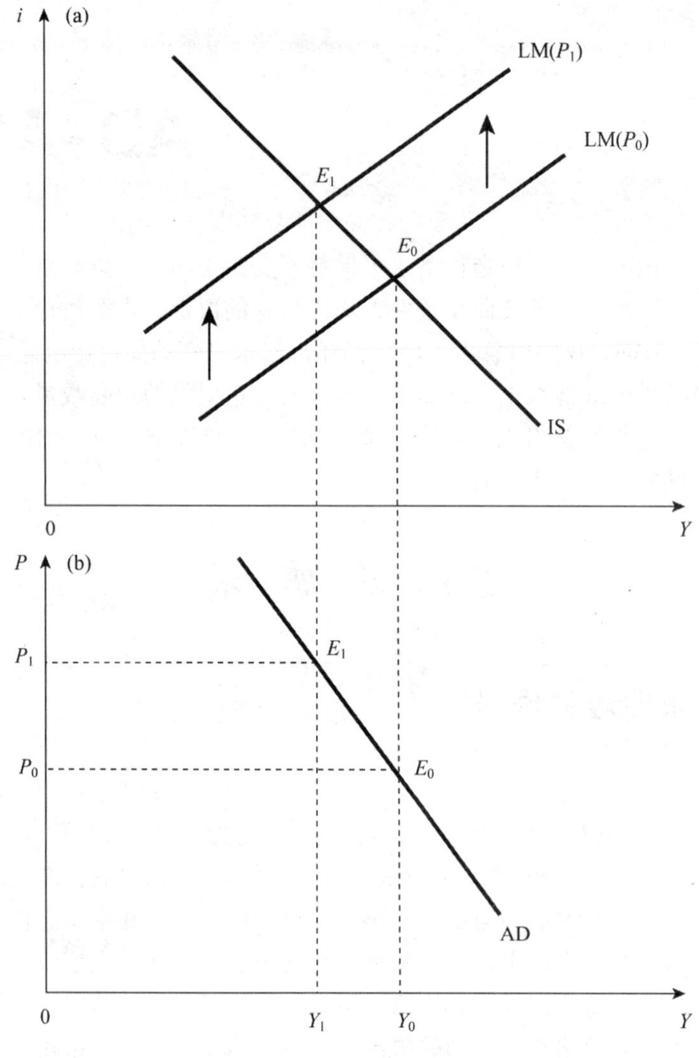

图 5-1 总需求曲线推导图示

价格水平 P 上升时，实际货币供给 M/P 肯定减少；实际货币供给减少，一般会导致利率上升；利率上升一般会导致投资减少和 AE 减少；AE 减少导致均衡收入减少，所以正常的 AD 曲线是向右下方倾斜的。

上面描述了价格水平变动通过影响实际货币供给影响利率，进而影响投资支出。除此之外，价格水平变动还通过其他机制影响总支出。价格水平上升时，消费者持有的既定数量的货币(现钞和活期存款)的购买力下降，使他们觉得自己不那么富有了，从而减少消费支出，造成总支出减少。这个效应称作**财富效应**。再有，在一个开放经济中，国内价格水平上升时，如果国外价格水平和名义汇率不变，那么，相对来说，国内商品变贵了，而国外商品相对便宜了，该国净出口将会减少，造成总支出减少。这个效应称作**汇率效应**。总之，价格水平上升时，财富效应和汇率效应也都意味着总支出减少和总需求曲线向右下方倾斜。

5.1.2 总需求曲线的斜率

向右下方倾斜的总需求曲线表明，价格水平 P 上升导致 AE 和收入减少。总需求曲线的陡峭程度描述一定幅度的价格上升导致多大幅度的收入减少。如图 5-2 所示，一条较为平坦的 AD 曲线意味着一定幅度的价格上升导致较大幅度的收入减少。

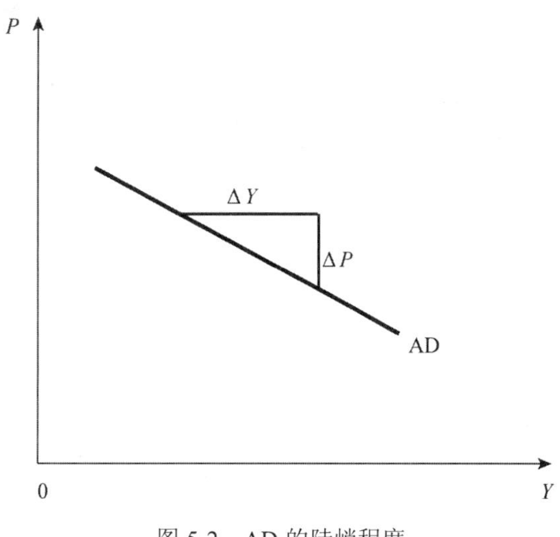

图 5-2 AD 的陡峭程度

总需求曲线的陡峭程度取决于哪些因素呢？首先，依照价格水平的利率效应，价格水平的变动影响产出的机制是

$$P \rightarrow (M/P) \rightarrow i \rightarrow I \rightarrow \mathrm{AE} \rightarrow Y$$

给定名义货币供给 M，当价格水平 P 上升时，实际货币供给 M/P 必定减少，根据第 4 章的讨论，实际货币减少一定数量时，利率上升多少取决于 LM 曲线的陡峭程度，而 LM 曲线的陡峭程度依赖于货币需求对收入的敏感程度和货币需求对利率的敏感程度。货币需求对收入越是敏感，对利率越是不敏感，即参数 k 越大和 h 越小，利率上升得越多。然后，利率上升一定幅度时，投资减少多少取决于投资对利率的敏感程度。投资对利率越敏感，即参数 b 越大，投资减少得越多。投资减少一定数额时，均衡收入减少多少取决于投资乘数的大小。投资乘数越大，均衡收入减少得越多。所以，单就价格水平变动的利率效应来说，总需求曲线斜率的决定因素有：货币需求对收入的敏感程度、货币需求对利率的敏感程度、投资对利率的敏感程度和投资乘数。

此外，考虑到价格水平变动的财富效应和汇率效应，价格水平上升还导致消费和净出口减少，总支出和均衡收入减少更多，总需求曲线更为平坦。

5.1.3 总需求曲线的移动

一条总需求曲线描述的是假定其他事情不变，保持商品和货币市场均衡，收入如何随价格水平而变动。总需求曲线的移动描述对于任意给定的价格水平，其他因素变动导致均衡收入变动。如图 5-3 所示，对于任意给定的价格水平 P_0，其他因素导致 IS-LM 模型中均衡收入增加，而且这类因素不是上面讨论的改变总需求曲线斜率的因素。

如图 5-4(a)所示，对于任意给定的价格水平 P_0，当政府购买支出增加时，IS 曲线向右移动，新的 IS 曲线与 LM(M/P_0)决定了一个更高的均衡收入 Y_1。在图 5-4(b)中，价格水平不变，收入增加，即从 E_0 水平移动到 E_1，意味着 AD 曲线向右平移。

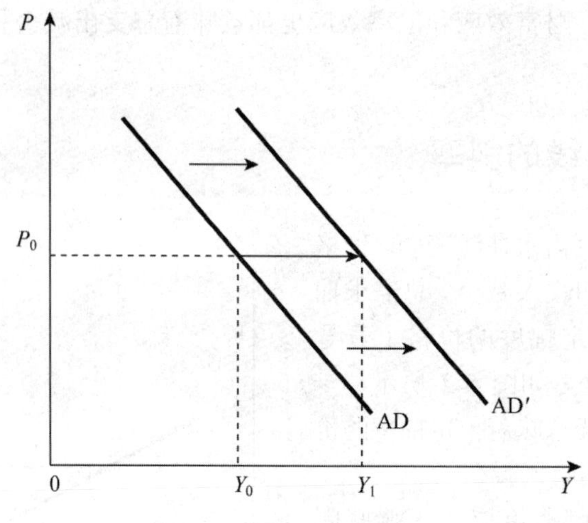

图 5-3 总需求曲线的移动

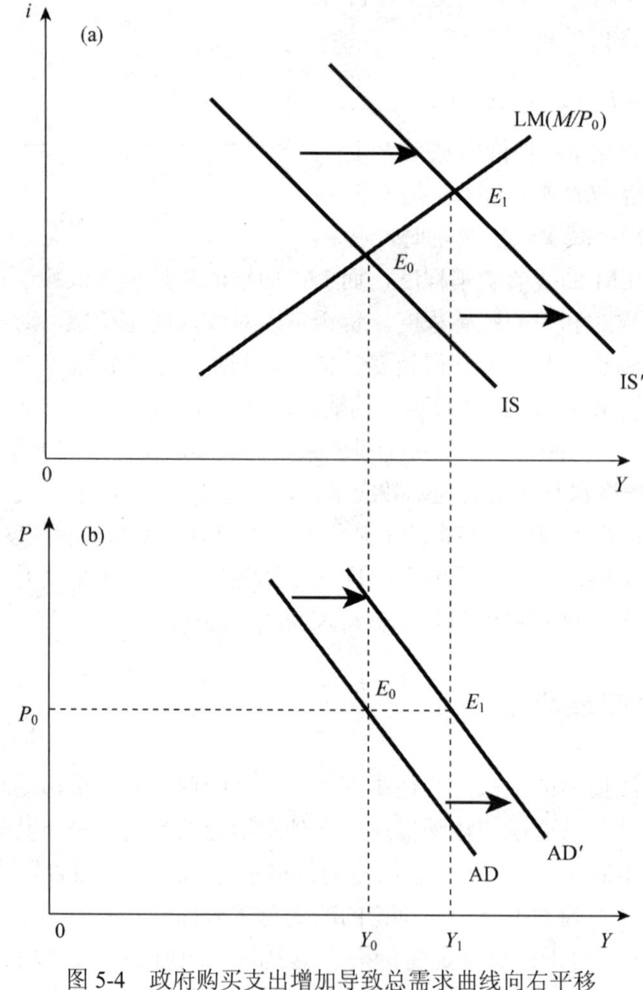

图 5-4 政府购买支出增加导致总需求曲线向右平移

类似地，当转移支付 TR 增加、定量税 T_0 减少或 NX 增加时，AD 曲线向右平移，即总需求增加。

如图 5-5(a)所示，对于任意给定的价格水平 P_0，当名义货币供给增加时，实际货币供给 LM(M/P_0)增加，利率下降，表现为 LM 曲线向下平移，均衡收入增加。在图 5-5(b)中，价格水平保持不变情况下，均衡收入增加意味着总需求曲线向右平移。

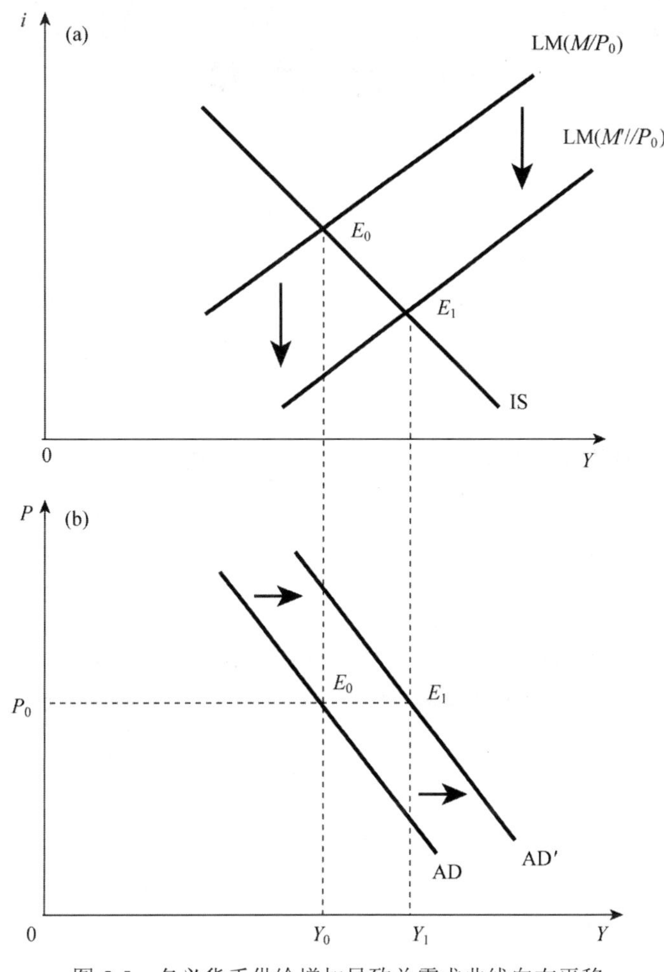

图 5-5　名义货币供给增加导致总需求曲线向右平移

IS-LM 模型中使 IS 或 LM 曲线移动的因素也是使总需求曲线移动的因素。因此，政府转移支付使总需求曲线向右平移，定额税增加使总需求曲线向左平移。在一个开放经济中，出口条件的改善使总需求曲线向右移动。所以，财政政策、货币政策和贸易政策都意味着总需求曲线的平移，统称**总需求管理政策**。

总之，总需求曲线是保持产品和货币市场均衡，收入水平与价格水平之间的关系。在 IS-LM 模型中，其他事情相同，价格水平上升时，实际货币供给减少，利率上升，投资减少，均衡收入减少，所以有负斜率的总需求曲线。负斜率的总需求曲线的另外两个影响因素是价格变动的财富效应和汇率效应。总需求曲线的陡峭程度描述一定幅度的价格水平上升导致多大幅度的收入减少。这主要取决于货币需求对收入的敏感程度、货币需求对利率的敏感程度、投资对利率的敏感程度、投资乘数、价格水平变化的财富效应和汇率效应大小。

当政府购买支出之类的自主支出变动时，总需求曲线左右平移。政府购买支出增加使总需求曲线向右平移。名义货币供给增加使总需求曲线向右平移。出口条件的改善使总需求曲线向右平移。一条总需求曲线概括了产品市场和货币市场的情况和贸易情况。财政政策、货币政策和贸易政策都意味着总需求变动。

5.2 总供给

5.2.1 概述

总供给曲线描述的是，在每一价格水平上，生产者愿意提供的产出水平。

产出水平 Y 依赖于要素数量和技术水平。这一依赖关系称作**总生产函数**，记作

$$Y = f(N, K)$$

其中，N 代表劳动数量，即就业水平，K 代表资本数量。

在短期收入决定模型中，我们假设技术水平、资本存量和其他要素不变，从而产出水平完全取决于劳动就业水平。所以，短期生产函数可以写成

$$Y = F(N)$$

如图 5-6 所示，一般情况下，产出水平随着就业水平增加而增加。不过，边际产量递减规律的作用使得产出的增加越来越慢，所以图中描述生产函数的曲线是向左上方凸出的。

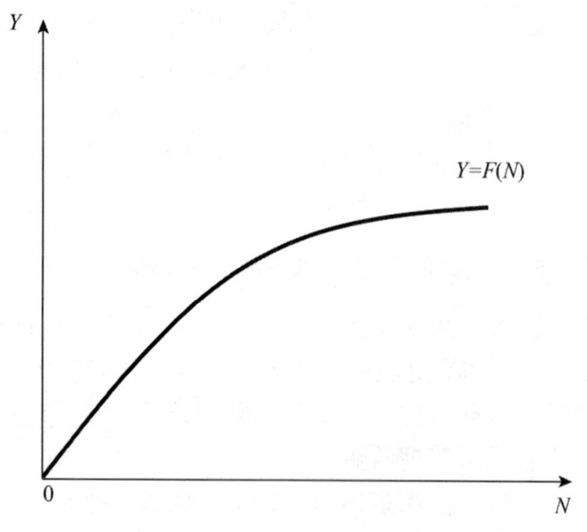

图 5-6　短期总生产函数

由于产出水平按照生产函数完全取决于就业水平，而价格水平按照一定方式联系着工资水平，产出水平与价格水平之间的关系本质上是就业水平与工资水平之间的关系。所以，要说明总供给关系，就必须首先描述劳动市场上工资和就业的决定。关于工资和

就业的决定和调整，经济学家们有不同观点，因此总供给曲线的推导是宏观经济学中最有争议的领域。

5.2.2 古典总供给曲线

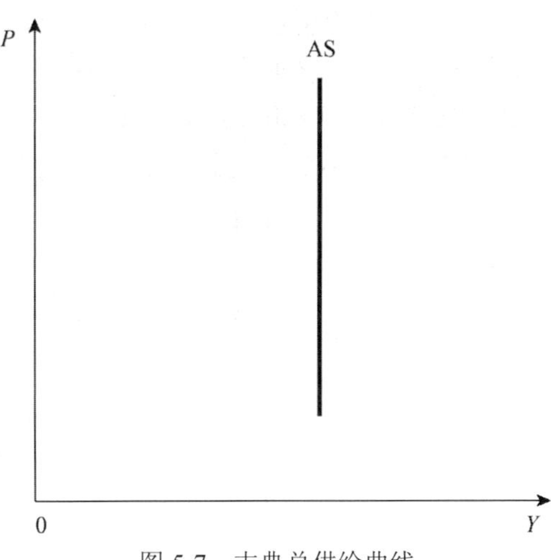

图 5-7 古典总供给曲线

如图 5-7 所示，古典总供给曲线是垂直的，意味着价格水平变动不影响产出水平。古典总供给曲线背后的基本假设是，劳动市场总是处于充分就业的均衡状态。充分就业总能得以实现是因为货币工资迅速调整，从而实际工资和就业水平不受影响。货币工资迅速调整背后的假设是信息完全和货币工资完全自由浮动。

依照微观经济学关于劳动市场的描述，完全竞争的条件之一是完全信息。假设初始价格水平为 P_0，那么，有完全信息的雇主们的劳动需求曲线是劳动的边际产品价值线，即厂商愿意支付的最高货币工资等于劳动的边际产品价值，

$$W = \text{VMP} = P_0 \times \text{MP}_N = P_0 f(N)$$

有完全信息的劳动者们愿意接受的最低货币工资等于价格水平乘以劳动者愿意接受的实际工资 $g(N)$，即劳动供给线是

$$W = P_0 g(N)$$

如图 5-8 所示，劳动供求决定均衡货币工资 W_0 和充分就业的就业水平 N_0，从而决定充分就业的产出水平。

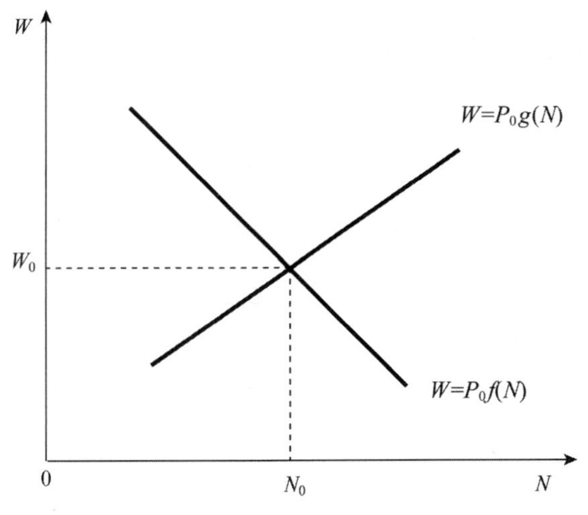

图 5-8 劳动市场的均衡

在完全信息和没有摩擦力情况下，当真实价格水平上升时，劳动市场上的供求双方都

充分认识到真实价格水平的上升，从而立即做出调整，均衡货币工资的上升将等于价格水平的上升，实际工资不变，就业水平和产出不变。这意味着总供给曲线是垂直的。如图 5-9 所示，假如产品价格水平上升 10%，那么，劳动的边际产品价值上升 10%，厂商愿意支付的工资上升 10%，需求曲线向上平移 10%；同时，劳动者也知道自己消费的产品价格上升 10%，从而要求货币工资上升 10%，劳动供给曲线也向上平移 10%。结果，均衡货币工资正好上升 10%，实际工资不变，就业水平不变，产出水平不变。所以，总供给曲线是垂直的。

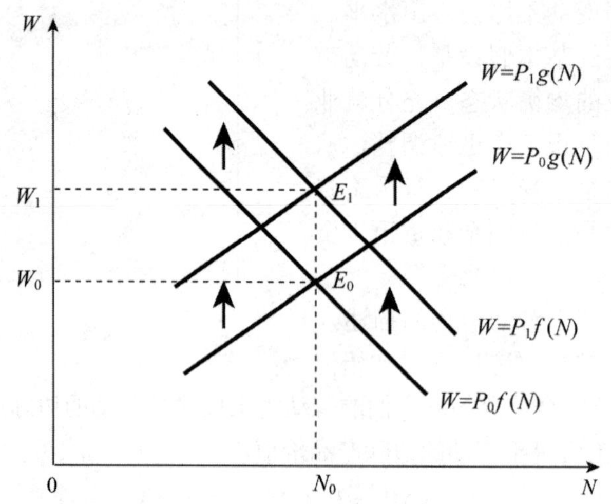

图 5-9　完全竞争情况下价格水平变动所导致的工资和就业调整

5.2.3　凯恩斯总供给曲线

如图 5-10 所示，凯恩斯总供给曲线是水平的，表明厂商愿意在现有价格水平上提供任意数量的产品。凯恩斯总供给曲线背后的假设是有大量失业，厂商能够在现有工资水平上增加劳动投入。在边际物质产品不变情况下，这意味着厂商的单位成本不变，从而愿意在现有价格水平上增加产出。

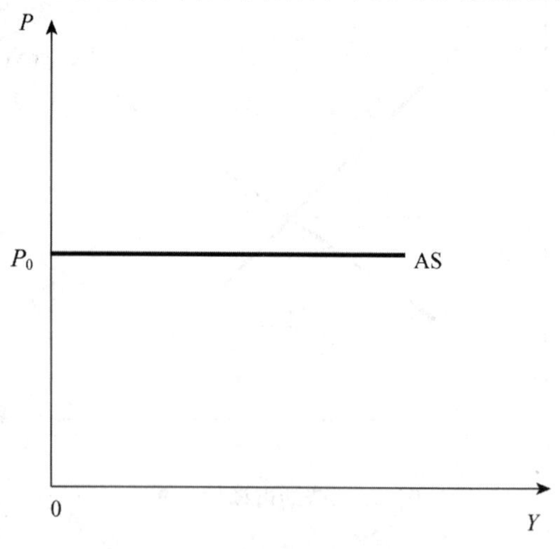

图 5-10　凯恩斯总供给曲线

垂直的古典总供给曲线和水平的凯恩斯总供给曲线是两个极端情况，分别代表关于劳动市场的两种简单假设。前者假设劳动市场能迅速调整到充分就业的均衡状态，而后者假设货币工资保持不变。古典总供给曲线在理论上更有吸引力。这是因为，货币工资固定不变和失业持续存在的假设是无法令人接受的。毕竟，当失业存在时，有工资下降的压力。而且，在更低工资水平上，就业对于失业者和雇主来说都是有利的。所以，经济学家总是对市场出清的均衡分析情有独钟。然而，事实不支持古典理论。首先，产出水平并不总是处于充分就业水平，失业时常存在，且有时失业率很高。其次，价格水平变动的确影响产出水平，因为每当政府为了减轻通货膨胀压力而减少货币供给时，几乎总会导致衰退。

今天的经济学家们既不接受垂直的古典总供给曲线，也不接受水平的凯恩斯总供给曲线。他们都承认，在短期内，总供给曲线是向上倾斜的。不过，他们的解释有所不同。

5.2.4 现代凯恩斯主义总供给曲线

最初的凯恩斯主义者假设货币工资固定不变。现代凯恩斯主义者认为，货币工资和价格并非固定不变，只不过变化得较为缓慢。形象地说，货币工资和价格具有黏性，即不易变动。

为什么货币工资变化缓慢呢？有以下三个理由：

第一，货币工资常常是由合同固定下来的。这是因为，为了降低交易成本，劳资双方都不愿意频繁地进行工资谈判，从而有长短不同的工资合同。在合同期内，货币工资是固定不变的。虽说就整个经济而言，并非全部工资都由合同固定下来，也并非全部工资合同同时签订和同时到期，总会有一部分人的工资因为合同未到期而不可改变，因此当价格水平上升时，总体上说货币工资的上升会落后于价格水平的上升。

第二，货币工资和价格调整需要协同。关于价格水平和货币工资水平的调整，人们往往有观望倾向，从而使价格水平和货币工资水平的调整滞后。即便认识到价格水平上升了，单个工人也会因为害怕失去工作而不敢单独要求提高工资。当实际情况的变化带来货币工资下降的空间时，单个厂商则担心自己率先降低工资会失去优秀的工人或影响工人的工作热情和效率，从而不敢率先降低工资。一个经济中有很多行业，而每个行业中又有很多企业，要协同各行业货币工资调整，使其和价格水平的变动一致，几乎是不可能的事情。

第三，当雇主不把工人简单地看作没有感性的机器部件，而是将其看作有感情和可以激励的员工时，雇主也许会故意支付高于市场上一般水平的工资，希望用高工资吸引高素质的工人、激发工人的工作热情和稳定员工队伍。这就是所谓**效率工资理论**。

专栏 5-1 福特的每日 5 美元工资

效率工资理论的早期实践者是亨利•福特。1914 年，一般工资水平是每日 2.5 美元，福特却宣布给他的工人支付每日 5 美元的工资。结果，愿意在福特的工厂工作的人排起了长队。并且工人队伍变得十分稳定，工人的技能稳步提高，次品减少，产品质量提高，生产率也大幅度提高。虽然，福特支付的日工资是市场上一般工资水平的两倍，单位生产成本却更低。

(资料来源：编者根据相关资料整理)

效率工资理论的实践意味着，即使有降低货币工资的空间，考虑到员工的工作热情、工人队伍的稳定，雇主也不会轻易降低货币工资。这也意味着，当市场上一般工资水平小幅上升时，实行效率工资的雇主也不必提高工资，因为工资本来就高于市场上的工作水平。

总之，如图 5-11 所示，现代凯恩斯主义者认为，劳动市场的一般情况是工资高于均衡工资且货币工资难以改变。在这种情况下，实际就业量等于厂商愿意雇用的量，小于劳动供给量，从而存在失业。当价格水平上升时，具有刚性或黏性的货币工资赶不上价格水平的上升，从而实际工资 $w = W/P$ 下降，厂商愿意雇用的劳动量增加，即就业量沿着劳动需求线增加，进而产出增加。这就意味着向右上方正斜率的 AS 曲线。

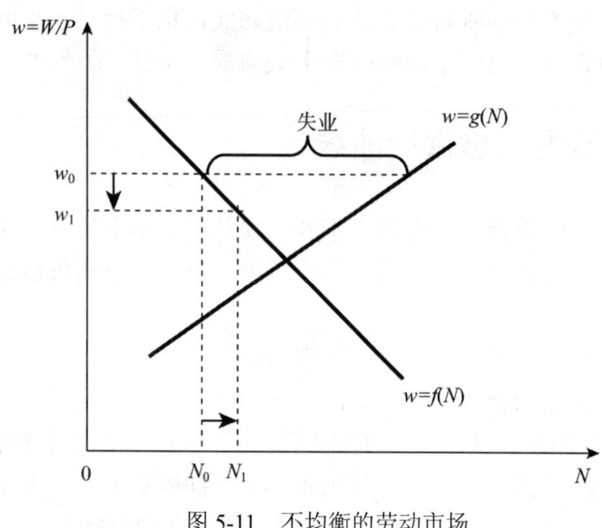

图 5-11　不均衡的劳动市场

5.2.5　理性预期学派的总供给曲线

理性预期学派的创始人是芝加哥大学的卢卡斯(Robert Lucas)。这个学派在方法上有两个主要特征。一是强调预期，尤其是理性预期的重要性。二是坚持均衡分析方法，即强调供求平衡或市场出清。预期是指人们对未来事件的看法、预见或估计。价格预期是人们对未来价格水平的估计。理性预期是指人们尽可能利用掌握的信息做出正确的预期。理性预期并不意味着正确的预期，也许每一次预期都是错的，但人们会从错误中学习，不会一直犯一个方向的错误，即没有系统性偏差，平均来说人们的预期是正确的。

在分析劳动市场时，理性预期学派强调信息不完美和不对称，尤其是劳动者掌握的信息往往少于厂商掌握的信息。根据这些假设，理性预期学派推导出具有正斜率的短期总供给曲线。

在劳动者关于真实价格的信息不完全的情况下，他们在计算要求多高的货币工资时使用的是他们预期的价格水平 P^e，而不是真实价格水平。比如，假设劳动者要求的实际工资是 100 个面包，如果他们预期明年的面包价格是每个 1 元，那么，在工资谈判中，要求的货币工资是 100 元，哪怕事实上明年的面包价格是 1.2 元。所以，劳动者要求的货币工资等于预期价格水平乘以要求的实际工资，即

$$W=P^e g(N)$$

这正是**劳动供给方程**。

劳动需求描述厂商愿意支付的货币工资，等于厂商预期的价格水平乘以边际物质产品。为了简单，我们假设厂商有完全信息，即厂商用真实价格水平计算其愿意支付的货币工资，虽然现实中的厂商不可能正确估计真实价格。这种情况下，劳动需求是

$$W=Pf(N)$$

如图 5-12 所示，劳动需求和供给决定均衡货币工资和就业。

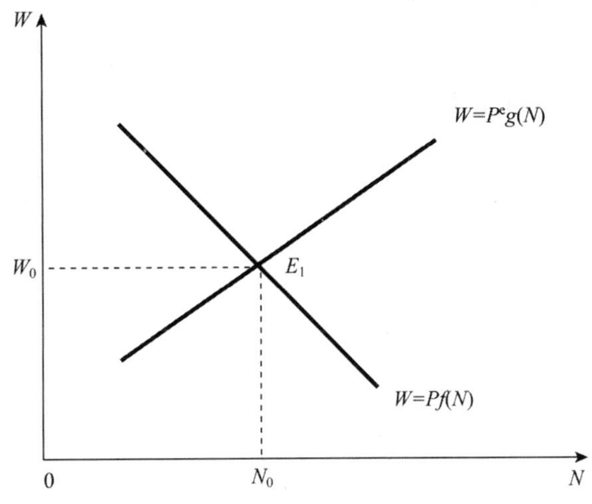

图 5-12 均衡货币工资和就业

如图 5-13 所示，假设初始状态是一个信息完全的均衡状态，其中，真实价格水平是 P_0，劳动者和雇主都使自己的价格预期调整到 P_0。这时，劳动市场上供求平衡所决定的均衡货币工资是 W_0，相应的就业水平 N_0 是充分就业水平。

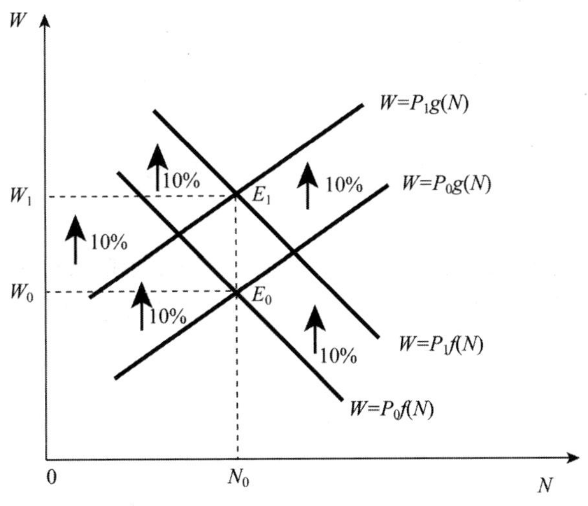

图 5-13 价格预期正确情况下的工资和就业调整

假设真实价格水平从 P_0 上升到 P_1，比如上升 10%。依照假设，厂商准确知道真实价格上升了 10%，所以厂商愿意支付的货币工资上升 10%，从而劳动需求线向上平移 10%。倘若劳动者也准确预期到真实价格水平上升 10%，那么，要求货币工资也上升 10%，劳动供给线向上移动 10%。结果，货币工资正好上升 10%，实际工资不变，就业水平不变，产出不变，从而有垂直的总供给曲线。

假设劳动者没有充分预期到价格水平的上升，比如，为了简化分析，假设劳动者丝毫没有预期到价格水平的上升，那么，$P^e=P_0$，如图 5-14 所示，劳动供给线保持不变。在这种情况下，由于劳动需求线向上移动的幅度较大，货币工资虽然上升，但上升的幅度赶不上价格水平上升的幅度，结果实际工资下降，就业增加到 N_1。就业的增加将导致产出增加，从而有正斜率的总供给曲线。**一般来说，只要劳动者预期的价格上升赶不上真实价格上升，实际工资就会下降，从而就业增加，产出增加，就有正斜率的总供给曲线。**更一般地说，只要劳动者预期的价格上升低于雇主预期的价格上升，劳动供给线向上移动的幅度就会小于劳动需求线向上移动的幅度，实际工资就会下降，从而就业增加，产出增加，就有正斜率的总供给曲线。

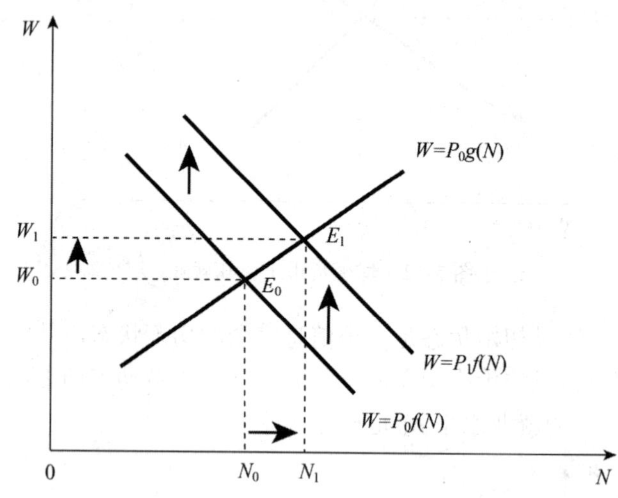

图 5-14　劳动者价格预期不充分情况下工资和就业的调整

5.2.6　总供给曲线的一个较为一般的推导方法

一方面，劳动者要求的货币工资等于预期价格乘以要求的实际工资。要求的实际工资取决于就业水平和其他因素。用 P^e 记预期价格水平，用 N 记就业水平，用 z 记其他因素，那么，劳动供给函数是

$$W = P^e g(N,z)$$

当劳动者预期的价格水平上升时，要求的货币工资按比例上升。就业水平增加时，失业人数减少，要求的实际工资增加，进而要求的货币工资增加。z 所代表的其他因素包括失业救济金和劳动市场的不完善程度等。失业救济金越高，劳动者要求的工资越高。劳动

市场越是不完善，寻找工作花费的时间越长和费用更高，要求的工资越高。

另一方面，雇主们所面对的产品市场并非完全竞争市场，从而有一定的定价能力。我们假设厂商采用成本加成的定价方式。用 m 记加成系数，用 MC 记边际成本，那么，

$$P=(1+m)\mathrm{MC}$$

为了简单，我们假设 MC 仅仅包括劳动成本，把材料等其他成本都放在 m 里。为了更加简单，我们假设 1 单位劳动生产 1 单位产品，从而增加 1 单位产品的成本就等于货币工资，记 MC=W。从而，

$$P=(1+m)W$$

这意味着，依照价格水平 P，雇主愿意支付的工资是

$$W=\frac{P}{1+m}$$

这是我们当前假设下的劳动需求函数。

在供求平衡或市场出清的状态，劳动者要求的工资等于雇主愿意支付的工资，所以

$$P^{\mathrm{e}}g(N,z)=\frac{P}{1+m}$$

在 1 单位劳动生产 1 单位产品假设下，Y=N，所以

$$P^{\mathrm{e}}g(Y,z)=\frac{P}{1+m}$$

即

$$P=(1+m)P^{\mathrm{e}}g(Y,z)$$

这得出了价格水平与产出之间的关系，即总供给关系。

如此得出的总供给关系具有以下三个重要性质。

第一，给定预期价格水平，产出增加导致价格水平上升。其传导机制是：产出增加将导致就业增加，失业减少，货币工资上升，工资成本上升，产品价格上升。

第二，预期价格上升导致真实价格按比例上升。比如，预期价格翻番，真实价格水平也将翻番。其传导机制是：预期价格水平上升将导致货币工资按比例上升，工资成本按比例上升，产品价格按比例上升。

第三，给定预期的价格水平 P^{e}、工资决定中的综合因素 z 和加成系数 m，如图 5-15 所示，我们可以画出一条正斜率的总供给曲线。当真实价格水平等于预期价格水平时，即图中点 F 时，能够达到现有技术条件下可供利用的生产资源得到充分利用的产出水平，尤其是劳动力充分就业的产出水平，称作**充分就业产出水平**，也称**潜在产出水平**或**自然产出水平**，记作 Y*。当 P=P^{e} 时，$1=(1+m)g(Y^*,z)$，所以，Y*的大小取决于 m 和 z 的取值。比如，进口材料价格上升时，加成系数 m 变大，总供给曲线向上平移。如图 5-15 所示，在 F 的右侧，真实产出水平大于充分就业产出水平，真实价格水平高于预期价格水平。在 F 的左侧，真实产出水平低于充分就业产出水平，真实价格水平低于预期价格水平。

预期价格水平变动导致总供给曲线移动。如图 5-16 所示，预期价格水平上升，总供给曲线向上平移。在更高真实价格水平上，真实价格等于新的预期价格水平，真实产出等于充分就业产出水平。

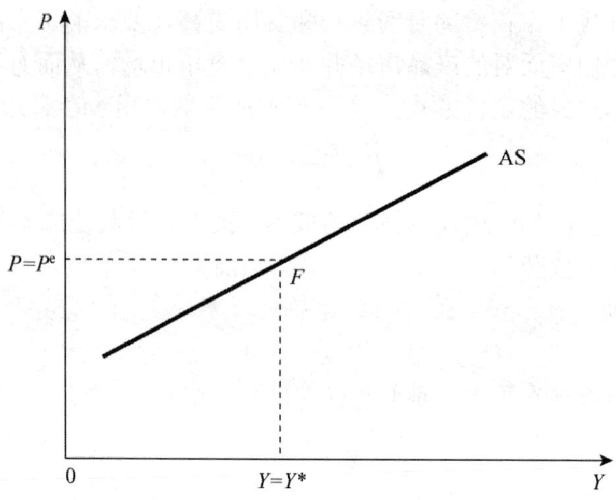

图 5-15 给定预期价格水平下的总供给曲线

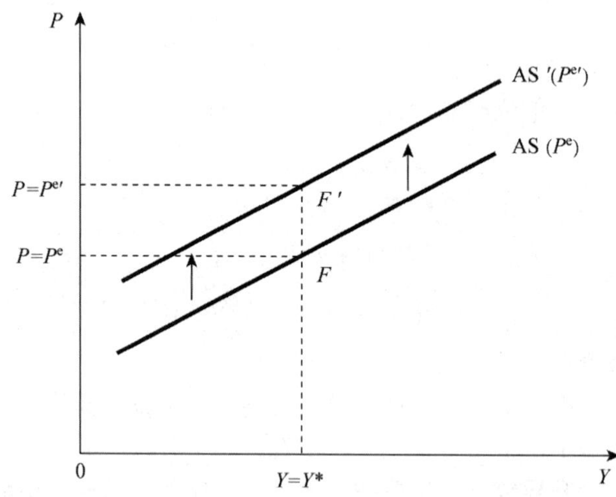

图 5-16 预期价格水平上升导致总供给曲线向上平移

5.2.7 使短期总供给变动的其他因素

工资决定中的综合因素 z 和成本加成系数 m 的变动也意味着总供给曲线的移动。z 包括的因素有以下内容。

(1) **习俗**。如果一个地区的人们不看重闲暇和时间的其他用途时，提供劳动服务的机会成本降低，要求的工资降低，或相同工资水平上劳动供给量增加，从而就业增加，总供给曲线向右移动，即总供给增加。

(2) **劳动人口的规模**。其他相同，当劳动人口规模变大时，劳动者之间的竞争导致工资下降。比如，当一个生育高峰期出生的人达到就业年龄时，劳动人口突然增加，造成工资下降，就业增加，总供给增加。相反，当出生高峰期的人达到退休年龄时，劳动人口突然减少，就业减少，总供给减少。再有，当法定劳动年龄变动时，劳动供给和总供给随之变动。

(3) **失业救济金**。当失业救济金等社会保障水平提高时，劳动者要求的工资提高或相同工资水平上劳动供给量减少，总供给曲线向左移动，即总供给减少。

m 包括的因素有以下内容。

(1) **技术**。总的来说，技术是个长期变量。不过，短期内技术进步突然加快会导致劳动的边际产量增加，单位成本下降，总供给增加。

(2) **制度环境**。提高政府办事效率，降低交易成本，使 m 变小，意味着总供给增加。降低不合理的税费也使 m 变小，从而使总供给增加。

(3) **进口材料和能源价格**。对于一个依赖进口石油和铁矿石等原材料的经济来说，这些东西的价格上升使总供给减少。

(4) **自然因素**。地震、台风和洪涝等自然灾害会破坏生产条件，使企业成本增加，总供给减少。

总之，总供给曲线描述的是总产出与价格水平之间的关系。短期内，总供给量完全取决于就业水平，价格取决于工资水平，总产出与价格水平之间的关系是就业与工资之间的关系。劳动供给代表劳动者的工资要求，依赖于劳动者实际工资要求和预期的价格水平。劳动需求代表厂商愿意支付的工资水平。古典主义总供给曲线是垂直的，其背后的假设是完全信息、工资自由浮动和没有摩擦力。水平的凯恩斯总供给曲线背后的假设是有大量失业、货币工资不变或具有刚性以及边际产量不变。现代凯恩斯主义者假设货币工资黏性，理由是：货币工资的调整需要协同，雇主与工人之间常以工资合同或其他长期关系固定工资以及效率工资。当真实价格上升时，货币工资上升幅度小于真实价格的上升幅度，从而造成实际工资下降，就业增加，产出增加。理性预期学派假设劳动市场不完美，尤其是信息不对称。当真实价格上升时，劳动者预期的价格上升幅度小于真实价格上升幅度，结果货币工资上升的幅度小于真实价格幅度，实际工资下降，就业增加，产出增加。在总供给曲线的较一般推导中，既考虑到工资和价格调整中的阻力，又考虑到信息不充分导致的预期价格与真实价格不一致。货币工资和价格调整中的阻力意味着，当预期的价格与真实价格相同时，有一个正常失业率，也称自然失业率或充分就业的失业率，相应有充分就业产出水平或潜在产出水平。给定预期价格，当产出增加且大于充分就业产出水平时，就业增加和失业减少导致货币工资上升，厂商工资成本上升，价格上升。不过，随着时间推移，劳动者将提高预期价格，使总供给曲线向上移动。总供给曲线还会因为工资决定中的综合因素 z 变动和价格决定中的加成系数 m 变动而变动。

5.3　均衡产出和价格水平及其变动

5.3.1　均衡产出和价格水平的决定

如图 5-17 所示，一条总需求曲线概括了产品市场和货币市场的情况，其中包括人们的消费倾向、投资态度、政府财政收支、对外贸易情况、货币市场上的情况等。一条总供给曲线概括了劳动市场和其他要素市场的情况。两者的交点代表整个经济的一般均衡状态，相应决定均衡产出水平 Y_0 和价格水平 P_0。

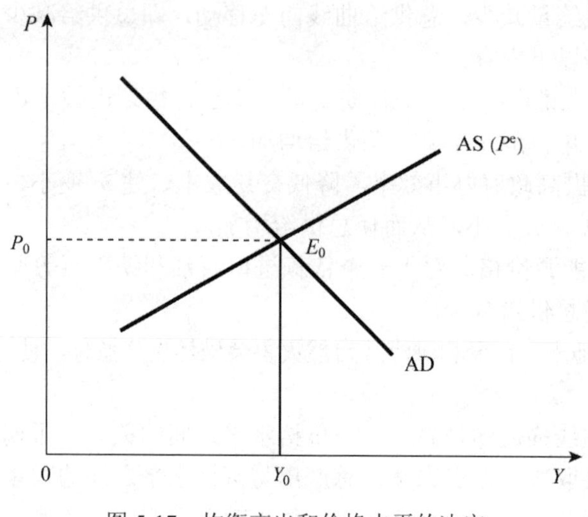

图 5-17　均衡产出和价格水平的决定

5.3.2　总需求变动导致的产出水平和价格水平调整

如图 5-18 所示，一定的资源或技术状况决定一个充分就业产出水平 Y^*。假设初始状态是充分就业状态，真实价格水平为 P_0，且预期价格 $P^e=P_0$，那么，短期总供给曲线 AS($P^e=P_0$)通过图中 E_0 点，总需求曲线 AD 与短期总供给曲线 AS($P^e=P_0$)在 E_0 点达到平衡。

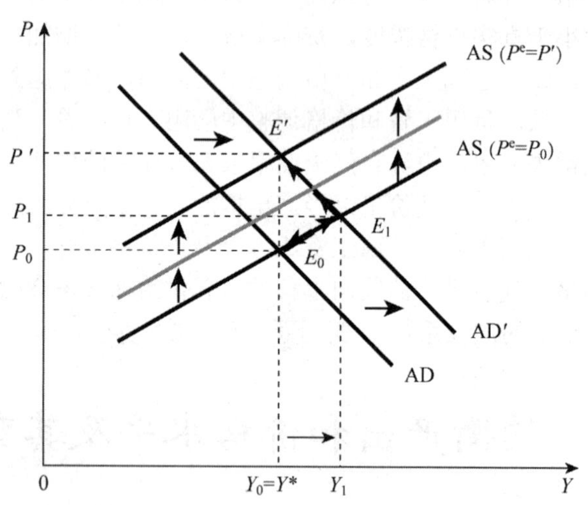

图 5-18　总需求标动后的短期和长期调整

当总需求增加时，如图 5-18 所示，总需求曲线向右移动。在预期价格保持不变的短期内，新的均衡状态为 E_1，产出沿着总供给曲线 AS($P^e=P_0$)增加到 Y_1，价格上升到 P_1。之后，随着时间推移，由于看到真实价格上升，预期价格 P^e 上升，总供给向上移动，产出沿着 AD′减少，真实价格进一步上升。最终，当预期价格调整到与真实价格一致时，新的均衡状态为 E'，产出回到充分就业产出水平，真实价格上升到 P'。相反，当总需求减少时，短期内，产出减少，价格水平下降；长期内，随着预期价格下降，总供给向下移动，产出最终回到原有水平，而价格下降更多。总之，总需求变动在短期内影响产出和就业，长期内不影响产出和就业，仅仅改变价格水平。

5.3.3 总供给变动导致的产出水平和价格水平调整

当总供给因为 m 或 z 所包含的因素变动而减少时，比如进口材料价格上升，使得加成系数增加为 m'，那么，总供给曲线向上移动，$P^e=P_0$ 时，$1=(1+m')g(Y^{*\prime},z)$ 所决定的充分就业产出水平 $Y^{*\prime}$ 小于原来的水平。假设总需求不变，那么，短期内经济沿着总需求曲线移动到 E_1，产出水平下降到 Y_1，价格水平上升到 P_1。不过，此时的产出水平高于新的充分就业水平，存在工资上升和价格上升的压力。长期内，价格上升和预期价格随之上升将导致总供给继续向上移动，最终的均衡状态为 E'，产出水平调整新的充分就业产出水平，而价格上升到 P'。相反，当总供给因有利因素而增加时，总供给曲线向下移动，充分就业产出水平增加。短期内，经济沿着给定的总需求曲线增加到新的总供给曲线与总需求曲线相交的水平，价格水平相应下降。长期内，总供给将继续下降，产出水平最终增加到新的充分就业水平，价格水平继续下降到相应水平。总之，综合因素 m 和 z 所包含的因素变动，使充分就业产出水平变动，经济的短期调整是沿着给定的总需求曲线的调整，长期调整是总供给进一步移动，产出水平和价格水平的调整幅度更大。

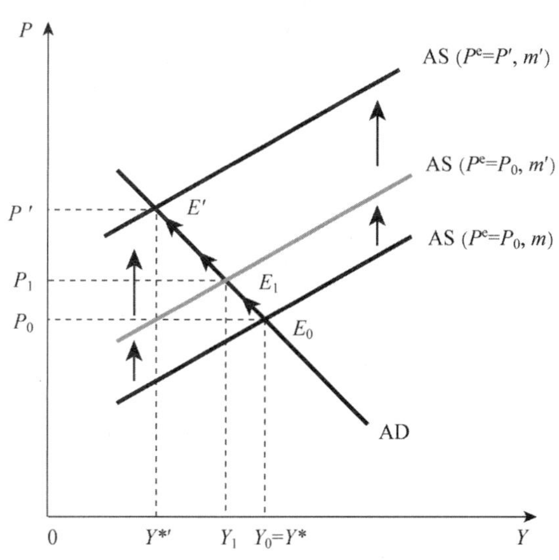

图 5-19 总供给变动引起的产出和价格调整

总之，总需求-总供给模型全面地刻画了一个经济的一般均衡状态及其调整。图 5-20 有助于我们总览这一模型的结构。总需求曲线与总供给曲线的交点 E，作为总需求曲线上的一个点，代表使产品市场和货币市场同时均衡的收入与利率组合。作为IS曲线上的一个点，E代表产品市场的均衡，对应着产品市场供求平衡；作为LM曲线上的一个点，E代表货币市场的均衡，对应着货币市场上供求平衡。总需求曲线与总供给曲线的交点E，作为总供给曲线上的一个点，代表劳动市场的均衡状态。所以，总需求与总供给的平衡意味着产出、就业、利率和价格水平的同时决定。当产品市场、货币市场、劳动市场之一的情况变动时，这些市场同时调整，产出、就业、利率和价格水平同时调整，并最终达到一个新的均衡状态。

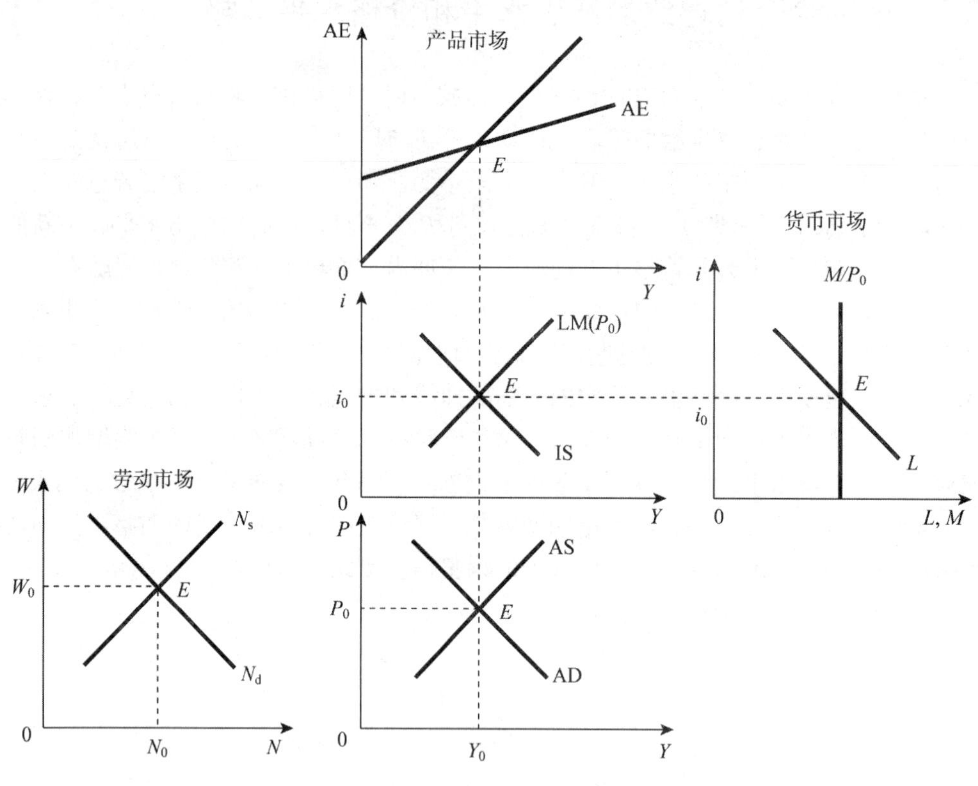

图 5-20　总需求-总供给模型总览

习　　题

一、判断题

1. 总需求曲线是价格水平与总需求量之间的关系。（　　）
2. 总需求曲线描述的是，在每一给定的价格水平上，各单位愿意购买的量。（　　）
3. 总需求曲线是保持产品和货币市场均衡，收入与价格水平之间的关系。（　　）
4. 总需求曲线的斜率是负的，原因在于当价格水平上升时，实际货币供给量减少，从

而均衡收入减少。（　）

5. 总需求曲线的陡峭程度反映 IS-LM 曲线中市场货币量变动的影响大小。（　）

6. 当 LM 线较为平坦时，总需求曲线较为陡峭。（　）

7. 在流动陷阱情况下，总需求曲线是垂直的。（　）

8. 总需求曲线的位置依赖于自主支出。（　）

9. 一般来说，当央行实施扩张的货币政策时，总需求曲线向右平移。（　）

10. 当政府购买支出增加时，总需求曲线向右平移。（　）

11. 当美元贬值时，其他条件不变，我国的总需求曲线将会向右平移。（　）

12. 美国经济情况变好将使我国的总需求曲线向左平移。（　）

13. 总供给曲线是一个经济的价格水平与生产者愿意提供的产品数量之间的关系。（　）

14. 总供给曲线是保持劳动力市场均衡，收入与价格水平之间的关系。（　）

15. 总生产函数是总产出与要素数量之间的技术关系。（　）

16. 劳动需求反映的是生产者愿意支付工资水平。（　）

17. 当价格水平上升时，其他条件不变，劳动需求将会减少。（　）

18. 当价格水平上升时，其他条件不变，劳动供给将会减少。（　）

19. 按照古典观点，劳动供求决定均衡工资和充分就业水平。（　）

20. 按照古典观点，当价格水平上升时，货币工资随之上升，而实际工资不变。（　）

21. 货币工资和物价水平的完全自由浮动使得总供给曲线是水平的。（　）

22. 依照凯恩斯的观点，货币工资保持不变。（　）

23. 货币工资黏性指的是货币工资调整得较慢。（　）

24. 货币工资具有黏性意味着劳动力市场总是出清的。（　）

25. 按照凯恩斯主义的观点，当价格上升时，就业水平将会增加，从而产出增加，总供给曲线是正斜率的。（　）

26. 理性预期学派(卢卡斯)总供给曲线的基础是信息不完全。（　）

27. 按照理性学派的观点，当现实中价格水平上升时，雇主较劳动者更能准确预期到价格上的升程度。（　）

28. 理性预期的意思是，人们的预期总是正确的。（　）

29. 如果人们较过去更加热爱劳动，那么，总供给曲线向左平移。（　）

30. 如果美国放松墨西哥向美国的移民，那么，美国的总供给曲线将会向右平移。（　）

二、单选题

1. 总需求曲线是(　　)。

A. 价格水平与总需求量之间的关系

B. 在每一给定的价格水平上，经济中各单位愿意购买的量

C. 保持产品和货币市场均衡，收入与价格水平之间的关系

D. 上述说法都对

2. 总需求曲线的斜率是负的，原因在于( )。

A. IS 曲线的斜率是负的

B. LM 曲线的斜率是正的

C. 价格水平上升使实际货币供给量减少，从而均衡收入减少

D. 边际消费倾向递减

3. 下列变化中有可能使总需求曲线变得更为陡峭的是( )。

A. 边际消费倾向变小　　B. 货币乘数变大

C. 出口形势变好　　D. 美元贬值

4.下列变化中使总需求曲线变得更为平坦的是( )。

A. 实际汇率上升　　B. 投资对利率更为敏感

C. 税率提高　　D. 进口关税下降

5. 下列变化中使总需求曲线向右平移的是( )。

A. 政府购买支出增加　　B. 央行实施了扩张性货币政策

C. 人民币贬值　　D. 上述说法都对

6. 下列变化有可能使我国的总需求曲线向左平移的是( )。

A. 美元贬值

B. 美国对我国的纺织品出口规定了配额

C. 人民银行卖出外汇

D. 上述说法都对

7. 总供给曲线是( )。

A. 保持产品市场均衡，收入与价格水平之间的关系

B. 保持劳动力市场均衡，收入与价格水平之间的关系

C. 保持货币市场均衡，收入与价格水平之间的关系

D. 保持证券市场均衡，收入与价格水平之间的关系

8. 劳动需求曲线反映的是( )。

A. 生产者雇佣劳动力的条件　　B. 生产者利润最大化的要素决策

C. 厂商的边际产品价值线　　D. 上述说法都可能

9. 当价格水平上升时，其他条件不变，( )。

A. 劳动需求减少　　B. 劳动需求增加

C. 劳动供给增加　　D. 就业减少

10. 古典观点认为( )。

A. 劳动供求决定均衡工资和充分就业水平

B. 货币工资自由浮动

C. 价格水平自由浮动

D. 上述说法都对

11. 凯恩斯主义经济学家认为( )。

A. 货币工资具有黏性　　B. 劳动力市场并不总是出清的

C. 总供给曲线向上倾斜　　D. 上述说法都对

12. 理性预期学派(卢卡斯)认为(　　)。

A. 信息不完全

B. 人们对价格上升的预期可能不充分

C. 价格水平上升可以使就业增加

D. 上述说法都对

13. 理性预期的意思是，(　　)。

A. 人们的预期总是正确的　　B. 人们的预期平均来说是正确的

C. 人们的预期总是不充分的　　D. 上述说法都对

14. 总需求曲线与总供给曲线的交点意味着(　　)。

A. 产品市场均衡　　B. 货币市场均衡

C. 劳动市场均衡　　D. 上述说法都对

15. 以下属于供给管理政策的是(　　)。

A. 增加货币供给　　B. 出口退税

C. 增加政府购买支出　　D. 冻结工资

三、简答题

1. 解释下列名词

总需求曲线　财富效应　总供给曲线　效率工资　理性预期

2. 说明总需求曲线的推导。

3. 说明总需求曲线斜率的决定因素。

4. 说明为什么说财政政策、货币政策和贸易政策都是总需求管理政策。

5. 说明古典总供给曲线的推导。

6. 说明在什么情况下总供给曲线是水平的。

7. 现代凯恩斯主义者如何解释货币工资的黏性？

8. 说明理性预期学派(卢卡斯)总供给曲线的推导。

9. 说明使一般总供给曲线移动的因素。

10. 比较简单收入决定模型、IS-LM 模型和 AD-AS 模型中相同政府购买支出增加对均衡收入的影响。

第 6 章

失业、通货膨胀和菲利普斯曲线

本章讨论失业、通货膨胀、通货膨胀与失业之间的关系，即菲利普斯曲线，解释菲利普斯曲线的移动和变异，讨论滞胀如何能够发生。

6.1 失　　业

6.1.1 失业的类型

失业者是愿意工作而没有工作的合法劳动人口。具体来说，在美国的失业统计中，一个符合劳动年龄的人成为失业者的条件是，在过去四个星期里积极寻找工作，或者正在等待被召回到原来的工作岗位。按照失业的成因，失业分为摩擦性失业、结构性失业、季节性失业和周期性失业。

摩擦性失业是劳动力市场不完美造成的失业。劳动市场的不完美具体表现为信息不完全和劳动力流动有障碍。寻找工作的人总要花费一些时间才能找到适合自己的工作岗位，还要再花费一些时间和其他成本才能和雇主达成协议并真正走上工作岗位。这些处于寻找工作过程中的人在失业调查中会被计入失业人口。现实中，由于各种原因，此类失业是常有的。比如，有些人因为不满意现在的工作而辞职并寻找新的工作；有些人因为产业结构调整而失去工作；每年有一定数量的大学毕业生成为劳动人口并寻找工作；有些人闲了若干年之后突然又有了寻找工作的念头。

结构性失业是劳动供求结构上不匹配所造成的失业，表现为失业者的技能不适应招工单位的需要。比如，有很多历史学博士正在寻找工作，但市场需要的是钳工；再如，有很多医学博士在寻找工作，但医院需要的是护士。结构性失业多源于产业结构调整或上大学时专业选择不当。在产业结构调整中，一些产业走向衰落，造成一些人失业，由于来自衰落产业的失业者在技能上不能适应新兴产业的要求，从而处于失业状态。在职业教育和高等教育中，学生在选择专业时由于偏见或缺乏远见而导致所学专业不适应市场需求，从而毕业后难以找到合适的工作。从根本上说，结构性失业也是摩擦性失业。假如信息完全，假如可以无成本地瞬间把劳动者培训得适应任何工作岗位，假如没有劳动条件协商成本，那么，也就没有结构性失业。

季节性失业是由于一些生产活动的季节性原因造成的失业。比如，在寒冷的冬季，建筑工人和渔业工人失业上升。不过，也可以认为，季节性失业从本质上不算失业，因为在计算年失业率时，季节因素造成的差异消失了。

周期性失业是处于经济周期的衰退阶段时，总需求不足所造成的失业。一国经济的长期走势由长短不同的经济周期组成。在经济周期的衰退阶段，失业会明显增加。

6.1.2　自然失业率

现实中的劳动市场总是不完美的，所以包括结构性失业在内的摩擦性失业是难免的，是正常的。也就是说，在一定的制度和技术背景下，当经济处于正常状态时，也会有失业，相应的失业率称作**正常失业率**或**自然失业率**。所以，经济学家所说的充分就业是指失业率接近自然失业率。

关于一个经济的自然失业率高低，没有公认的结论。不同的人或统计部门在同一时期或不同时期会给出不同估计。

理论上说，自然失业率的高低依赖于如下因素：

第一，劳动市场的组织水平。劳动市场上供求方面的信息交流越是准确和迅速，搜寻时间越短，达成协议的谈判成本越低，自然失业率越低。人口在不同地区的流动越是自由和便利，自然失业率越低。

第二，人口的基本素质。总的来说，人口素质越高，人们越是能够较快适应情况变化，适应新的岗位的技能培训所需时间越短，摩擦性失业越少。

第三，更换工作的愿望。人们更换工作的愿望和社会背景有关。如果某个时段的人没有耐心长期就职于一个岗位，或者每到一个岗位就觉得另一个岗位更适合自己，那么，这个时期的自然失业率较高。

第四，寻找工作的能力。这里，寻找工作的能力尤其指寻找工作的耐心和没有工作情况下生活是否有保障。如果不工作生活也有保障，那么，失业者就有耐心慢慢寻找理想的工作。所以，其他条件相同，富裕家庭的子女的自然失业率较高；富裕国家的自然失业率较高；有优越社会保障的国家的自然失业率较高。

6.1.3　失业的代价

失业的代价有经济的和社会的。失业的经济代价是国民收入水平低于充分就业时的水平。这一代价的大小可用奥肯定律来描述。笼统地说，**奥肯定律**描述的是失业率的变动与实际产出增长率之间的负相关关系。一个经济往往有一个稳定的**长期增长率**，也称**自然增长率**。这个增长率是劳动力增长和生产力提高所带来的。自然增长率是保持失业率不变或等于自然失业率的增长率。假定劳动人口和就业人口不变，那么，劳动生产力提高 1%时，产出增长 1%，但失业率保持不变。所以，当实际产出增长率超过自然增长率时，失业率才会下降。用 g_y 表示实际产出增长率，用 g_{yn} 表示自然增长率，用 u 表示失业率，那么，奥肯定律可以表达为

$$\Delta u=-\beta(g_y-g_{yn})$$

据估计，自1960年以来，美国的自然增长率为3%，系数β=0.4，①所以

$$\Delta u=-0.4(g_y-3\%)$$

也就是说，当实际增长率超过3%时，失业率才会下降。而且，实际增长率每增加1%，失业率将下降0.4%。比如，当实际增长率从4%提高到6%时，失业率将下降0.8%。

上述关系也可写成

$$g_y=3\%-2.5\times\Delta u$$

可用于估计失业增加所造成的产出损失。这就是说，失业率每增加1%，实际GDP增长率下降2.5%。比如，当失业率从6%上升到8%时，实际GDP增长率将下降5%。反过来，当失业率从8%下降到6%时，实际增长率将提高5%。

为什么实际增长率超过自然增长率时，失业率才会下降呢？这是因为，自然增长率是保持失业率不变的增长率。据估计，自1960年，美国的劳动力年增长率是1.7%，人均生产力每年提高1.3%。两者合起来使产出年增长3%。这就是说，如果实际产出按照3%增长，那么，正好使新增劳动人口按照原有比率就业，从而失业率保持不变。要使失业率下降，实际产出增长率必须高于自然增长率。

为什么产出增长率提高1%时，失业率不是正好下降1%而是只下降0.4%呢？理由之一是，产出增加未必要求增加工人。比如，果园扩大不一定要求看守果园的人数增加，至少不要求按照相同比例增加。另外，在市场形势不好时，如果雇主认为形势很快就会好转，那么，出于培训成本等方面的考虑，他们不会轻易解雇工人。这意味着，等到形势好转时，产出增加，企业并不需要按比例增加工人。理由之二是，即便就业增加1%，也不意味着失业率下降1%。这是因为，增加的就业者中有些是新加入劳动人口的人。比如，原来有100个劳动力，其中1个失业，即失业率等于1%。后来，就业增加了1个，从而就业增加了1%，但失业率并没有下降1%，而是从1%变成了1/101。

值得注意的是，自然增长率和系数β的取值是根据历史数据估计出来的。在不同时期，不同国家或地区，它们的取值会不同。比如，在鲁迪格·多恩布什和斯坦利·费希尔编著的《宏观经济学》第12版里引用的奥肯定律中，β的取值是0.5，所以才有失业率每增加1%，GDP损失2%的说法。在罗伯特·霍尔和约翰·泰勒所著《宏观经济学》第5版里则有失业率每增加1%，GDP损失3%的说法，相当于β的取值等于0.3。

总之，失业分为摩擦性失业、结构性失业、季节性失业和周期性失业。摩擦性失业是制度等长期因素造成的，是短期内无法消除的。此类失业的存在属于正常情况。所以，经济中有一个正常失业率或自然失业率。当现实中的失业率接近自然失业率时，就可以说实现了充分就业。自然失业率的决定因素有：劳动市场的组织水平、人口素质、人们寻找新的工作的愿望和能力。奥肯定律是失业率的变动与实际产出增长率之间的关系：当实际产出增长率高于自然增长率时，产出增长率的提高使失业率下降。

① Olivier Blanchard. 宏观经济学(影印版)[M]. 北京：清华大学出版社，2001：168.

6.2 通货膨胀

6.2.1 通货膨胀的后果

1. 通货膨胀影响收入分配

通货膨胀是商品和服务价格的普遍上涨。通货膨胀意味着货币的购买力下降。所以，通货膨胀有利于债务人，不利于债权人。假设借款时鸭蛋的价格是每个 1 元，而在随后出现的通货膨胀中鸭蛋的价格上升到了每个 2 元，那么，名义上偿还了 100 元借款的人实际上从放款人那里有意或无意地偷去了 50 个鸭蛋。即便借款支付利息，在通货膨胀率高出预期的情况下，利率也会变成负的。

那些领取固定货币收入的人是通货膨胀的受害者。这是因为，原来承诺给这些人的收入是按照当初购买力的货币计算的，通货膨胀会使他们的实际收入减少。这些人包括领取固定货币工资的普通公务员和企业员工、领取养老金的人等。

通货膨胀使得政府税收占国民收入的比例增加。现实中流行的是累进所得税，即边际税率随名义收入增加而提高。最简单的累进所得税是，没有收入的人不交所得税，有收入的人交所得税；没有利润的企业不交所得税，有利润的企业交所得税。通货膨胀使人们的名义收入增加，使企业的利润虚增，把个人和企业推上高边际税率区间，整个经济的平均税率提高，政府税收占国民收入的比例增加。

2. 通货膨胀影响生产活动

第一，通货膨胀扰乱价格体系有效配置资源的功能。微观经济学告诉我们，相对价格的变动反映消费者偏好的变动，从而把资源引向消费者较为迫切需要的用途。然而，当通货膨胀发生时，大多数商品和服务价格都上涨，而且是不按照相同比率上涨的混乱上涨。这时，价格的变动不再反映消费者偏好，从而价格机制有效配置资源的功能失灵。

第二，通货膨胀往往意味着高风险。在价格混乱上涨的严重通货膨胀期间，生产者既无法预测其产品价格，又无法预测投入品价格和生产成本，从而难以预测盈亏。越是长期的生产活动，越是难以预测盈亏，从而有更大的风险。为了回避风险，人们就不愿从事周期较长的生产活动。从这个角度说，通货膨胀不利于生产。

第三，通货膨胀不利于资本积累。通货膨胀会使企业的利润虚增，通过企业所得税和虚增利润的分配，企业的实际资本被侵蚀。比如，一个企业当初的资本金是 100 元，其业务是按照每盒 10 元的价格买入 10 盒香烟，然后按照每盒 10 元的价格售出。忽略其他投入，按照流行的会计核算准则，该企业利润为零。假设在该企业某次进货之后，发生了通货膨胀，香烟的价格翻了一番，那么，等到全部香烟售出之后，该企业会有 100 元的账面利润。接着，它以 20%的企业所得税税率上交 20 元的税，其余 80 元用于分红。然而，当该企业再去进货时，发现香烟的进货价格也翻了一番，账面上 100 元的资本金实际上只能进货 5 盒香烟，即实际资本减少了一半。

第四，通货膨胀导致资源浪费。倘若没有通货膨胀，政府和企业就不需要采取对付通货膨胀的措施；就不会有那么多经济学家研究通货膨胀；就不会有那么多占用纸张和印刷设备的关于通货膨胀的著作；就不需要那么多教师花那么多时间向学生讲授通货膨胀。

3. 通货膨胀的社会影响

由于利于债务人，通货膨胀会引致不道德的借债行为；由于增加风险，通货膨胀会推动投机行为；由于使一部分人的实际收入下降，严重的通货膨胀会提高犯罪率，从而威胁社会安定。

6.2.2　通货膨胀的成因

按照流行定义，通货膨胀是商品和服务价格的普遍上涨。作为价格现象，我们可以用第 5 章建立的 AD-AS 模型来解释通货膨胀的发生。根据 AD-AS 模型，价格水平的上升，即通货膨胀，要么源于总需求的增加，要么源于总供给的减少。

1. 需求拉动的通货膨胀

如图 6-1 所示，假设总供给不变，当总需求增加时，价格水平上升，发生通货膨胀。这称作**需求拉动的通货膨胀**。

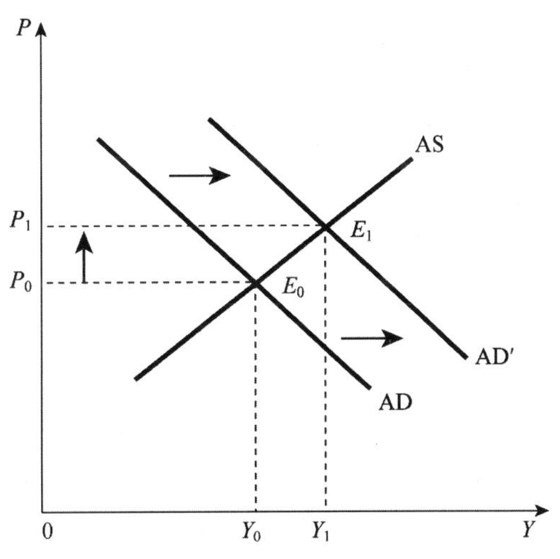

图 6-1　需求拉动的通货膨胀

专栏 6-1　津巴布韦恶性通货膨胀

2001 年，津巴布韦发生恶性通货膨胀，通胀率首次跃上 100%，达到 112.1%。

2002 年通胀率为 198.93%。

2003 年通胀率为 598.75%。

2004 年通胀率为 132.75%。

2005 年通胀率为 585.84%。

2006 年，津巴布韦通胀率首次突破 1000%，达到 1281.11%。

2007 年，津巴布韦通货膨胀率飞涨至 66212.3%。

2008 年 1 月，津巴布韦通货膨胀率首次突破 100 000%，达到 100 580.2%。2008 年 3 月，津巴布韦通胀率为 355 000%，5 月通胀率约为 2 000 000%，6 月通胀率约为 15 000 000%，7 月通胀率为 40 000 000%～50 000 000%。

2009 年 2 月，津巴布韦的通货膨胀率已经达到了百分之 10 亿。

津元的变迁：1980 年，独立后的津巴布韦确立了自己的货币“元”。最初设立的津元的价值高于美元。1980 年 3 月，官方汇率设定为 1 美元=0.68 津元，或 1 津元=1.47 美元。2006 年 8 月 1 日，津巴布韦再次实施货币制度改革，发行新货币，废除旧货币，按 1 : 1000 实施新旧津元兑换。2008 年 7 月 30 日，津巴布韦政府第三次宣布实行货币制度改革，自 8 月 1 日起，津巴布韦将发行新货币，废除旧货币，按 1 : 100 亿实行新旧货币兑换，即相当于将现在货币面值删除 10 个零！2009 年 2 月 2 日，津巴布韦政府第四次宣布实行货币制度改革，新货币 1 津元相等于原来的 1 万亿津元，即在旧货币面值后去掉 12 个零！2010 年 1 月 16 日，津巴布韦央行发行了面值为 10 万亿、20 万亿、50 万亿和 100 万亿的巨额钞票，使津元对美元汇率最高达 1 美元=250 万亿津元。

(资料来源：作者根据相关资料整理)

根据第 5 章关于总需求决定因素的讨论，消费增加、投资增加、政府购买支出增加、减税、净出口增加都导致总需求增加，从而导致通货膨胀。

尤其值得提醒的是，通货膨胀通过贸易部门可以在不同经济体之间传播。当一个主要经济体有通货膨胀时，其进口将会增加，从而会带动进口商品来源地国家的价格水平上升。国际贸易越是发达，这样的传播就越是迅速和广泛。这意味着，在全球化背景下，单个主要经济体不大可能在长时期内独自经历十分严重的通货膨胀，因为一个经济体发生严重通货膨胀时，其进口会迅速增加，使通货膨胀向外扩散。这进一步意味着，主要经济体内的通货膨胀不再是一国政府或中央银行要对付的问题。

2. 成本推动的通货膨胀

如图 6-2 所示，假设总需求不变，当总供给减少时，价格水平上升，即出现通货膨胀。由于决定供给的主要是成本，这称作**成本推动的通货膨胀**。

根据第 5 章关于总供给决定因素的讨论，工资增长过快、资源价格上升、自然灾害、进口能源和原材料价格上升、社会不安定和制度环境恶化都会导致总供给减少，从而引发通货膨胀。比如，2007 年和 2008 年上半年进口石油和铁矿石价格的上升加剧了我国的通货膨胀。

工资是最主要的生产成本。不过，工资增长未必导致通货膨胀。只有货币工资增长过快才会导致通货膨胀。这是因为，在竞争情况下下，货币工资 W、价格 P 和劳动生产力 MPN 之间有如下关系：

$$W=P\times \mathrm{MPN}$$

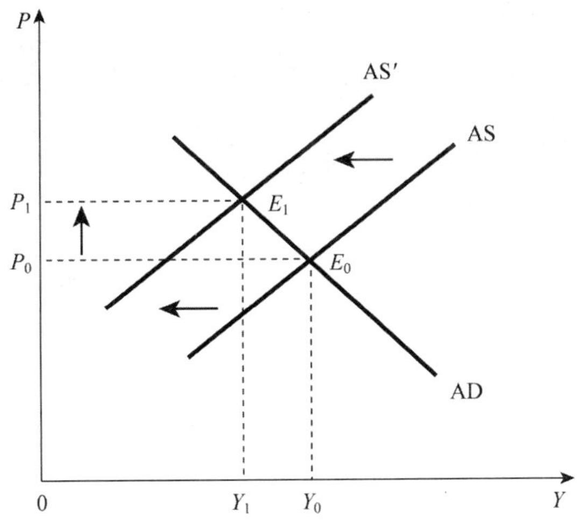

图 6-2　成本推动的通货膨胀

这三者的变化率之间有如下关系：

货币工资增长率=通货膨胀率+劳动生产力增长率

即

通货膨胀率=货币工资增长率－劳动生产力增长率

所以，只有当货币工资增长率高于生产力增长率时，才会发生通货膨胀。

如果货币工资完全由市场决定，那么，货币工资的增长不大可能快于生产力的增长，从而不大可能因为货币工资增长而导致通货膨胀。然而，如果一个经济中有工资增长过快的机制，那么，就会出现通货膨胀。

在经济进步和产业结构调整过程中，新兴产业的劳动者因为创造了更大价值或有更高生产力而有较高的工资。假如该经济体中存在工资攀比的机制，比如传统企业的工资与新兴产业工资攀比，并强制或带动其他产业工资增长，那么，整个经济中就会出现工资过快增长的现象，从而导致通货膨胀。这就是有些教科书中所说的结构性通货膨胀。

6.2.3　货币与通货膨胀

总需求-总供给模型只能解释价格的短期上升。然而，近几十年来，一个明显的事实是，在世界范围内，高低不等的通货膨胀已经成了长期和普遍的现象。

从长期来看，通货膨胀最终源于货币供给太多。这是因为，货币量 M、产出 Y 和价格水平 P 之间有如下关系：

$$PY=vM$$

其中，v 是货币流通速度。

上述关系也可以写成

$$P=Mv/Y$$

这表明，假如产出和货币流通速度不变，那么，价格水平与货币数量成比例，即货币增加 10%，物价上涨 10%。

假设产出水平有一个长期增长率，那么

通货膨胀率=货币增长率-产出增长率

这意味着，只要货币增长率不高于产出增长率，就不会出现通货膨胀。通货膨胀的持续存在必定源于货币的过快增长。可以猜想，通货膨胀的普遍持续存在一定是因为当今世界上流行政治和货币制度中导致货币过快增长的机制。

总之，通货膨胀影响收入分配，破坏生产，并给社会造成其他有害影响。作为价格水平上升的现象，通货膨胀可以用总需求增加或总供给减少来解释。从长期来看，通货膨胀最终源于货币增长过快。通货膨胀的长期存在需要从货币制度和与之相关的其他制度中寻找解释。

6.3 菲利普斯曲线

6.3.1 菲利普斯曲线的由来

1958 年，伦敦经济学院的教授菲利普斯(A. W. Phillips) 在一篇文章中描述了 1861—1957 年的英国失业率和货币工资增长率之间的负相关关系。如图 6-3 所示，当失业率低时，货币工资增长率高；当失业率高时，货币工资增长率低。①

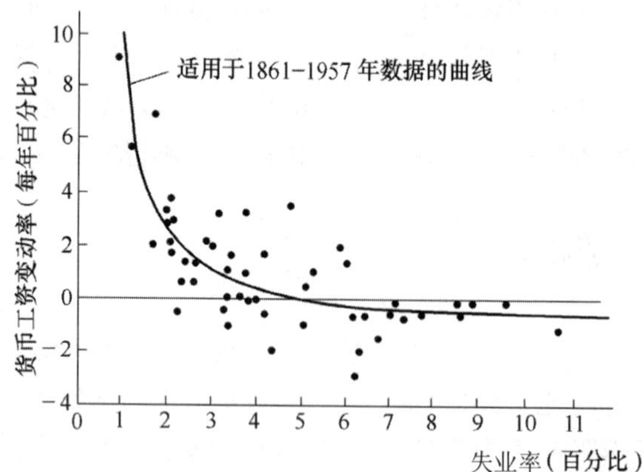

图 6-3　1861—1957 年英国失业率和货币工资增长率

① A W Phillips. The Relation between Unemployment and the Rate of Change of Money Wages in the United Kingdom, 1861—1957[1]. Economica, 1958(11).

由于价格和货币工资之间关系密切，通货膨胀率和失业率应该有类似关系。后来，美国经济学家萨缪尔森(Paul Samuelson)和索罗(Robert Solow)用美国 1900—1960 年的通货膨胀率和失业率验证了这一猜想，并把这个关系命名为菲利普斯曲线。如图 6-4 所示，1961—1969 年的美国数据更是证实了这一点。之后，菲利普斯曲线很快成为宏观经济学的标准内容和政策制定中考虑的一个关系。这个关系意味着，低失业率和低通胀率不可兼得，要降低失业率，就必须接受高通胀率；要降低通胀率，就必须付出高失业率的代价。

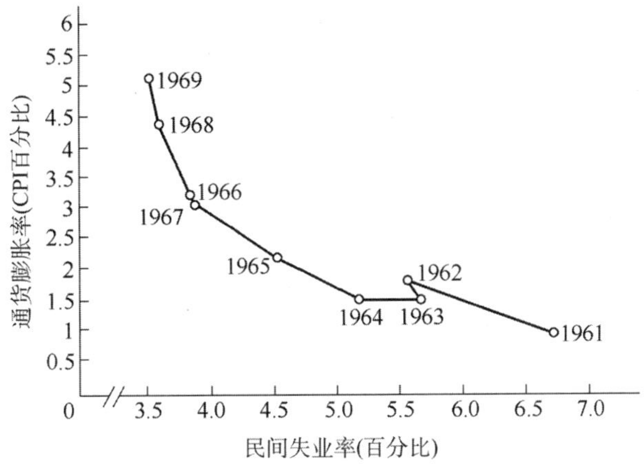

图 6-4　1961—1969 年美国的通货膨胀率和失业率

然而，如图 6-5 所示，在 20 世纪 70 年代，这个关系消失了。在美国和大多数经合组织国家出现了高通胀和高失业并存的现象，即所谓的滞胀。人们发现，高通胀并不能降低失业率，通货膨胀加速才能降低失业率。为什么原来的菲利普斯曲线消失了呢？

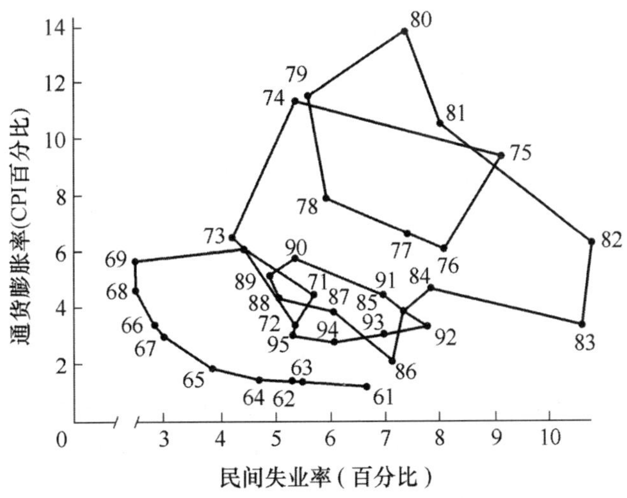

图 6-5　1961—1995 年美国的通货膨胀率与失业率

6.3.2 菲利普斯曲线的理论推导

让我们首先说明货币工资增长率与失业率之间的理论关系。货币工资首先取决于劳动供求。在完美的劳动市场中，当需求量大于供给量时，货币工资上升；当供给量大于需求量时，货币工资下降。然而，在不完美的现实世界中，摩擦性失业的存在意味着一个自然失业率。当现实失业率等于自然失业率时，不存在货币工资变动的压力。只有在失业率低于自然失业率时，才存在货币工资增长的压力。而且，货币工资增长率随失业率下降而增加。用 u 表示失业率，用 u^*表示自然失业率，那么，近似地，

$$\Delta W/W=-\alpha(u-u^*)$$

这正是菲利普斯所发现的关系。

上述关系描述的仅仅是失业率下降所导致的货币工资增长率。如果人们预期到通货膨胀，那么，要求的货币工资增长率就要在上述增长率基础上加上预期的通货膨胀率(记作 π^e)，即

$$\Delta W/W=\pi^e-\alpha(u-u^*)$$

接下来，让我们说明货币工资增长率与通货膨胀率之间的关系。假设短期生产函数为

$$Y=N$$

即 1 单位劳动生产 1 单位产品。[①]

假设厂商按照成本加成方法给产品定价，且加成系数为 μ，那么，

$$P=(1+\mu)W$$

因此，在短期内，即在生产函数和加成系数不变的情况下，

$$\pi=\Delta W/W$$

所以

$$\pi=\pi^e-\alpha(u-u^*)$$

其中，α是一个大于零的常数。这个关系正是菲利普斯曲线，即在通货膨胀预期和自然失业率不变的情况下，失业率上升，通货膨胀率下降；相反，通货膨胀率上升，失业率下降。

上式也可写成

$$\pi-\pi^e=-\alpha(u-u^*)$$

这意味着，如图 6-6 所示，给定预期的通胀率π^e，我们可以画出一条短期菲利普斯曲线。在图中点 F，真实通货膨胀正好等于预期的通货膨胀，失业率正好等于自然失业率；在图中点 G，真实通货膨胀率高于预期的通货膨胀率，失业率低于自然失业率；在图中点 H，真实通货膨胀率低于预期的通货膨胀率，失业率高于自然失业率。

---

① 这一看似脱离现实的假设不会造成本质影响。这是因为，我们通过改变产出的单位来进行假设。比如，每人生产 12 件产品可以被描述为每人生产 1 打产品。

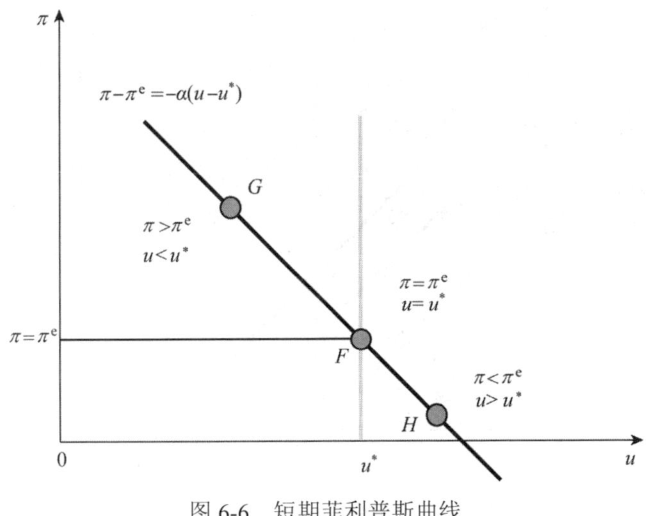

图 6-6　短期菲利普斯曲线

6.3.3　菲利普斯曲线的移动和变异

接下来，我们解释菲利普斯曲线的移动和变异。短期菲利普斯曲线位置的关键决定因素是人们关于通货膨胀的预期。如图 6-7 所示，在 1961 年之前，美国的平均通货膨胀率等于零。在这种情况下，人们预期的通货膨胀率π^e=0。与π^e=0 相应的短期普斯曲线是

$$\pi=-\alpha(u-u^*)$$

这正是菲利普斯、索罗和萨缪尔森所发现的失业与通货膨胀之间的关系，即传统菲利普斯曲线。

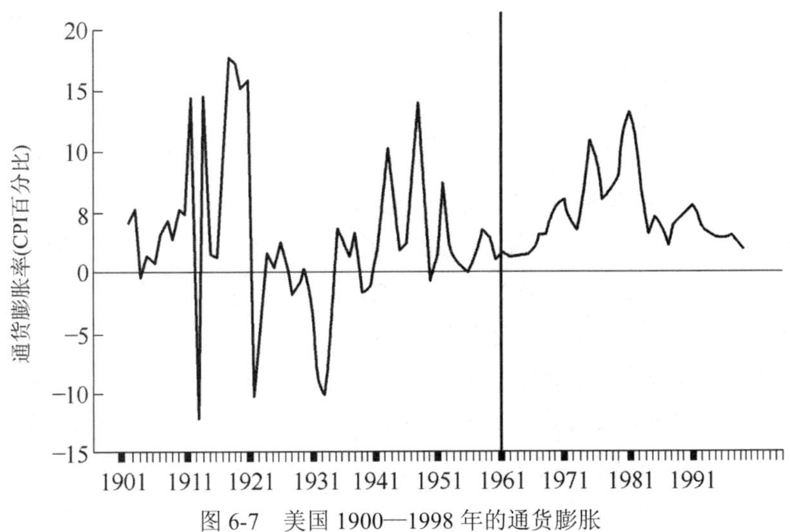

图 6-7　美国 1900—1998 年的通货膨胀

如图 6-8 所示，在人们尚且没有通货膨胀预期，即π^e=0 的情况下，当现实通货膨胀率从 0 上升到 4%时，失业率沿着π^e=0 的菲利普斯曲线下降，并低于自然失业率。

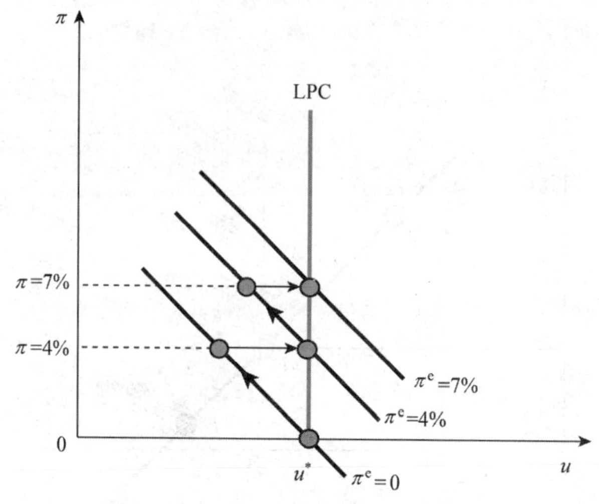

图 6-8　短期菲利普斯曲线的移动

然而，当通货膨胀成了持续存在的现象时，理性的人们不会再认为通货膨胀率等于零。当人们预期的通货膨胀率调整到等于现实通货膨胀率 4%时，短期菲利普斯曲线向上平移4%。如果真实通货膨胀率保持 4%不变，那么，失业率回到自然失业率。其中调整机制是，当预期的通货膨胀率等于现实通货膨胀率时，货币工资增长率等于通货膨胀率，实际工资率回到原来的水平，从而失业率回到原来的水平。

要想使失业率低于自然失业率，政府必须制造出更高的通货膨胀率。比如，当人们预期的通货膨胀率是 4%时，政府突然制造一个 7%的通货膨胀，那么，现实通货膨胀率又超过了人们预期的通货膨胀率 4%，失业率沿着π^e=4%的菲利普斯曲线下降，并低于自然失业率的水平。不过，当人们预期的通货膨胀率调整到 7%时，短期菲利普斯曲线再次向上移动，如果通货膨胀率保持在 7%，失业率又会回到自然失业率。

总之，给定预期的通货膨胀决定一条短期菲利普斯曲线，超出预期的真实通货膨胀可以使失业率下降。长期内，理性的人们会调整预期的通货膨胀，因此一个不变的通货膨胀率无论多么高，当人们预期的通货膨胀调整到等于真实通货膨胀率时，失业率就会回到自然失业率。这就是说，长期菲利普斯曲线(LPC)是垂直的。

我们可以用短期菲利普斯曲线的移动解释滞涨如何能够发生。滞涨是指高失业率与高通货膨胀率并存的现象。比如，1982 年，美国的失业率为 9%，通货膨胀率大约为 6%。滞涨发生的一种可能是多年的真实高通货膨胀率使人们预期的通货膨胀率也调整到较高水平。如图 6-9 所示，假设预期的通货膨胀率调整到了 10%，相应有一条短期菲利普斯曲线，当真实通货膨胀等于10%时，失业率等于自然失业率。然而，如果真实通货膨胀率低于 10%，比如 8%，那么，失业率就会高于自然失业率，即高失业率与高通货膨胀率并存。滞涨发生的另一种可能是，从失业率等于自然失业率的状态出发，经济因为供给方面的不利因素(比如进口材料价格上升或制度变坏）使得自然失业率上升了。如图 6-10 所示，这意味着，即便较高的真实通货膨胀等于预期的通货膨胀 10%，等于新的自然失业率的真实失业率也会高于原来的失业率。在这种情况下，当政府制造出 11%的真实通货膨胀率时，失业率也可能回不到原来的失业率。如果政府制造的真实通货膨胀率低于预期的通货膨胀率，失业率会更高。两种情况都意味着高失业率和高通货膨胀率并存。

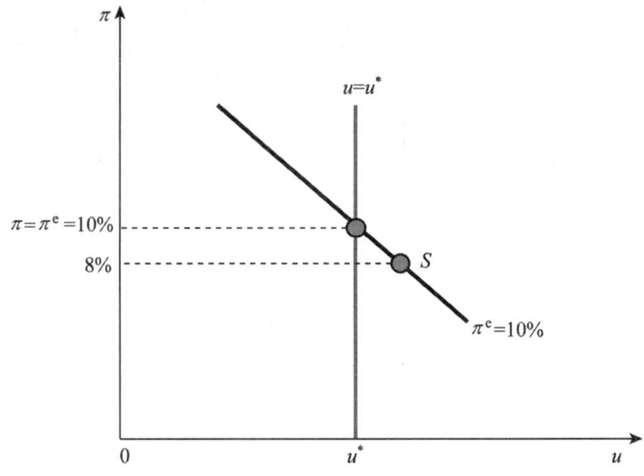

图 6-9　高预期通货膨胀率导致滞涨

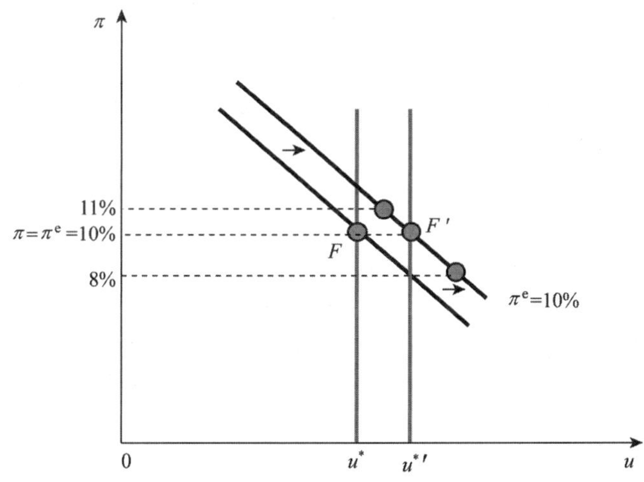

图 6-10　自然失业率上升导致滞涨

现实中，人们形成通货膨胀预期的方式多种多样。一个简单且比较接近实际的方式是预期今年的通货膨胀率等于去年的通货膨胀率，即

$$\pi^e=\pi_{t-1}$$

将其代入$\pi-\pi^e=-\alpha(u-u^*)$得，

$$\pi-\pi_{t-1}=-\alpha(u-u^*)$$

即

$$\Delta\pi=-\alpha(u-u^*)$$

也就是说，在人们按照$\pi^e=\pi_{t-1}$的方式形成通货膨胀预期的情况下，与失业率负相关的

不再是通货膨胀率，而是通货膨胀率的变动。这个新的关系称作加速主义的菲利普斯曲线，也称修正的菲利普斯曲线。加速主义的菲利普斯曲线如图 6-11 所示，横轴仍然是失业率，但纵轴代表的是通货膨胀的加速 $\Delta\pi$，而不是通货膨胀π。只有当 $\Delta\pi>0$，即通货膨胀加速的情况下，失业率才会下降。当 $\Delta\pi=0$，即通货膨胀不加速时，失业率等于自然失业率。当 $\Delta\pi<0$ 时，即通货膨胀减速时，失业率高于自然失业率。

然而，通货膨胀加速也未必总能使失业率低于自然失业率。上面的分析中，我们假定了预期的通货膨胀率的特殊形成方式：$\pi^e=\pi_{t-1}$。假如经过多年的经验，人们发现政府可以按照固定的方式使通货膨胀加速，比如，每年加速 1%，那么，人们预期的通货膨胀也会每年加速 1%，失业率就会重新回到自然失业率。

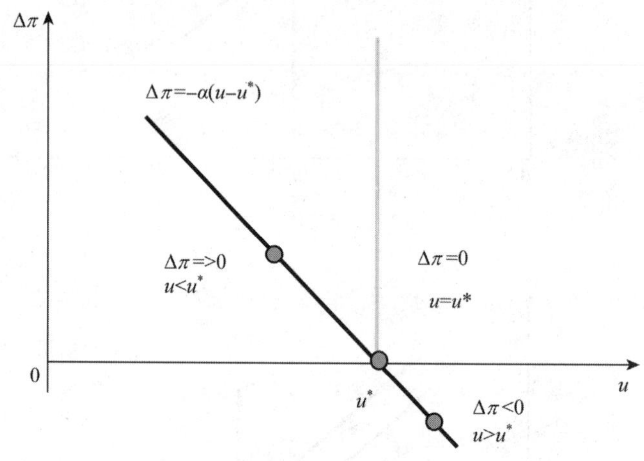

图 6-11　加速主义的菲利普斯曲线

总之，传统菲利普斯曲线是通胀率与失业率之间的负相关关系。它反映的是劳动市场上工资增长压力与失业率之间的关系，即现实中的失业率低于自然失业率时，有货币工资增长的压力。当人们有通货膨胀预期时，货币工资的增长还来自通货膨胀预期。由于价格与货币工资之间的正相关关系，通货膨胀率与失业率之间也有负相关关系。给定预期的通货膨胀率，相应有一条短期菲利普斯曲线，当真实通货膨胀率等于预期的通货膨胀率时，失业率等于自然失业率，当真实通货膨胀率高于预期的通货膨胀率时，失业率就会低于自然失业率，并且随着通货膨胀率上升而降低。当预期的通货膨胀率变动时，短期菲利普斯曲线移动。长期内，每当预期的通货膨胀率调整到等于真实通货膨胀率时，失业率就会回到自然失业率，从而有垂直的长期菲利普斯曲线。当持续的高通货膨胀率导致高预期通货膨胀率时，高通货膨胀率并不能使失业率低于自然失业率，只有超出预期的通货膨胀率才能使失业率低于自然失业率。滞涨指的是高失业率和高通货膨胀率并存的现象。滞涨发生的一种可能是经济的供给方面遭受了不利冲击，提高了自然失业率。如果此时预期通货膨胀率高，那么，等于预期通货膨胀率的真实通货膨胀率也意味着较高的失业率，而略低于预期但绝对高的真实通货膨胀率则意味着更高失业率。滞涨发生的另一种可能是，政府持续制造通货膨胀使人们形成了高通货膨胀预期时，如果政府突然停止制造更高通货膨胀率的做法，使得真实通货膨胀率低于预期的通货膨胀率，造成失业率高于自然失业率。

习　　题

一、判断题

1. 失业就是没有工作。（　）
2. 失业率等于失业人数除以人口数。（　）
3. 摩擦性失业是劳资纠纷造成的失业。（　）
4. 周期性失业是有规律地出现的失业。（　）
5. 结构性失业是国民经济结构调整所导致的失业。（　）
6. 季节性失业是一些产业生产活动的季节性所造成的失业。（　）
7. 自然失业率是自然灾害造成的失业率。（　）
8. 充分就业并非不存在失业。（　）
9. 充分就业指实际失业率等于自然失业率。（　）
10. 其他相同，通信越发达，自然失业率越低。（　）
11. 通货膨胀率是价格指数变化率。（　）
12. 通货膨胀意味着货币购买力下降。（　）
13. 通货膨胀导致利率上升。（　）
14. 通货膨胀增加经济活动的风险。（　）
15. 货币供给增加导致的通货膨胀是成本推动的通货膨胀。（　）
16. 结构型通货膨胀是产业结构调整过程中出现的。（　）
17. 菲利普斯曲线是货币工资与失业率之间的关系。（　）
18. 短期菲利普斯曲线的位置取决于人们对通货膨胀的预期。（　）
19. 长期菲利普斯曲线是水平的。（　）
20. 在短期菲利普斯曲线的左下方，人们预期的通货膨胀率低于真实通货膨胀率。（　）

二、单选题

1. 失业者是(　　)。
   A. 愿意工作而没有工作的合法劳动者　　B. 被解雇的人
   C. 失去了工作的人　　D. 上述说法都对
2. 一个人成了失业者，可能的情况是(　　)。
   A. 企业倒闭　　B. 刚刚大学毕业
   C. 被解雇　　D. 上述说法都可能
3. 结构性失业的成因是(　　)。
   A. 劳动力市场不完美
   B. 经济衰退

C. 下岗工人的技术不适应新兴产业的需要
D. 生产的季节性

4. 当经济学家说到充分就业时，(　　)。
A. 不存在失业　　B. 失业率等于自然失业率
C. 人人都有工作　　D. 失业率等于零

5. 描述收入增长率与失业率变动之间关系的是(　　)。
A. 萨伊定律　　B. 凯恩斯定律
C. 奥肯定律　　D. 恩格尔定律

6. 通货膨胀是(　　)。
A. 物价上涨　　B. 物价持续上涨
C. 物价全面上涨　　D. 物价全面和持续上涨

7. 一般来说，通货膨胀(　　)。
A. 有利于债权人　　B. 有利于有稳定货币工资收入的人
C. 有利于债务人　　D. 有利于银行

8. 外国经济增长导致我国出口增加，从而使我国发生通货膨胀，这属于(　　)。
A. 成本推动的通货膨胀　　B. 结构型通货膨胀
C. 需求拉动的通货膨胀　　D. 混合型通货膨胀

9. 菲利普斯曲线描述的是(　　)。
A. 货币工资与失业之间的关系　　B. 货币工资与失业率之间的关系
B. 货币工资增长率与失业之间的关系　　D. 货币工资增长率与失业率之间的关系

10. 下述说法中正确者是(　　)。
A. 通货膨胀率上升，失业率下降　　B. 通货膨胀使失业率下降
C. 通货膨胀率上升，失业率上升　　D. 通货膨胀使失业率上升

三、简答题

1. 解释下列名词

失业　　摩擦性失业　　周期性失业　　自然(正常)失业率　　奥肯定律　　通货膨胀　　菲利普斯曲线　　滞涨

2. 简述失业的类型。
3. 简述通货膨胀的后果。
4. 说明通货膨胀的成因。
5. 说明短期菲利普斯曲线的推导。
6. 解释短期菲利普斯曲线的移动。
7. 说明滞涨如何可能发生。

第 7 章

宏观经济政策

本章讨论宏观经济政策。依照总需求-总供给模型。国民经济的运行状态取决于总需求和总供给。政府可以通过一些政策调节总需求进而调节经济运行，这类政策称作总需求管理政策，包括财政政策、货币政策和贸易政策。本章讨论财政政策和货币政策。贸易政策将在第 8 章讨论。政府也可以通过调节总供给来调节经济运行，这类政策称作总供给管理政策。

7.1 财政政策

7.1.1 财政政策工具

财政政策主要指政府通过改变财政收支来调控经济的运行。宏观经济学主要研究政府收支对总需求的影响。政府的收支对收入分配和产业结构的影响是微观经济分析的研究内容。从宏观角度看，主要财政政策工具有：政府购买支出、转移支付和税收。政府购买支出是政府购买物品和服务的支出，比如购买办公设施，购买公务员、军人、警察和法官的服务，兴建基础设施的支出等。转移支付主要包括失业救济、养老金和扶贫支出等。作为财政政策工具的税收包括所得税和定额税。现实中政府的税收种类十分繁杂，且因国家不同而不同。

专栏 7-1　中国近年来的财政政策

1. 2004 年底明确提出实施稳健的财政政策

2003 年、2004 年我国经济走出通货紧缩阴影，经济增长率连续两年保持在 10%以上。与此同时，经济运行中出现一些不稳定不健康因素，主要是：投资扩张冲动较强，资源环境约束矛盾突出，煤电油运紧张，价格上涨压力较大，一些地方环境污染严重。2003 年下半年，党中央、国务院及时采取了一些调控措施，标志着我国第六轮宏观调控的开始。2004 年第一季度，经济运行中的矛盾和问题更加明显，全社会固定资产投资增长 43%，煤电油运紧张，生产资料价格上涨 14.8%。这种情况下，党中央、国务院进一步加强和改善宏观调控。2004 年 12 月召开的中央经济工作会议，明确提出实施稳健的财政政策。

2. 2005—2007 年稳健的财政政策比较好地处理了控制总量、调整结构、推进改革的关系

2005 年、2006 年、2007 年我国经济高位上行，增长速度持续超过 10%，物价总体稳定，但固定资产投资增长过快、货币信贷投放过多、国际收支顺差过大、房价上涨过快“四过”问题交织在一起，给经济平稳运行带来挑战。针对这些问题，中央加强和改善宏观调控，采取一系列促进经济运行短期稳定和解决经济发展长远问题相结合的政策措施。归结来看，稳健财政政策有两大特点：一是致力于消除深层次矛盾和问题，巩固经济社会长期健康发展的基础，增强发展的可持续性。二是致力于反周期，重点是“减赤字、减国债”，防止经济过热倾向和通货膨胀苗头从局部性问题演变成全局性问题。2005 年是 1998 年以来首次在预算安排中压缩中央财政赤字，从上年预算安排 3198 亿元减至 3000 亿元，实际执行结果与预算安排基本一致。我国财政赤字占 GDP 比重由 2004 年的 2.34%，逐步下降为 2005 年的 1.65%、2006 年的 1.31%、2007 年的 0.81%和 2008 年的 0.6%。

3. 2008—2011 年应对国际金融危机冲击的积极财政政策出手快、力度大

2008 年年中，国际金融危机冲击对我国经济影响端倪初现，中央及时把宏观调控的首要任务，从“双防”调整为“一保一控”，即“把保持经济平稳较快发展、控制物价过快上涨作为宏观调控的首要任务”。美国次贷危机迅速演变成大萧条以来最严重的国际金融危机，对我国的不利影响明显加重。党中央、国务院又果断把宏观调控的着力点转到“防止经济增速过快下滑”上来，及时实施积极的财政政策和适度宽松的货币政策。财政政策随之从“稳健”调整为“积极”，这是改革开放以来第七轮宏观调控。2008 年 11 月 8 日，中共中央、国务院转发《国家发展和改革委员会关于当前进一步扩大国内需求促进经济增长的十项措施》的通知，以“十项措施”为基础，我国迅速形成了“一揽子计划”，在 2009 年、2010 年全面付诸实施。从具体情况看，积极财政政策提供了重要资金保障和政策支撑。“一揽子计划”不是单纯的经济刺激计划，而是保增长与调结构、惠民生相统一的计划，是发展与改革相促进的计划。

4. 2012—2016 年精准、定向、微刺激的积极的财政政策

我国经济增速下行自 2012 年第二季度开始至今，已经持续了 27 个季度。而消费者价格指数(CPI)在 2011 年达到阶段性峰值 5.4%后，也开始一路下滑，特别是 2012 年 9 月份，CPI 又重回“1 时代”，2014—2016 年大部分月度数据均在 1%～2%徘徊，甚至引起部分学者认为通货紧缩时代来临。此时，财政政策在这一阶段也有了新的表现，虽然还是“积极财政政策”的表述，但摒弃了以往大规模的刺激，而更加突出“精准”“定向”和“微刺激”。随着经济增速和价格指数的进一步下滑，“滞”与“缩”的风险进一步凸显，政府采取了力度更大的财政政策以防止两类指数(GDP 与 CPI)进一步下探，2016 年“两会”把赤字率首次提升到 3%的国际警戒线就是证明。

(资料来源：肖炎舜. 中国经济周期与财政政策调控的阶段性[J]. 财政科学，2017(1):87-100.
刘安长. 经济周期，财政政策与价格波动的联动规律[J]. 学习与实践，2017(3):14-22.)

7.1.2　财政政策的效果

一般情况下，如图 7-1(a)所示，在 IS-LM 模型中，政府购买支出增加使 IS 向右平移到 IS′，且移动的距离等于政府购买支出的增加量乘以政府购买支出乘数。如图 7-1(b)所示，在总需求-总供给模型中，政府购买支出增加使总需求曲线向右平移到 AD′。不过，总需求曲线移动的距离要小于 IS 曲线移动的距离，原因是在 IS-LM 模型中分析政府购买支出增加的效果假定了价格水平不变，而在总需求-总供给模型中，产出和收入增加导致价格水平上升，从而使实际货币供给减少，造成 LM 曲线向上移动。总的结果是，政府购买支出增加使均衡产出和收入增加，利率上升，物价水平上升，货币工资上升，实际工资下降，就业增加。相反，政府购买支出减少使均衡产出和收入减少，利率下降，物价水平下降，货币工资下降，实际工资上升，就业减少。

类似地，政府转移支付增加也使 IS 曲线和总需求曲线向右移动，均衡产出和收入增加，利率上升，物价水平上升，货币工资上升，实际工资下降，就业增加。不过，由于政府转移支付乘数小于政府购买支出乘数，政府转移支付增加的效果小于等额政府购买支出增加的效果。

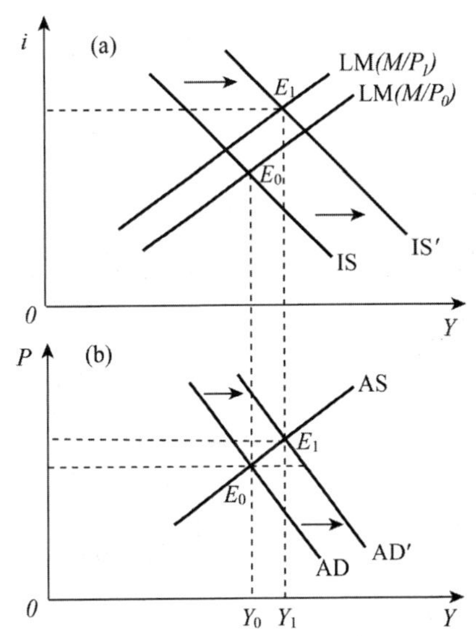

图 7-1　政府购买支出增加的效果

定额税减少所产生的影响与转移支付等量增加效果相同，即 IS 曲线和总需求曲线向右平移，均衡产出和收入增加，利率上升，价格水平上升，货币工资上升，实际工资下降，就业增加。

税率变动的影响要复杂一些。当政府降低所得税税率时，乘数变大，如图 7-2(a)所示，在 IS-LM 模型中，IS 曲线变得更加平坦，整体上向右上旋转，倘若 LM 曲线不变，均衡收入增加，利率上升。如图 7-(b)所示，在总需求-总供给模型中，乘数变大也使总需求曲线变得更加平坦，总需求曲线向右旋转，均衡收入增加。由于产出收入增加导致价格水平上升，而价格上升使实际货币供给减少，LM 曲线将向上移动。总的结果是，所得税税率降低导致均衡收入增加，利率上升，物价水平上升，货币工资上升，实际工资下降，就业增加。

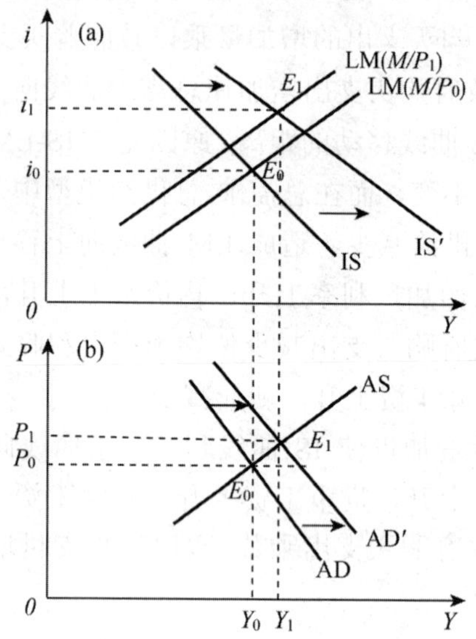

图 7-2　降低所得税税率的效果

7.1.3　挤出效应

如图 7-3 所示，在 45° 线交点模型中，我们假定了利率保持不变，当政府购买支出从 G_0 增加到 G_1 时，均衡收入的改变是 $\Delta Y = \alpha_1 \Delta G$ 。

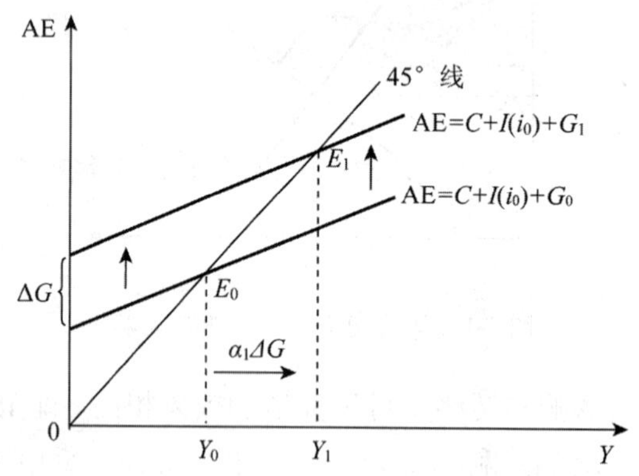

图 7-3　简单收入决定模型中财政政策的效果

然而，在 IS-LM 模型中，利率将会变动。当政府购买支出增加时，均衡收入增加；收入增加导致货币需求增加，进而导致利率上升；利率上升，投资减少。也就是说，政府支出增加挤掉了私人投资。一般来说，挤出效应指政府支出增加通过某种机制导致私人支出减少。

在有挤出效应的情况下，当政府购买支出增加时，AE 函数不会像 45° 线交点模型中向上移动那么多，因为投资的减少抵消了政府购买支出增加的影响。所以，均衡收入也不会增加的那么多。

下面，我们通过描述两个市场的同时调整来更好地理解挤出效应。假设在初始状态，产品市场和货币市场都是均衡的，用图 7-4(b)中 IS 曲线与 LM 曲线的交点 E_0 描述，最初的均衡收入水平是 Y_0，均衡利率是 i_0；产品市场的情况由图 7-4(a)中 AE 与 45°线的交点描述；货币市场的情况由图 7-4(c)中货币需求线与货币供给线的交点描述。

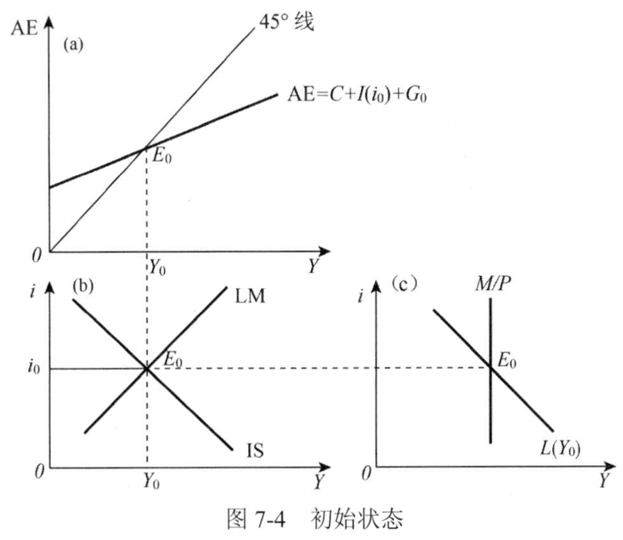

图 7-4 初始状态

假设政府购买支出由 G_0 增加到 G_1。如图 7-5(a)所示，假如利率保持不变，从而投资不变，那么 AE 向上平移的距离是 ΔG，产品市场的均衡状态移动到 E'。如图 7-5(b)所示，在 IS-LM 模型中，在保持利率不变的情况下，政府购买支出增加所带来的收入增加用 IS 曲线向右平移来描述，且移动的距离是 $\alpha_1\Delta G$。

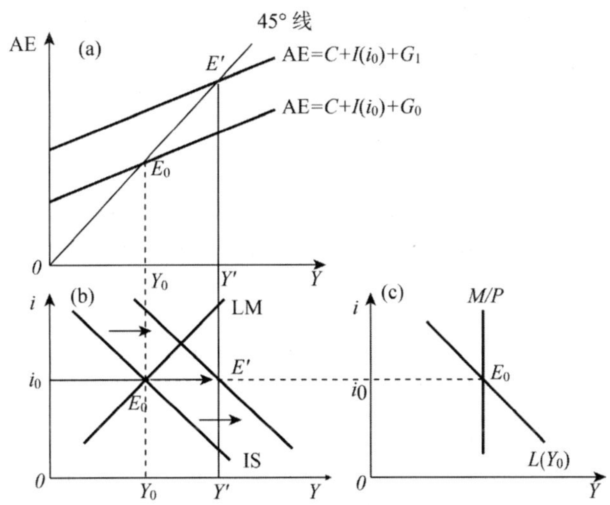

图 7-5 利率不变情况下政府购买支出增加所带来的收入增加

然而，当产出和收入增加时，货币需求将会增加。如图 7-6(c)所示，收入增加使货币需求曲线向右平移。假设货币供给不变，货币需求的增加将导致利率上升，而利率的上升将导致投资减少。所以，如图 7-6(a)所示，当利率上升到 i_1 时，投资减少到 $I(i_1)$，AE 函数向下平移。如图 7-6(b)所示，当两个市场都达到新的均衡状态时，新的均衡产出和利率由新的 IS 曲线和 LM 曲线的交点决定。与原来相比，均衡产出有所增加，但由于利率上升所导致的投资减少，即政府购买支出增加通过利率上升挤掉了投资，IS-LM 模型中收入的增加小于 45°线交点图中收入的增加。

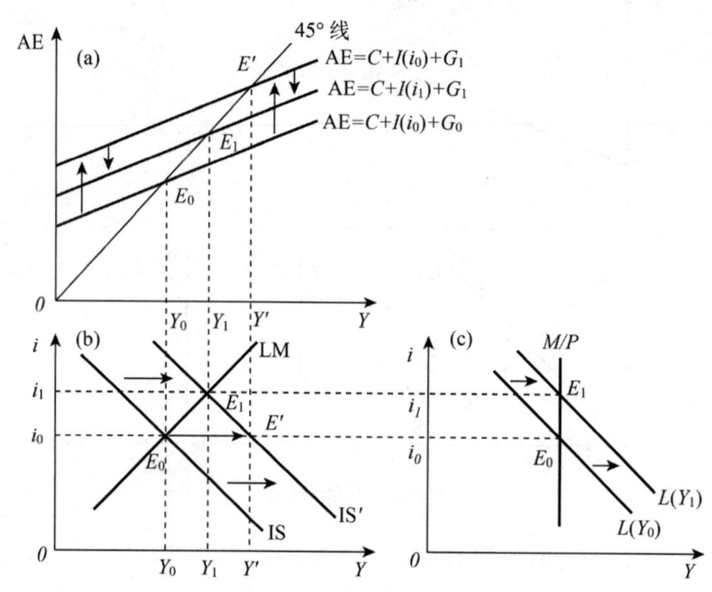

图 7-6　两个市场的同时调整与挤出效应

根据上面的讨论，政府购买支出增加使均衡国民收入增加多少取决于：①政府购买支出使 IS 曲线向右移动多少；②挤出效应大小。政府购买支出增加一定数额，IS 曲线向右移动的距离取决于政府购买支出乘数大小。政府购买支出乘数越大，IS 曲线向右移动距离越大。给定 IS 曲线向右移动的距离，政府购买支出的效果取决于挤出效应的大小。挤出效应的大小则进一步取决于一定的收入增加使利率上升多少，用 LM 曲线的陡峭程度以及投资对利率的敏感程度描述。较为陡峭的 LM 曲线意味着，一定的收入增加导致利率上升较多。投资对利率较为敏感则意味着一定的利率上升导致投资减少较多。两者合起来意味着较大的挤出效应。相反，较为平坦的 LM 曲线和投资对利率不那么敏感则意味着挤出效应较小。

如图 7-7 所示，在流动性陷阱情况下，LM 是水平的。在这种情况下，收入增加不影响利率，从而没有挤出效应，财政政策充分有效。

如图 7-8 所示，在古典情况下，LM 曲线是垂直的。这意味着，有完全的挤出效应，即一定数量的政府支出增加将挤掉等量私人支出，从而财政政策完全无效。

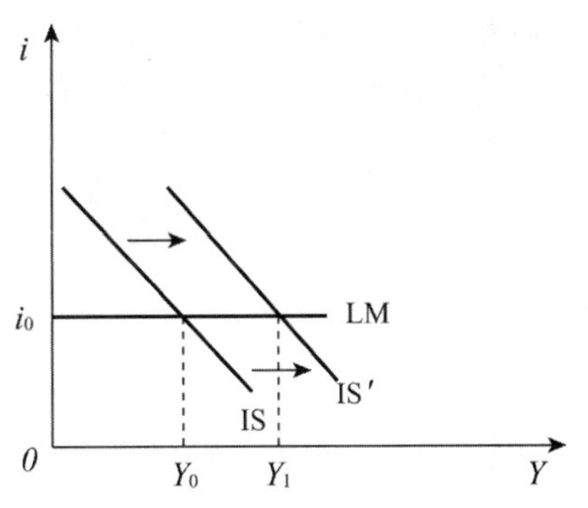

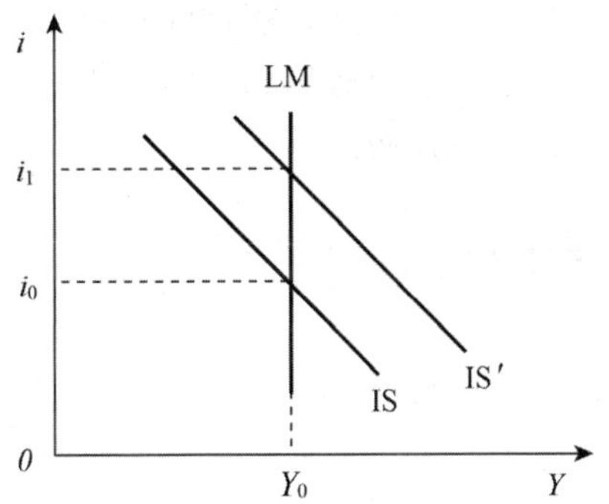

图 7-7　流动陷阱下财政政策充分有效　　　图 7-8　古典情况下财政政策完全无效

上面讨论的是政府购买支出增加通过利率上升挤掉私人投资支出。一般来说，政府购买支出增加也可能通过其他机制挤掉其他私人支出。比如，假如消费也依赖于利率且随利率上升而减少，那么，消费支出也会被挤掉。再有，政府支出也可能通过利率之外的机制来挤掉私人支出。比如，在总需求-总供给模型中，政府支出增加使总需求增加，价格水平将会上升，而价格水平上升通过财富效应导致私人消费支出减少。

7.1.4　自动稳定器

自动稳定器是指经济中的一些变量的变动自动抑制经济过快朝着一个方向移动，从而减轻外部冲击造成的经济波动。比如，累进所得税就起到自动稳定器的作用。这是因为，当经济繁荣时，收入的增加使得边际税率自动提高，这相当于启动提高税率的紧缩政策，从而抑制经济过热。相反，当经济衰退时，收入减少使税率自动降低，这相当于启动降低税率的扩张政策，从而减轻衰退的程度。

再如，政府转移支付也起到自动稳定器的作用。政府转移支付主要包括失业救济和扶贫支出等。当经济陷入衰退时，失业人数和贫困人口增加，救济支出自动增加，相当于采取扩张的财政政策。当经济繁荣时，失业人数和贫困人口减少，转移支付自动减少，相当于采取紧缩的财政政策。

自动稳定器可以减轻外来冲击导致的经济波动，但也会使财政政策变得不那么有效。这是因为，当政府采取扩张的财政政策时，税率的自动提高和转移支付的自动减少会抵消财政政策的扩张效果。

7.1.5　相机抉择和功能财政

根据上面的讨论，政府可以通过调整财政收支来调控经济运行的水平。当经济不景气或陷入衰退时，政府可以采用扩张的财政政策，即通过增加支出或减税，加速经济从衰退中走出来；当经济增长过快，有通货膨胀压力时，政府可以采用紧缩的财政政策，即通过减少支出或增税，减轻通货膨胀的压力。这就是说，为了稳定宏观经济运行，政府可以根据经济情况的需要，不顾财政收支是否平衡，适时和适度采取扩张或紧缩的财政政策来调控宏观经济的运行。这就是所谓的相机抉择的财政政策。与古典的量入为出的平衡财政相比，相机决策的政府财政思想把财政收支安排当作稳定宏观经济运行的工具来使用。这样的财政也称作功能财政。

7.1.6 赤字和国债

按照相机抉择的财政政策，政府可根据经济情况的需要来采取扩张或紧缩的财政政策。扩张的财政政策意味着增加支出或减税，往往意味着财政赤字；紧缩的财政政策意味着减少支出或增税，往往意味着财政盈余。从原理上说，政府可以利用经济繁荣时期的财政盈余来弥补经济不景气时期的财政赤字，从而实现总体上的收支平衡。然而，自从相机抉择的财政思想实践流行以来，世界上有财政盈余的政府越来越少，有财政盈余的时期越来越短，公债的规模越来越大。

财政赤字意味着国债。财政赤字的积累和增加意味着国债的规模不断增加。表 7-1 给出了主要经济合作与发展组织(Organization for Economic Co-operation and Development，OECD)国家在 2009 年的中央政府债务-GDP 比率。很多国家的公债占 GDP 的比率都超过 50%，而且有上升的趋势。过高的债务比率所带来的问题：一是政府债务利息支付增加财政负担，使政府财政最终不可持续；二是政府发债增加，私人部门发债难，影响私人投资；三是政府直接配置资源的比例扩大，影响微观经济资源配置效率。

表 7-1　一些国家的国债-GDP 比率

国　家	国债-GDP 比率(%)	国　家	国债-GDP 比率(%)
日本	183.5	爱尔兰	47.1
意大利	106.8	西班牙	46
比利时	94.9	芬兰	37.5
加拿大	35.7	瑞典	38.1
希腊	127	德国	44.2
丹麦	37.9	奥地利	64.9
英国	75.3	荷兰	49.7
美国	53.6	澳大利亚	8.2
法国	61.2	挪威	26.4
葡萄牙	78.7		

(资料来源：http://stats.oecd.org/Index.aspx?DataSetCode=GOV_DEBT)

7.1.7 李嘉图等价定理

传统的政府债务观点假设，当政府减税并有预算赤字时，消费者对他们税后收入增加的反应是更多地支出。另一种被称为李嘉图等价的观点对这一假设提出了质疑。根据李嘉图的观点，消费者是向前看的，因此，他们的支出不仅仅基于其现期收入，而且还基于其预期的未来收入。李嘉图的政府债务观点运用向前看的消费者逻辑来分析财政政策的效应。

考虑向前看的消费者对减税的反应，消费者可能会做出以下推理："政府减税而减少政府支出，这种政策会改变我的机会吗？我会因为这种减税更富有吗？我应该更多地消费吗？也许不会，政府用预算赤字为减税筹资。在未来某个时候，政府将不得不增加税收，以便支付债务和积累的利息。因此，这种政策实际上代表了现在减税与未来增税的结合。减税仅仅给了我最终要交回去的暂时收入，我的状况不会变得更好，因此，我将保持我的消费不变。"

向前看的消费者认为，政府今天借贷意味着未来更高的税收。政府筹资的减税并没有减少税收负担，它仅仅是重新安排税收的时间。因此，这不会鼓励消费者更多支出。

可以用另一种方式来观察这一论点。假设政府从一位典型公民那里借贷 1000 美元，并给这个公民减税 1000 美元。从本质上说，这种政策与给该公民 1000 美元政府债券作为礼品一样。债券的一面写着，政府欠你这位债券持有者 1000 美元加利息。另一面写着，你作为纳税人欠政府 1000 美元加利息。整体而言，政府给典型公民的债券礼品并不会使该公民变富或者变穷，因为债券的价值被未来纳税义务的价值抵消了。

一般原则是政府债务相当于未来税收，而且，如果消费者有足够向前看的预期，未来税收等价于现在税收。因此，用借债为政府筹款等价于用税收筹款。这种观点是 19 世纪著名经济学家李嘉图第一次提出的，因此称为李嘉图等价。

李嘉图等价的含义是，用债务筹资的减税并不会影响消费。家庭把额外的可支配收入储蓄起来，以支付减税意味着的未来税收责任。这种私人储蓄的增加正好抵消了公共储蓄的减少。国民储蓄——私人和公共储蓄之和——保持不变。因此，减税并没有传统分析所预言的影响。

李嘉图等价的逻辑并不意味着财政政策的所有变动都不影响消费者支出。如果财政政策的变动影响到现在或者未来的政府购买，就会影响消费者的支出。例如，假定政府现在减税是因为他计划减少未来的政府购买。如果消费者了解这种减税并不要求未来税收增加，他就会感觉到自己变得富有，并增加自己的消费。但是，要注意的是，刺激消费的是政府购买的减少，而不是税收的减少。即使当前的税收保持不变，宣布未来减少政府购买也会增加现在消费，因为这意味着未来某个时间内政府将降低税收。

总之，财政政策是指政府通过安排财政收支来调控宏观经济的运行。常见的财政政策工具有：政府购买支出、政府转移支付和税收。在一般情况下，当政府购买支出增加、转移支付增加或减税时，均衡收入(产出)增加，利率上升。这类财政政策被称作扩张的财政政策。减少支出和增税属于紧缩的财政政策。财政政策的有效性依赖于挤出效应的大小。挤出效应是指政府支出增加通过利率上升而使私人支出减少。与简单收入决定模型相比，挤出效应的存在使得财政政策的效果变小。自动稳定器是指经济中一些抑制经济过度朝着某个方向运行的变量。相机抉择的财政政策是指政府根据宏观经济形式而选择扩张或紧缩的政策。

7.2 货币政策

7.2.1 货币政策的一般效果

货币政策是指中央银行通过改变货币供给来调控经济的运行，避免经济严重衰退或发生严重通货膨胀。由于详细讨论中央银行使用何种政策工具调控货币供给的问题比较复杂，而且是金融学课程的主要任务，我们先讨论一定方向的货币政策的效果，然后再介绍央行如何调控货币供给。货币政策的传导机制是：货币供给 M 增加导致利率 i 下降，利率 i 下降导致投资 I 增加，投资 I 增加导致总需求 AD 增加，从而产出 Y 增加。如图 7-9(a)所示，在 IS-LM 模型中，当货币供给增加时，相同收入水平上利率下降，在假定价格水平为 P_0 保持不变情况下，描述为 LM 向下移动到 LM(M_1/P_0)，均衡收入增加到新的 LM 曲线与 IS 曲线的交点对应水平。如图 7-9(b)所示，在总需求-总供给模型中，收入增加导致价格水平上升，而价格水平上升使实际货币供给减少，所以 LM 曲线最终移动到 LM(M_1/P_1)。所以，货币供给增加的最后结果是，均衡收入增加到 Y_1，利率下降到 i_1，价格水平上升到 P_1，劳动市场上货币工资增加，实际工资下降，就业增加。

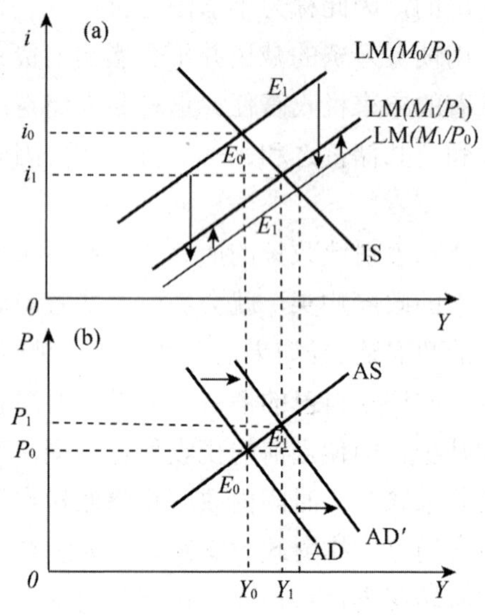

图 7-9 货币政策的一般效果

由于货币政策的传导机制是：货币供给 M 增加导致利率 i 下降，利率 i 下降导致投资 I 增加，投资 I 增加导致总需求 AD 增加，从而产出 Y 增加。货币政策的有效性有赖于：第一，货币供给的变动在多大程度上影响利率；第二，利率的变动在多大程度上影响投资。前者可以用 LM 曲线的陡峭程度描述；后者可以用 IS 曲线的陡峭程度描述。其他条件相同，LM 曲线越是平坦，货币供给的变动所导致的 LM 上下移动幅度越小，即利率变动幅度越小，货币政策越是无效；LM 曲线越是陡峭，货币供给的变动所导致的 LM 曲线的上下移动幅度越大，即利率变动幅度越大，货币政策越是有效。

如图 7-10(a)所示，在流动性陷阱情况下，LM 曲线是水平的，货币供给的增加不影响利率，从而不影响投资和均衡产出，所以货币政策完全无效。

如图 7-10(b)所示，在古典情况下，LM 是一条垂直的直线，LM 方程成了 $Y=k(M/P)$，产出水平完全取决于货币供给 M，所以货币政策充分有效。

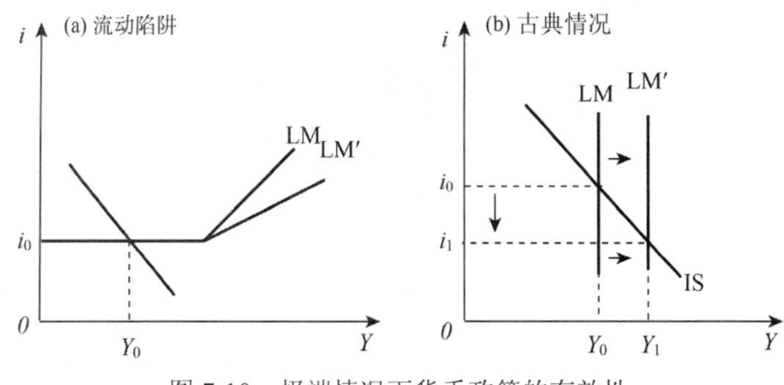

图 7-10　极端情况下货币政策的有效性

7.2.2　货币政策工具

现在，让我们回头讨论货币政策工具，即央行能用什么工具调控货币供给量。要理解中央银行如何调控货币供给量，我们必须首先说明要调控的是什么意义上的货币量，即货币量的计算范围。这是因为概念上说，货币具有流动性，可以在一定程度上用作支付的资产，从而有不同口径的货币计量。一般来说，默认的货币量是现钞与活期存款之和。然后，我们讨论流行货币和银行制度下，货币供给量的决定因素，最后从中找出中央银行可以控制的因素，即货币政策工具。

按照最流行的货币计量，货币供给量等于现钞加上活期存款，即

$$M=\mathrm{CU}+D$$

其中，CU 是人们手持现钞，D 是活期存款。

目前流行的是中央银行管理下的商业银行制度。其中，商业银行是以盈利为目的、以存贷款和结算服务为主的金融机构。在西方国家，商业银行大多是私人银行。

中央银行垄断货币的发行。从中央银行投放出去的货币称作**基础货币**，因其会被商业银行放大若干倍而表现为包括活期存款在内的货币，也称**高能货币**。如图 7-11 所示，在正常情况下，中央银行通过两个渠道或窗口放出高能货币：第一个渠道是中央银行向商业银行提供贷款。然后，商业银行向家庭或企业提供贷款，货币就流向了家庭和企业。通过这个渠道投放的高能货币数量取决于央行向金融机构提供贷款的利率，称作**再贴现率**。第二个渠道是公开市场业务。**公开市场业务**是指中央银行在金融市场上买卖资产，尤其是买卖国库券、黄金和外汇。当中央银行从家庭、企业或金融机构买入资产时，高能货币供给增加；当中央银行卖出资产时，高能货币供给减少。

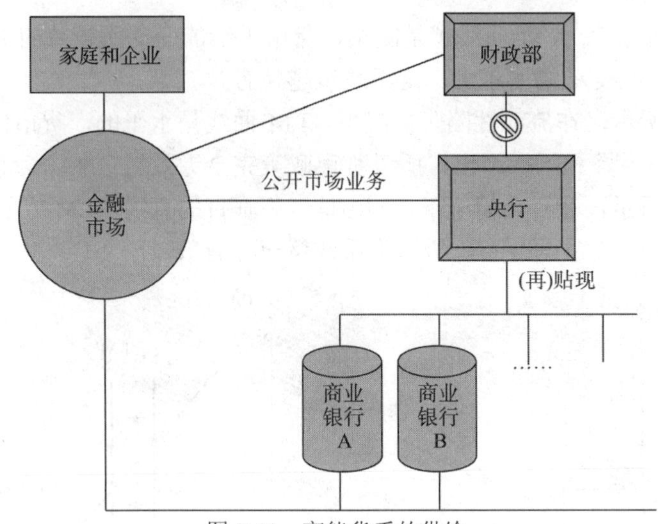

图 7-11　高能货币的供给

当央行投放一定数量的高能货币时，现钞加活期存款意义上的货币供给量的增加会数倍于高能货币供给的增加。这个倍数称作**货币乘数**。这是因为，在**部分存款准备金制度**下，当人们把货币存入其银行的活期存款账户后，银行仅仅把其中的一部分留作**准备金**，其余部分贷出去。取得贷款的人会再把货币存入银行，银行又可以把这笔活期存款的一部分贷出去。如此等等。这个过程称作**商业银行的货币再创造过程**。

【例 7-1】假设张三把一张国库券卖给了中国人民银行，收到 100 元人民币现金，高能货币增加 100 元。为了简化分析，假设人们都不使用现金，那么，张三把这 100 元全部存入商业银行 A。假设存款准备金比率是 10%，那么，银行 A 留下 10 元作准备金，把其余 90 元贷给李四。由于人们不使用现金，李四又把这 90 元存入银行 A(或其他银行)。然后，银行 A(或其他银行)收到 90 元存款，又可以把其中的 10%，即 9 元，留作准备金，把其余 81 元贷出去。类似地，取得贷款的人又把这 81 元存入银行，从而银行又收到存款 81 元。然后，银行又把这 81 元中的 10%留作准备金，把其余部分贷出去。如此等等。经过商业银行的货币再创造过程，货币供给量总共增加

$100+100\times(1-10\%)+100\times(1-10\%)^2+\cdots$

$=10\times100$

即 100 元的高能货币被放大了 10 倍。

货币乘数等于货币供给量除以高能货币的数量，记作 mm，即

$$\mathrm{mm}=M/H$$

从上面的例子中不难看出，在人们都不使用现钞的情况下，货币乘数完全取决于商业银行的准备金比率，用 re 表示**准备金-存款比率**，简称**准备金比率**，而且

$$\mathrm{mm}=\frac{1}{\mathrm{re}}$$

下面，让我们给出一般的货币乘数公式。

一方面，按照定义，

$$M = \mathrm{CU} + D$$

用 cu 表示**现钞-存款比率**，那么，$\mathrm{CU}=\mathrm{cu}\times D$，所以

$$M=\mathrm{cu}\times D + D=(1+\mathrm{cu})D \tag{1}$$

另一方面，中央银行提供的高能货币要么成为人们的手持现钞 CU，要么成为商业银行的准备金 RE，所以

$$H=\mathrm{CU}+\mathrm{RE}$$

因为，$\mathrm{RE}=\mathrm{re}\times D$，所以

$$H=\mathrm{cu}\times D+\mathrm{re}\times D=(\mathrm{cu}+\mathrm{re})\times D \tag{2}$$

式(1)和式(2)结合起来意味着，

$$\mathrm{mm} = \frac{M}{H} = \frac{1+\mathrm{cu}}{\mathrm{cu}+\mathrm{re}}$$

根据货币乘数公式 $M=\mathrm{mm}\times H$，可知货币供给量 M 取决于高能货币的供给量 H 和货币乘数 mm。

根据上面的讨论，高能货币的数量 H 取决于再贴现率和公开市场业务。其他条件不变，当央行提高再贴现率时，高能货币供给减少。公开市场业务是中央银行买入或卖出资产，每当央行获得资产时，高能货币的供给量相应增加。比如，当中国人民银行按照每 1 美元 7 元人民币的汇率买入 100 亿美元时，人民币高能货币供给增加 700 亿元。若中国人民银行持有 3 万亿美元外汇储备，在汇率为 1 美元 7 元人民币情况下，意味着 21 万亿元人民币的高能货币供给。

货币乘数的决定因素要复杂些。mm 直接依赖于现钞-存款比率 cu 和准备金比率 re。现钞存款比率 cu 的大小取决于公众的支付习惯，没有什么值得讨论的。

准备金比率 re 包括**法定准备金比率**，记作 r_{R}，以及**超额准备金比率**。法定准备金比率是中央银行规定的最低准备金比率。超额准备金是商业银行持有的超出中央行要求的准备金。出于种种原因，商业银行的准备金比率不会正好等于法定准备金比率。即便商业银行想尽量降低超额准备金比率，限于管理上的原因，也不可能做到。实际上，商业银行有可能出于投机动机而宁愿持有较多超额准备金。商业银行的超额准备金比率依赖于三个因素：①客户存款和取款的不确定性。理论上，在没有任何不确定性的情况下，商业银行可以做到不持有超额准备金。比如，假设一个人在一家银行存入 10 000 元，这家银行确定这个人将在第 91 天取款，那么，在 90 天内，这家银行只需留下法定准备金，其余部分都可以变成 90 天期限的贷款。所以，一般来说，商业银行的存款和取款流量越是稳定，其超额准备金比率可以越低。②遇到准备金不足时的借款成本。当一家银行资金紧张时，它可以向中央银行借款，也可以向其他银行借款，即同业拆借。再贴现率越高，或同业拆借利率越高，准备金不足时融资越高，银行的超额准备金比率就会越高。③持有准备金的机会成本，即损失的利息。市场利率越高，持有超额准备金的机会成本越大，银行会尽量降低准备金比率。

我们可以用图 7-12 概括上面的讨论：

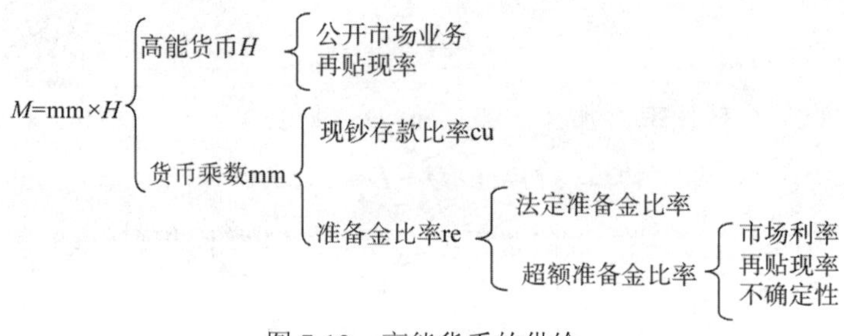

图 7-12 高能货币的供给

综上所述，公开市场业务、再贴现率和法定准备金比率是中央银行可以用于调控货币供给的工具，即通常所说的三大货币政策工具。

上述分析表明，中央银行可以通过公开市场业务、再贴现率和法定准备金比率来调控货币供给。不过，人们使用现钞的偏好、市场利率和不确定性意味着央行并不能完全控制货币供给。

由于超额准备金比率依赖于市场利率，而市场利率是收入决定模型要决定的变量，从而货币供给量是内生变量，而不是我们在前面假定的外生变量。所以，一般情况下的货币供给线不是垂直的，而是向右上方倾斜的。

另外，商业银行的超额准备金比率具有很大的不确定性。当经济衰退时，人们会担心存在银行里的钱是否安全。为了防止挤兑，商业银行被迫陡然增加超额准备，使货币乘数变小，进而使现钞加活期存款意义上的货币供给大幅度减少，加剧经济衰退的程度。相反，当经济复苏或增长时，利率的上升和乐观的情绪使商业银行减少超额准备金，货币乘数变大，货币供给增加，从而加快经济的复苏或增长。这就是说，金融系统具有放大经济波动的作用。可以说，每一次经济衰退原因兴许都不相同，但衰退的程度都因金融恐慌而放大。

专栏 7-2 中国近年的货币政策

1. 1998—2002 年以反通缩和经济增长为主要目标的货币政策

1997 年下半年爆发的亚洲经济危机对我国经济的影响很大，减缓了我国出口需求的增长，人民币也面临巨大的贬值压力。1998 年开始，我国出口猛烈下滑，同时国内市场总需求不足情况也较为明显，经济增长率和就业率同时下降，物价持续走低。加上 1998 年我国部分地区遭受罕见的洪涝灾害，给经济运行造成了更大的冲击，我国经济进入通货紧缩时期。面对国内外严峻的经济形势，我国政府一方面在国际市场上坚持人民币不贬值，稳定汇率，另一方面采取稳健的货币政策来扩大内需、应对通货紧缩和刺激经济增长。主要措施有：第一，取消对贷款规模的限额控制；第二，连续五次大幅下调金融机构存款和贷款基准利率；第三，五次降低法定存款准备金率；第四；扩大公开市场操作，调节货币供求，保持货币供应量适度增长。

2. 2003—2007 年为保持经济平稳增长的稳中从紧的货币政策

虽然在 2003 年我国遭受了“非典”等灾害的冲击，导致经济运行放缓，但从下半年开始，我国依旧进入新一轮经济周期的上升期，投资、出口、信贷以及外汇储备快速增长。

这次经济上升阶段的主要推动力是以住房和汽车为代表的消费结构的升级，但是也表现出一些不稳定现象：部分行业固定资产投资过猛、粮食供求关系趋紧、货币信贷投放过多。同时，由于伊拉克战争使得国际石油价格大幅上涨，石油进口成本提高，供求关系紧张的同时也造成了贸易顺差减少。2003—2007年期间，我国中央银行采取的是稳中从紧的货币政策，宏观调控强调“渐进式”，防止经济增长由偏快转为过热，以及刚开始显现的物价上升现象。实施的主要政策有：第一，2004年放开人民币存款利率下限和贷款利率上限；第二，八次提高金融机构存款和贷款的基准利率；第三，灵活运用公开市场业务(发行央行票据)，保持基础货币平稳增长；第四，十五次上调存款准备金率，实行差别存款准备金率制度。

3. 2008—2012年恢复经济并保持平稳增长的货币政策

2008年年初，为了防止结构性价格上涨演变成明显的通货膨胀、经济增长由偏快转为过热，人民银行实行了从紧的货币政策。从9月开始，美国次贷危机蔓延加剧，加上年初的雪灾和5月份的汶川地震等灾害所引起的资金需求，人民银行结合国际和国内的经济背景，及时调整宏观调控政策，按照既要保持经济平稳发展、又要控制物价上涨的要求实行了适度宽松的货币政策，主要包括：第一，连续四次下调金融机构人民币存款基准利率；第二，五次下调人民币存款基准利率；第三，连续四次下调法定存款准备金率；第四，取消对商业银行信贷规划的约束，引导其扩大贷款总量；第五，暂停六月期、一年期和三年期央票发行等措施，以配合4万亿投资的积极财政政策。

2011年至2012年，国际金融危机极端动荡状态已有所缓和，我国经济运行态势总体良好，但国内物价上涨、产能过剩以及人民币升值等压力加大，加上欧洲债务危机的冲击，世界经济形势趋于复杂。同时，房地产市场、投融资平台、民间借贷等领域潜在风险增大，国内需求存在放缓压力。在这一系列因素的压力下，我国货币政策由适度宽松转为稳健，把“稳增长”放在宏观政策调控的首位。实行的主要货币政策有：第一，2011年共适时上调六次金融机构法定存款准备金率；第二，金融机构存贷款基准利率也是经历先上调再下调的阶段，在2012年年底基本回到2011年初的水平；第三，推行公开市场业务，用逆回购等公开市场操作来调节市场的流动性；第四，把信贷资金更多投向实体经济，特别是中小企业和“三农”等。

4. 2013—2016年的货币政策：适度宽松货币政策

支撑中国经济平稳较快发展的基本面并未发生根本性变化，经济出现较稳回升，通胀压力明显缓解，同时中国经济结构正在朝着预期的方向转变，内需特别是消费需求在带动经济增长中的作用增强。但是，中国经济发展面临的国内外环境依然复杂，外需受到国际金融危机的持续影响尽显疲弱；国内内生增长动力还需增强，经济趋稳的基础还不够稳固，储蓄率过高、消费率偏低的结构不平衡问题仍比较突出。这一阶段货币政策相对宽松，多次降准降息，利率几乎已经达到近年来最低点。主要的货币政策有：第一，多次下调存款准备金率；第二，多次下调基准利率，2016年下调市场基准利率共六次；第三，灵活开展公开市场双向操作。

(资料来源：编者根据相关资料整理)

7.3　财政政策和货币政策的混合使用

单独的财政政策和货币政策都可以调节总支出。不过，在有些情况下，两者结合起来使用效果更好。

首先，如图 7-13 所示，扩张的财政政策使 IS 曲线向右移动，由于有挤出效应，只能使经济从 E_0 移动到 E_1，均衡收入增加到 Y_1。这时，如果同时实施扩张的货币政策，使 LM 曲线向右下移动，就可以使经济进一步移动到 E_2，均衡收入增加到 Y_2。也就是说，如果需要的话，可以用扩张的货币政策抵消扩张财政政策的挤出效应。

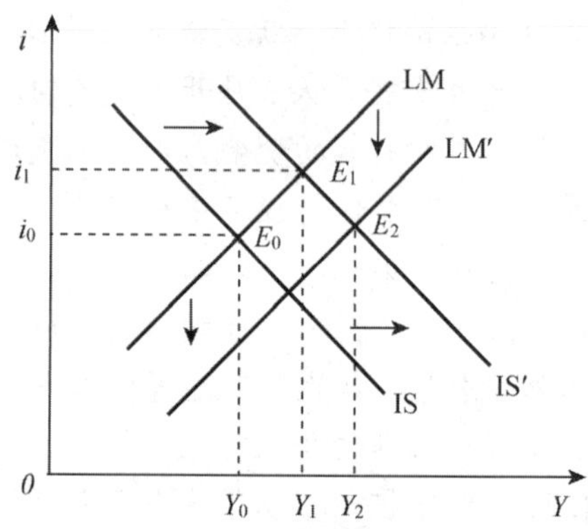

图 7-13　财政政策和货币政策的搭配使用

其次，两种政策对总支出构成影响不同。财政政策主要影响消费，而货币政策主要影响私人投资。增加政府购买支出属于增加广义的政府消费；转移支付和减税通过增加家庭可支配收入来增加私人消费。扩张的货币政策则是通过降低利率来增加私人投资。如果政府想减少赤字同时又不想造成经济衰退，就应该在不减少总需求的情况下减少赤字。一个成功的例子是克林顿的财政政策与格林斯潘的货币政策组合。在克林顿的任期内，财政由大规模赤字转为财政盈余，同时又保持了正常的增长。一个失败的例子是德国统一时的政策组合。

专栏 7-3　克林顿与格林斯潘的政策组合

当克林顿在 1992 年入主白宫时，联邦政府的赤字高达 GDP 的 4.5%，是第二次世界大战以来的第二高，从而引起减少赤字的舆论压力。此时，美国经济刚刚从 1990—1991 年的衰退走出来，许多经济学家担心经济衰退还没有结束。这使得克林顿政府面临两难境地：一方面，为了迎合舆论，需要减少赤字；另一方面，根据 IS-LM 模型，减少赤字意味着紧缩的财政政策，IS 曲线向左移动，产出减少，即经济重新陷入衰退。

在大选前夕，美联储主席格林斯潘也明确表示了对大规模财政赤字的担忧。这暗示了他配合克林顿的财政紧缩，用扩张的货币政策抵消财政紧缩的负面影响。克林顿于 1993 年 2 月向国会提交的减少赤字的一揽子计划得到推行之后，美联储在 1993 年和 1994 年进一步降低了利率。该政策组合的结果是，在财政赤字减少的条件下，仍然保持了产出的稳定增长。

(资料来源：编者根据相关资料整理)

专栏 7-4 德国统一后的货币政策和财政政策组合

1990 年，德国统一。在第二次世界大战之前，东西德的经济发展水平大致相同。然而，到了大约 50 年后的 1990 年，西德的人均收入远远高于东德。统一带来的一个重要问题是，政府支出面临很大压力：关闭和改造缺乏竞争力的东德企业、建设新的基础设施、恢复被破坏的环境和救济失业工人等。

用 IS-LM 模型描述，支出的巨额增加使 IS 曲线大幅度向右移动。这种情况使德国中央银行担心经济在过高水平上运行会引发通货膨胀。虽然，此前利率已经从 1988 年的 4.1% 上升到 1989 年的 7.1%，德国央行仍然决定采取紧缩的货币政策，使得利率在 1991 年上升到 9.2%。在 IS-LM 模型中，这意味着 LM 曲线向上移动。高利率不仅对德国本身有重要影响，也影响到整个欧洲经济的发展。实际上，这一政策组合后来被指责是 20 世纪 90 年代早期其他欧洲国家衰退的原因之一。

(资料来源：编者根据相关资料整理)

7.4 政策实践中的一些问题

按照前面的描述，宏观经济调控简直如同驾驶一台机器，如果我们知道这台机器的运行结果所依赖的参数或开关，管理者只要根据环境情况适时适量地扳动几个开关，就可以得到想要的结果。但是，政策的实践绝不是这么简单。

第一，政策的决策、实施和发挥作用有一定的时滞。①认识时滞。从经济出现波动到政策决策部门认清经济波动是暂时的还是长久的，有一个时滞。暂时的波动不需要采取行动，长久的波动才需要采取行动。②决策时滞。从认识到经济将经历长久波动到政府决定采取行动，有一个时滞；从决定采取行动到决定采取财政政策还是采取货币政策，有一个时滞；如果决定采取财政政策，调整政府购买支出和税率需要经过议会批准，会有一个辩论和表决过程。相比来说，货币政策的决策时滞要短一些，只需要中央银行货币政策委员会开会即可。③行动时滞。从做出政策决策到政策的具体实施，有一个时滞。财政政策的实施需要的时间较长，因为这需要具体安排支出或调整税率结构。货币政策的实施需要的时间较短，因为这需要宣布改变贴现率或法定准备金比率或公开市场操作。④作用时滞。从政策的实施到个人或企业对政策做出反应，有一个时滞，到人们做出充分的反应有一个更长的时滞。

第二，政策效果的不确定性。①对经济波动的性质的认识有不确定性。如未能识别波动的长久性和严重性，从而未能及时采取行动。②政策实施的时机有不确定性。如果经济自身正在从低谷中复苏，那么，扩张的政策就会成为后来严重通货膨胀的帮凶。③政策力度有不确定性。比如，要使经济从衰退中恢复到正常水平，或者使经济保持一定的增长率，需要政府购买增加多少？这依赖于政府购买乘数的大小。然而，现实中的乘数是很不确定的。再如，法定准备金比率调整多少才能达到调控目标，这其中涉及货币乘数、货币需求和投资乘数的大小，而这些都是不确定的。

政策实践中的时滞和不确定性使得宏观经济调控十分困难。试图稳定经济的宏观政策可能会成为未来剧烈波动的祸根。

总之，货币政策的一般效果是：货币供给增加，利率下降，收入增加，价格水平上升，货币工资上升，实际工资下降，就业增加。货币政策的传导机制是：货币供给增加导致利率下降，利率下降导致投资增加，投资增加导致总需求和产出增加。货币政策的有效性首先取决于货币供给增加是否能够影响利率以及在多大程度上影响利率。在流动性陷阱情况下，货币供给增加不影响利率，从而货币政策完全无效；在古典情况下，货币政策充分有效。货币供给量的决定因素有：公开市场业务、再贴现率、人们使用现钞的偏好、法定准备金比率、市场利率、净存款流量的不确定性。其中，公开市场业务、贴现率和法定准备金比率是中央银行的货币政策工具，即通常所说的三大货币政策工具。在有些情况下，两种政策搭配使用会有更好的效果。最后，政策实践中的时滞和不确定性使得宏观经济调控并非我们的模型所描述的那么简单。

7.5 总供给管理政策

总供给管理政策，主要是短期的政策，不包括那些促进经济长期增长的政策，例如，发展教育事业、增加资本积累、推动科技进步等方面的政策，而是指在短期内如何从供给方面采取一些措施消除较大的经济波动带来的失业和通胀。

总供给管理政策是从供给方面来对付通货膨胀和失业的政策措施。面对 20 世纪 70 年代各主要西方国家出现的滞涨局面，调节总需求的宏观经济政策，无论是财政政策还是货币政策都显得无能为力。这些政策只能用来对付单独发生的失业和通货膨胀。为了对付同时出现的高失业和高通胀，主流的凯恩斯经济学家，例如，萨缪尔森、托宾等人主张，应当在推行宏观的财政、货币政策的同时配合总供给管理政策。

第 5 章介绍的总供给决定因素中，政府可以控制的因素组成了总供给管理政策。具体来说包含收入政策、人力政策和税收政策。

收入政策是限制垄断企业和工会对物价和工资操纵的一种重要政策，即实行以管制工资-物价为主要内容的政策，一般来说，它包括如下措施：①工资-物价“指导”线，即由政府当局根据长期劳动生产率增长趋势来确定工资和物价的增长标准，要求企业和工会通过双方协商，自愿把工资和物价的增长率限制在全社会劳动生产率平均增长的幅度以内。②对某种具体的较快上涨的工资或物价形势，由政府进行“权威性”劝说或施加压力来扭转局面。③实行工资-物价的硬性管制，即由政府颁布法令对工资和物价实行管制，甚至暂时加以冻结。④以税收为基础的收入政策，即政府以税收作为惩罚或者奖励手段来限制工资增长。如果工资增长率保持在政府规定的界限以下，则以减少个人和公司所得税作为奖励；如果工资增长率超过政府规定的界限，以增加所得税作为惩罚。

人力政策是用以改进劳动力市场状况，消除劳动力市场的不完全性，以便克服失业和通货膨胀进退两难的困境。这种政策通常包括以下措施：发展多吸收劳动力的服务部门；由政府直接雇佣私人企业不愿招雇的工人和非熟练工人，让他们从事有益的社会事业；通过再培训失业工人，使他们获得相关的经验，养成合理的劳动习惯，从而能够从事那些正规的永久性工作；指导和协助失业人员寻找工作，以增加就业机会；增大劳动力在区域间或职业间的流动性等。

税收政策，其核心是减税，特别是降低边际税率。通过减税强化激励的作用，激励意味着对工作、储蓄、投资和企业家支付足够的报酬，较高的税收严重挫伤工作、储蓄和投资的积极性，造成供给不足从而使得失业和通货膨胀同时出现。减少税收，能够提高资产报酬率，鼓励储蓄和投资，提高劳动生产率，降低产品成本，缓和通货膨胀，并导致消费、产出和就业增加。

减税的政策主张引发了一些人对政府财政赤字增加的担忧。为打消这一担忧，经济学家拉弗提出了拉弗曲线。**拉弗曲线**描述的是税收总额与税率之间的关系。如图 7-14 所示，逻辑上，当税率等于 0 时，税收额等于 0。当税率为 100%时，没有人愿意创造收入，纳税收入等于 0，税收额也等于 0。当税率从 0 逐步增加时，税收额随之增加，有一个税收额最大的税率。之后，税收额随税率提高而减少。以拉弗为代表人物的供给学派经济学家认为，一个时段的税率会过高，比如图 7-14 中的 t_1。在这种情况下，降低税率不但不会使税收减少，反而会使税收增加，从而使赤字减少，甚至带来财政盈余。

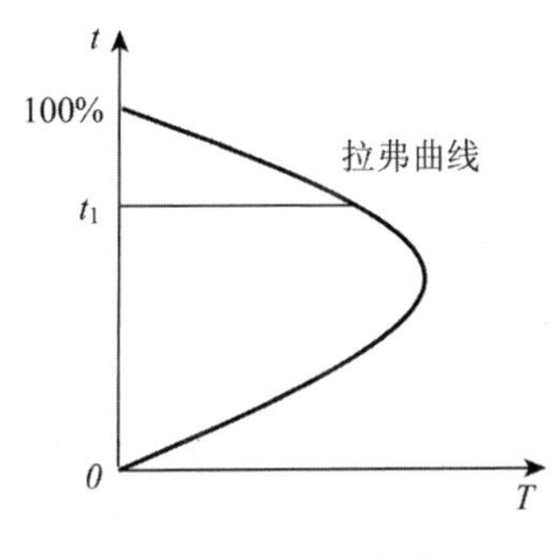

图 7-14　拉弗曲线

专栏 7-5　里根的经济政策

里根经济学的重要内容是放松经济管制，把增长、稳定和自由放在更加重要位置，限制联邦政府规模和权力，实现从政府干预主义向自由放任主义的回归。1981 年上台伊始，里根政府提出经济复兴计划，主要包括：减税，削减预算支出，撤销或放宽政府管制企业的相关法令规章，紧缩货币供应量以抑制通货膨胀，推行政府职能市场化改革等。

一是实施大幅度减税，鼓励储蓄与投资。大幅度减税是里根经济学的重要特征，税收原则和政策更加突出效率。里根政府认为，税收负担过重已经成为抑制美国经济发展的制动器，只有减税才能有效提升企业经营活力，加快经济发展。里根政府先后进行了两次税制改革，实施了历史上最大规模的减税计划，大幅度降低个人所得税和公司所得税，加速资本积累和增加利润，从而刺激投资和经济增长。第一次税制改革的重点是削减税率，旨在刺激当时处于严重衰退状况的美国经济实现复苏。1981 年 8 月，美国国会通过里根政府提出《1981 年减税法案》。从 1981 年 10 月开始的 3 年内，分 3 次降低个人所得税，从 23%降到 10%，再降到 5%，边际税率从 14%～70%降为 11%～50%，资本收益税率从 28%降为 20%。同时，降低公司所得税边际税率，缩短固定资产折旧年限并简化分类，加速固定资产折旧。第二次税制改革的重点是简化税制，实现公正、简洁、有利于经济增长的税收改革目标。1986 年 9 月，美国国会通过里根政府提出的《1986 年税制改革法案》，成为美国 20 世纪最为重要的经济立法之一。这是二战以后美国对所得税法进行的一次非常全面的修正，也是个人所得税和公司所得税较大规模的一次减税行动。全面降低个人所得税率，把纳税等级从 14 级简化为 3 级，最高税率从 50%降为 35%，使全部个人所得税降低约 7%。简化和改革公司所得税，公司所得税率从 46%降低到 33%。

二是削减预算支出，改革社会保障制度。1983 年 4 月，美国国会通过了里根政府提出的一揽子社会保障改革方案，削减一些社会保障项目，减轻联邦政府社会保障支出压力。里根政府还提出“新联邦主义”，减轻联邦政府承担的社会保障责任，把联邦政府负责的食品券和抚养未成年子女家庭补助等 40 多项补助项目交给州和地方政府管理，赋予州和地方政府更大的自主权，消除社会保障项目管理方面的官僚主义，提高社会保障制度的有效性。1982—1983 财政年度，未成年儿童家庭补助和食品券开支比 1981 年减少 13%，医疗补助减少 5%，儿童营养补助减少 4.4%，一般就业和训练基金减少 35%，工作鼓励项目减少 33%。

三是放松经济管制，提高经济运行效率。经济大萧条以来，美国政府对经济的管制逐渐强化，管制机构和管制法律法规逐渐增多，实际已经扩大到所有基础设施部门。其他公共领域也受到不同程度管制，如美国政府制定了有关服务责任和信息公开的要求，政府承担公共责任，把特定市场的专有权授予某些特定的服务提供者，然后通过管制保证服务责任是在合理且公平的价格上实现。20 世纪 70 年代以后，美国政府在卫生、社会保障和环境等方面也实行大规模管制。政府管制在强调社会公平的同时，相应带来了巨大的管制成本，扭曲了市场竞争机制，造成了被管制企业的低效率。政府管制已经难以适应经济社会发展的需要，放松政府管制和释放市场经济活力成为应有之义。里根政府简化和放宽经济管制方面的相关规章制度，强调所有新制定的政府规章制度都要符合成本-收益分析标准，废除或修改那些效益不抵成本的规章制度，同时要求所有达到管理目标所需要的成本必须是最低的。里根政府放松了航空、铁路、汽车运输、电信、有线电视、经纪业、天然气等许多行业的干预和管制，通过引入竞争使产品和服务质量明显提高，价格明显降低，增进了社会福利，有效增强了经济活力。美国政府仅仅因为解除经济管制，每年已为国家节约行政管理支出 500 亿～700 亿美元。

四是稳定货币增长速度，有效抑制通货膨胀。坚持货币紧缩政策，严格控制货币供应量，防止货币供应量的过度增长，降低通货膨胀率。通货膨胀率从 1980 年的 12.4%降低到 1987

年的 3%。里根经济学成功引导美国走出经济滞胀危机，被称为罗斯福新政以来美国经济发展史上的第二次革命。1983 年开始，美国出现了低通货膨胀下的适度经济增长局面，失业率降低，1986 年失业率回到了 20 世纪 70 年代末期水平，困扰美国多年的高失业率、高通货膨胀率和能源危机三大难题得到有效缓解，经济结构得到根本性重组，经济竞争力得到有效提升。里根经济学为美国经济的长期稳定增长构建了良好的制度框架，为经济增长、新技术革命创造了良好的环境。

(资料来源：李栋. 里根经济学的政策实践及启示[J]. 财政研究，2012(1):79-81.)

专栏 7-6　中国的供给侧结构性改革

要理解供给侧结构性改革，就必须找到供给侧结构性改革的经济学理论来源。19 世纪初法国经济学家萨伊(1767—1832)所倡导的古典自由主义经济学思想是供给学派最为重要的思想源泉。特别是他所提出的“萨伊定理”(Say’s Law)，即供给自动创造需求的理论，是古典经济学关于供需关系最为重要的表述。萨伊定理所倡导的经济政策基本上以放任自由与不干预为特征，强调市场的绝对主体地位，这也是 20 世纪初的资本主义国家所奉行的主要经济政策。然而，1929—1933 年爆发的资本主义世界经济大萧条，使基于古典自由主义理念的经济政策受到严重挑战。不同于萨伊所强调的市场自动出清，以“有效需求不足”理论为基础的凯恩斯主义逐步成为资本主义国家主要宏观经济政策。凯恩斯主义以需求管理为核心，强调国家对经济的干预与控制。在实践上，1933 年开始的“罗斯福新政”通过一系列的以需求管理为特征的经济政策，有效地应对了美国经济危机。第二次世界大战以后，凯恩斯主义经济政策逐渐成为资本主义国家普遍采用的宏观经济管理手段。到了 20 世纪 70 年代，高失业率与高通货膨胀率并存的“滞涨”现象，使凯恩斯主义广受质疑，以“需求管理”为核心的凯恩斯主义经济政策被认为是造成“滞涨”的主要原因，自由主义经济学派认为国家干预经济抑制了市场经济的活力，是造成“滞涨”的重要原因。由此，以蒙代尔和拉弗等经济学家为代表的供给学派(supply-side economics)的观点重新得到重视，并成为英国撒切尔政府和美国里根政府的经济政策的理论依据。尤其是被冠以“里根经济学”的里根政府的经济政策包括支持市场自由竞争，放松政府对企业的管制等；降低税收和公共开支，主张预算平衡；强调控制货币供应量应对通货膨胀，这些政策一时间被广为讨论。总体而言，“里根经济学”的政策主张取得了成功。但是，美国的财政赤字在里根政府时代持续恶化，财政赤字问题也成为里根任期内美国经济的常态，并一直延续到 20 世纪 90 年代中期。与此同时，收入分配状况也明显走向恶化。特别需要指出的是，尽管“里根经济学”所依据的供给学派理论和我国当前强调的“供给侧结构性改革”有类似的政策目标，即激发经济活力、促进经济增长。但是，我国的“供给侧结构性改革”与“里根经济学”在政策目标与发展环境等诸多方面存在明显差别。

“里根经济学”的政策目标首要是抑制通货膨胀。美国经济 20 世纪 70 年代末出现的“滞涨”问题，在很大程度上与石油供给冲击导致的能源价格上升以及美国军事支出的膨胀有关，导致经济增长停滞和通货膨胀并存的现象。而我国目前的通货膨胀压力很小，但是结构性产能过剩比较严重，由此造成了资源配置的扭曲。

此外，尽管我国当前经济增长放缓，但是仍旧保持 7%左右的中高速增长。这与美国在

1980 年陷入负增长有很大不同。保持中高速增长为我国供给侧结构性调整创造了客观条件。

从发展阶段来看，我国当前的经济结构与里根时代的美国经济也有很大的差异。1980 年，美国城镇化率为 73.74%，服务业增加值达到 63.57%，服务业就业比重为 65.70%，这些指标都是发达经济体的典型标志。相比之下，我国 2014 年城镇化率为 54.41%，服务业增加值占 GDP 的比重为 48.2%，就业比重为 40.6%，收入水平仍旧处于中等收入阶段。

以上几点差别，决定了我国的供给侧结构性改革的政策手段，也必然不能照搬里根 20 世纪 80 年代初实施的经济政策。“里根经济学”的政策手段突出表现为减税(特别是针对富人阶层的减税) 和放松管制，进而解决“滞涨”问题。而我国的供给侧结构性改革的核心是经济结构的调整和经济发展方式的转变，通过提高供给结构的适应性和灵活性，提高全要素生产率。从这个意义上讲，我国的供给侧结构性改革既有短期任务，也必须具有长期战略；既要做好打持久战的准备，又要组织好重点领域的歼灭战。从短期来看，要抓好以“去产能、去库存、去杠杆、降成本、补短板”为核心的五大战术任务；从长期来看，供给侧结构性改革要以转变经济增长方式为目标，特别是要转变发展理念，落实“创新、协调、绿色、开放、共享”的五大发展理念。

(资料来源：胡鞍钢，周绍杰，任皓. 供给侧结构性改革——适应和引领中国经济新常态[J]. 清华大学学报(哲学社会科学版)，2016 (2): 17-22.)

习　题

一、判断题

1. 财政政策就是政府通过财政收支安排来调控宏观经济运行。（　）
2. 提高出口退税率属于财政政策。（　）
3. 政府购买支出增加，IS 曲线向左上移动。（　）
4. 降低税率，LM 曲线将变得更为陡峭。（　）
5. 增加失业救济，收入增加，利率上升。（　）
6. 挤出效应指政府支出增加导致私人支出减少。（　）
7. 边际消费倾向越大，挤出效应越大。（　）
8. 货币需求对利率越敏感，挤出效应越大。（　）
9. 货币需求对收入越敏感，挤出效应越大。（　）
10. 在古典情况下，财政政策完全无效。（　）
11. 在流动陷阱情况下，财政政策完全无效。（　）
12. 相机决策的财政政策是指根据经济情况来决定财政政策方向。（　）
13. 功能财政是指政府财政能够影响宏观经济运行。（　）
14. 累进所得税是经济中的自动稳定器。（　）
15. 扩张的货币政策的一般效果是，利率下降，收入增加。（　）
16. 货币政策首先影响利率，然后影响投资等支出，从而影响均衡收入。（　）

17. 在古典情况下，货币政策充分有效。 (　　)
18. 在流动陷阱情况下，货币政策完全无效。 (　　)
19. 政府对私人投资给予利息补贴属于财政政策。 (　　)
20. 央行买入政府债券属于紧缩的货币政策。 (　　)

二、单选题

1. 以下不属于财政政策的是(　　)。
   A. 政府购买支出增加　　B. 减税
   C. 增加购买住房补贴　　D. 降低利率
2. 在 IS-LM 模型中，降低税率的一般后果是(　　)。
   A. 收入增加，利率下降　　B. 收入增加，利率上升
   C. 收入减少，利率下降　　D. 收入减少，利率上升
3. 在 IS-LM 模型中，增加已经退休人员的养老金的后果是(　　)。
   A. IS 曲线向右平移　　B. LM 曲线向右平移
   C. IS 曲线向左平移　　D. LM 曲线向左平移
4. 挤出效应是(　　)。
   A. 出口增加，失业减少　　B. 收入增加，利率上升
   C. 政府购买支出增加使私人投资减少　　D. 政府购买支出增加使私人投资增加
5. 流动陷阱指这样一种情况，人们普遍认为(　　)。
   A. 利率不会再下降　　B. 利率很快就会下降
   C. 经济衰退　　D. 经济停滞不前
6. 以下属于宏观经济自动稳定器的是(　　)。
   A. 人头税　　B. 遗产税
   C. 公司所得税　　D. 军费开支
7. 一般来说，扩张的货币政策的后果是(　　)。
   A. 利率上升，收入增加　　B. 利率下降，收入增加
   C. 利率上升，收入减少　　D. 利率下降，收入减少
8. 在古典情况下，(　　)。
   A. 财政政策更为有效　　B. 货币政策更为有效
   C. 两种政策都有效　　D. 两种政策都无效
9. 在流动陷阱情况下，(　　)。
   A. 财政政策更为有效　　B. 货币政策更为有效
   C. 两种政策都有效　　D. 两种政策都无效
10. 当人们减少使用现金时，(　　)。
   A. 投资乘数变大　　B. 货币乘数变大
   C. 边际消费倾向变大　　D. 利率将会上升

三、简答和计算题

1. 解释下列名词

挤出效应　相机抉择的财政政策　功能财政　自动稳定器　货币乘数　公开市场业务

2. 用 IS-LM 模型画图说明政府购买支出增加如何影响均衡收入和利率。

3. 用 IS-LM 模型画图说明降低税率对均衡收入和利率的影响。

4. 讨论挤出效应的决定因素。

5. 说明为什么流动性陷阱情况下财政政策充分有效。

6. 用 IS-LM 模型说明货币供给增加对均衡收入和利率的影响。

7. 说明货币乘数的决定因素。

8. 讨论名义货币供给量的决定因素。

9. 用 IS-LM 模型说明中央银行买入外汇对本国均衡收入和利率的影响。

10. 说明为什么流动性陷阱情况下货币政策完全无效。

11. 假设一个经济体有下列函数描述：

C=130+0.5YD　　(其中 YD=Y-T) (消费函数)

I=200-600i　　(投资函数)

G=112　　(政府购买支出)

T=20+0.2Y　　(税收函数)

M=300　　(名义货币供给)

L=50+0.5Y-600i　　(货币需求函数)

P=1　　(价格水平)

回答下列问题：

(1) 计算均衡收入和利率。

(2) 假设政府购买支出增加 50 个单位，均衡收入和利率改变多少？私人投资 I 被挤掉多少？

(3) 假设货币供给增加 50 个单位，均衡收入和利率改变多少？

12. 假设一个经济体现在处于充分就业状态，政府希望调整总需求的结构，增加消费和减少投资，请给出政策建议并用 IS-LM 模型加以说明。

13. 用 IS-LM 模型比较下面两种情况下政府减税的效果：

(1) 政府通过辅助的货币保持利率不变。

(2) 政府保持货币供给不变。

14. 假设在货币市场上，货币需求为 L=0.25Y-10i，货币供给为 M/P=400。在产品市场上，IS 曲线方程为 Y=200-40i。

(1) 如果政府购买支出乘数等于 2，政府购买增加 200，求两个市场再度均衡时，收入和利率各是多少？

(2) 求政府购买增加后挤出了多少投资？

15. 假设一国货币需求函数为 L=0.5Y−0.2i，消费函数为 C=100+0.8Y，如果政府购买支出增加 10 亿元，问货币供给量要增加多少才能使利率不变(假定价格水平为 1)。

第 8 章

开放经济的宏观分析

本章将总需求-总供给模型扩展到开放经济。一个开放经济与其他经济的往来主要表现为贸易和资本流动。本章第 1 节和第 2 节讨论产品市场和金融市场开放的意义。产品市场开放使人们可以在本国产品和外国产品之间进行选择。影响这类选择的一个重要因素是实际汇率，即外国产品表示的本国产品的相对价格。金融市场的开放使得人们可以在本国资产和外国资产之间进行选择，从而在汇率和利率之间建立紧密的联系。第 3 节讨论开放经济的均衡收入决定，从而说明贸易在一国收入决定中的作用。第 4 节讨论资本流动，介绍国际收支余额和 BP 曲线。第 5 节讨论开放经济中的财政政策和货币政策。

8.1 全 球 化

国际贸易不是一件新鲜事。早在 3000 年前，中国通过丝绸之路向地中海地区输送纺织品。哥伦布远航的目的也是为国际贸易找到一条更快速到达印度、更多追逐财富的路线。今天现代化的通信技术和便利的交通，使得国际商品和资本流量达到一个前所未有的水平：当我们购买一辆汽车时，可以比较不同国家各种型号的汽车；当我们购买股票时，也可以选择不同国家的股票。这些情况都表明，我们的日常生活深度参与了世界各国经济，这就是全球化。

全球化的好处显而易见，贸易可以使人们生产自己最擅长的东西，并消费世界各国生产的各种各样的物品和劳务。这实际上就是我们在微观经济学中所强调的不同区域之间的分工能够带来好处。参与全球化，可以使得每一个人的状况变好。一个开放的经济以两种方式和其他经济相互交易：一是在世界产品市场中购买并出售物品和劳务；二是在世界金融市场上购买并出售资产。下面我们讨论这两种活动，以及它们之间的密切关系。

8.1.1 贸易

贸易包括产品和劳务的出口和进口。出口是本国生产的产品和劳务销售给外国人，进口是购买外国生产的产品和劳务。图 8 1 显示了中国近二十年的贸易流量。可以看到在这段时间，随着经济的增长，进口出口显著提升。2016 年出口额度是 20974.44 亿美元，进口额是 15874.81 亿美元(当年价格)。

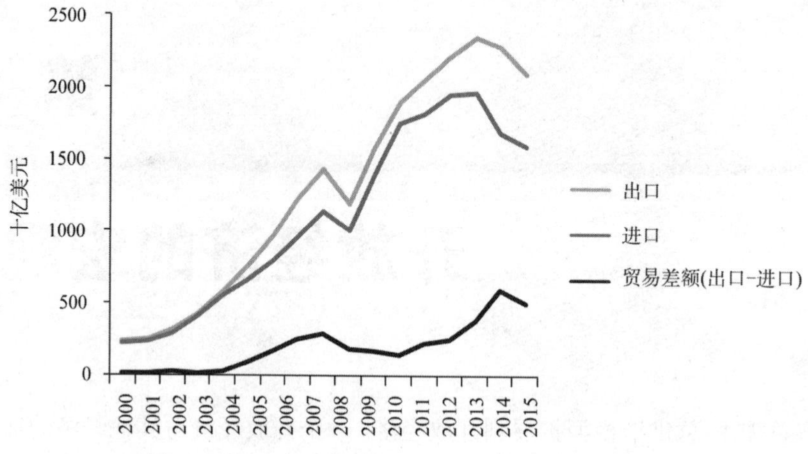

图 8-1　2000 年以来中国的进出口量以及贸易差额

(资料来源：中国海关总署)

经济理论更关注净出口，净出口也就是贸易差额，即出口值减去进口值。进口额小于出口额称作**贸易顺差**，进口额大于出口额称作**贸易逆差**。如果一国净出口为零，也就是其进口额和出口额相等，我们说该国**贸易平衡**。目前，中国、日本、德国有大量的贸易顺差，而美国有大量的贸易逆差。一个国家往往会有一些主要的贸易伙伴。中国主要的贸易伙伴如图 8-2 所示。

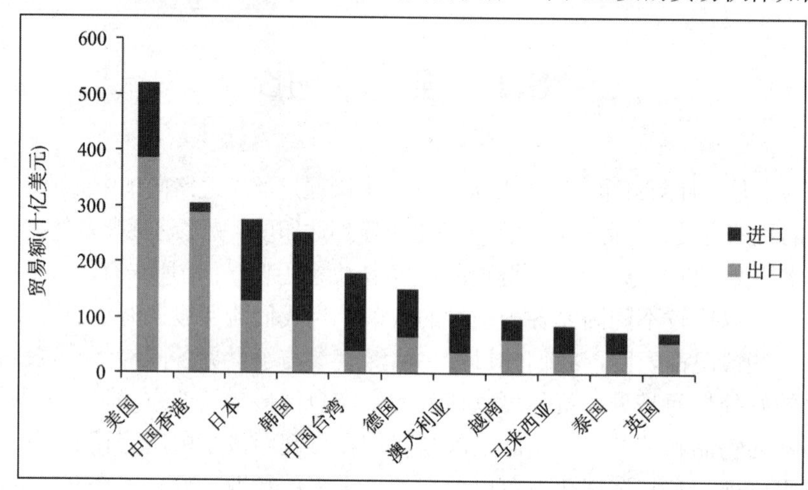

图 8-2　中国主要的贸易伙伴(2016)

(资料来源：中国海关总署)

8.1.2　资本流动

一个国家可以通过世界商品和劳务市场参与全球化，也可以通过参与金融市场进行全球化。一个中国居民可以购买美国汽车，也可以购买美国汽车公司的股票。前者是贸易，意味着商品流动，而后者是跨国投资，意味着资本流动。

不同国家有不同货币。一国居民到外国投资必须首先把本国货币兑换为外国货币。外国货币也称**外汇**。由于跨国投资日益频繁和规模巨大，外汇市场的交易规模巨大。例如，2016 年 4 月，世界外汇的日交易金额达到 5.1 万亿美元，其中的 88%大约为 4.5 万亿美元，交易的是美元。2016 年，美国全年货物进出口总额是 3.7 万亿美元，也就是每天大约 100 亿美元。两个数据的对比告诉我们，大量外汇交易并非源自贸易，而是金融资产的买卖。更进一步，外汇市场的交易规模不仅仅处于一个很高的水平，而且也处在快速扩张的过程中。自 2005 年，外汇交易的规模已经翻了两倍还要多。同样，这种增加更多地反映了金融交易的增加而非贸易往来的增加。

对一个国家整体而言，金融市场的开放有着另外一层重要意义。它允许一个国家可以有贸易盈余或贸易赤字。一个有贸易赤字的国家从其他国家购买的比向其他国家出售的要多，这个国家必须向其他国家借债。它的借债要通过吸引外国金融投资者，增加他们持有本国资产数量，实质上就是外国投资者把资金借给这个国家。

资本流动可以分为两种。一种是厂商在国外经营业务或者向国外企业出资进行投资，称为外商直接投资。进行直接投资的目的往往是拓宽市场，降低要素成本，获得相应的技术，等等。对外投资的对象未必是工厂这种有形资产。另一种是投资者购买外国的金融资产进行投资，例如，股票和政府债券。这类投资称作外国间接投资。外国间接投资由外国资本投资，本国进行资本运营。对于有些国家的投资者来说，间接投资可以获得更高利润，并且相对于本国金融投资来说风险更小。

8.1.3　国际收支平衡表

一国和世界其他国家的经济往来包括贸易和资本流动。**国际收支平衡表**反映一国与其他国家的经济往来。通常，国际收支平衡表包括两个账户：经常账户和资本账户。表 8-1 是 2006 年美国的国际收支平衡表。

表 8-1　2006 年美国国际收支平衡表(单位：10 亿美元)

经常账户	金　额	金　额
出口	1437	
进口	2200	
贸易余额		−763
获得的投资收益	620	
支付的投资收益	629	
净投资收益		−9
净转移支付收入		−84
经常账户余额		−856
资本账户		
美国资产的国外持有增加额	1764	
美国持有的外国资产增加额	1049	
金融账户余额		715
统计误差		141

注：贸易余额=出口−进口，经常账户余额=贸易余额+净投资收益+净转移支付收入，金融账户余额=美国资产的国外持有增加额−美国持有的外国资产增加额。

(资料来源：Survey of Current Business , April 2007)

经常账户记录商品和服务贸易以及转移支付。表 8-1 中第二、三行记录了商品和服务的出口和进口。出口将从世界其他国家获得收益，进口将导致向世界上其他国家支付。如表 8-1 所示，2006 年美国的进口超过出口，导致其 7 630 亿美元的贸易赤字。

出口和进口并不是向世界其他国家支付或者获得收入的唯一途径。美国居民从其持有的外国资产中获得投资收入(investment income)，或者外国居民从他们持有的美国资产中获得投资收入。2006 年美国从世界上其他国家获得的投资收入为 6 200 亿美元，向外国投资者支付的投资收入为 6 290 亿美元，净余额为-90 亿美元。

最后，一个国家会提供或者获得国外援助。这一项收入的净值称作**净转移支付收入**(net transfers received)。比如，2006 年美国的净转移支付达到-840 亿美元。

向世界其他国家的支付和从外国获得的收入之和称作**经常账户余额**(current account balance)。如果一国从其他国家获得的收入是正的，那么，这个国家有**经常账户盈余**；如果这项收入是负的，该国家有**经常账户赤字**(current account deficit)。比如，2006 年美国有 8560 亿美元的经常账户赤字。

资本账户反映一国与他国之间的股票、债券与土地等资产的买卖。这些外国投资者包括外国私人投资者、外国政府和外国中央银行。一国资本账户盈余等于外国购买的本国资产减去本国购买的外国资产。比如，2006 年外国持有的美国资产增加 17 640 亿美元。与此同时，美国持有的国外资产增加 10 490 亿美元。所以，2006 年美国有资本账户盈余 7 150 亿美元。也就是说，美国是一个净资本流入国。

一个经常账户存在赤字的国家必须通过正的净资本流入来获得融资，也就是该国的资本账户必须是有盈余的。原则上说，经常账户赤字应该等于资本账户的盈余。实践中却并非如此，由于经常账户和资本账户往来数据的构建使用的是不同的数据源；虽然二者结果应该相同，但通常并不相等。二者的差异也就是统计误差。

经济学上往往将资本账户分为两个独立的部分：①该国私人领域的交易；②官方储备交易，它相当于中央银行的活动。经常账户赤字可能由居民私人出售国外资产或者向国外借款弥补，也可以由政府提供资金弥补经常账户赤字，政府减少其外汇储备，在外汇市场上出售外币。反之，出现盈余时，私人领域可以利用其收到的外汇收入，偿还债务或者购买海外资产；另一种办法是中央银行可购买私人领域赚得的(净)外国通货，增加中央银行的储备。增加官方储备也称作**国际收支盈余**。

国际收支盈余=官方外汇储备增加=经常账户盈余+净私人资本流入

如果经常账户与私人资本账户均为赤字，那么国际收支总额出现赤字。这就是说，中央银行损失储备。一个账户出现盈余而另一个则正好出现相同数量的赤字，国际收支总额为零，既不是盈余，也不是赤字。

总之，贸易和资本流动是参与全球化的两种方式。贸易包括出口和进口，资本流动是参与到国际金融市场。资本流动分为两种，一种是外商直接投资，一种是外商间接投资。通过开放本国金融市场和国外进行贸易，允许该国有贸易盈余或者贸易赤字。国际收支平衡表是一国和世界其他国家交易记录，包括两个账户：经常账户和资本账户。经济学上往往将资本账户分为两个独立的部分：①该国私人领域交易；②官方储备交易。增加的官方储备就是国际收支盈余。

8.2　汇　　率

在国际贸易和国际资本流动过程中，汇率是一个关键因素。当我们持有人民币去美国旅游，这个是行不通的，必须在银行等金融中介兑换成美元。兑换时的价格就是汇率。汇率是不断波动的，有时一单位人民币能够兑换比较多的美元，有时则不然。在开放经济中，一国居民是选择购买国内产品还是购买国外产品在很大程度上取决于实际汇率，这里我们讨论两种不同的汇率——名义汇率和实际汇率，以及两种汇率制度——固定汇率和浮动汇率。

8.2.1　名义汇率和实际汇率

外币买卖形成外汇市场。外汇市场上进行多种外汇交易。例如，将美元兑换成欧元，将欧元兑换成人民币等。与其他所有的市场一样，这里也有需求、供给、价格和交易量。汇率就是用一种货币表示的另一种货币的价格。我们从名义汇率开始介绍。

名义汇率，记作 e，是特定日期两国货币的交换比率。名义汇率包括两种表达方式：直接标价法和间接标价法。**直接标价法**是用本国货币表示外国货币的价格。例如，2017 年 8 月 10 日，1 美元兑换 6.72 元人民币。对中国人而言，按照直接标价法，1 美元=6.72 元人民币。**间接标价法**是用外国货币表示本国货币的价格。比如，对于中国人来说，按照间接标价法，2017 年 8 月 10 日人民币对美元的汇率是 1 元人民币=0.149 美元。由于美元在国际结算中的特殊地位，绝大多数国家采用直接标价法，而美国采用间接标价法。本书中正文部分均采用直接标价法。大多数货币之间的汇率每时每刻都会发生改变。本国货币名义汇率上升，称作名义贬值，简称贬值。比如，人民币对美元汇率从 e=6.72 变为 e=6.80，意味着人民币贬值。本国货币汇率下降称作名义升值，简称升值。比如，人民币对美元汇率从 e=6.72 变为 e=6.60，意味着人民币升值。

实际汇率，记作 R，是用一国货币衡量的外国价格水平与该国价格水平的比较，即

$$R = \frac{eP_f}{P}$$

其中，P 是本国价格水平，P_f 是外国价格水平，e 是名义汇率。

R 的大小综合衡量国际贸易中一国产品和服务在价格方面的竞争力。其他条件相同，R 越大，越有利于出口，不利于进口；相反，R 越小，越有利于进口，不利于出口。下面，我们用一个例子说明上述命题。

【例 8-1】情形一：假设在某个时期某种同质商品在中国的价格是 P=6 元，其在美国的价格是 P_f=1 美元，名义汇率 e=6(直接标价法)，那么，R=1。在这种情况下，忽略运输成本和其他因素的影响，进口和出口都无利可图。

情形二：从情形一出发，其他不变，名义汇率变成 e=8，即人民币在外汇市场上贬值，从而 R 上升到 8/6＞1。由于现在 1 美元可以购买更多人民币，而人民币购买商品和服务的购买力没变，出口变得有利可图。比如，一个人在我国花 6 元购买一件商品，在美国出售该商品得 1 美元，然后，在外汇市场卖出 1 美元得 8 元人民币，盈利 2 元。所以，一般来

说，其他条件不变，本国货币贬值，有利于出口，不利于进口。这就是为什么追求贸易盈余的国家都不希望自己的货币升值。

情形三：从情形一出发，其他不变，我国价格上升到 $P=7$ 元，从而 R 下降到 $6/7<1$。与情形一相比，进口变得有利可图。比如，一个人在外汇市场上花 6 元人民币购买 1 美元，然后用 1 美元在美国购买一件商品，并在我国以 7 元的价格出售，可盈利 1 元。所以，其他条件不变，国内物价上升，有利于进口，不利于出口。

情形四：从情形一出发，其他不变，美国价格上升到 $P_f=2$ 美元，从而 R 上升到 $2>1$。与情形一相比，出口变得有利可图。所以，当国外物价上升时，其他条件不变，有利于出口，不利于进口。

其他情形：现实中，国内外价格和名义汇率往往同时变动，我们可以通过计算 R 的大小来综合判断实际汇率变动是否有利于出口。比如，假设名义汇率 e 不变，当国内外价格以相同幅度变化时，R 保持不变，对出口和进口没有影响。假设外国价格不变，我国价格上升 10%，同时人民币贬值 10%，即 e 上升 10%，那么，R 仍然不变，进出口也不受影响。总之，其他条件相同，只要 R 不变，NX 就不受影响；当 R 变大时，NX 增加；当 R 变小时，NX 减少。①

也可以说，R 综合衡量本国货币的购买力是被高估了还是被低估了。当 $R=1$ 时，名义汇率正好反映两国货币的购买力。在上面的例子中，美元购买力是人民币购买力的 6 倍，在外汇市场上 1 个美元正好购买 6 个人民币，所以 $e=6$ 正好反映两种货币的购买力，两国货币都没有被低估或高估。$R>1$ 意味着在外汇市场上本国货币被低估了。比如，假设 $P=6$，$P_f=1$，即 1 美元的购买力相当于 6 个人民币的购买力，如果名义汇率 $e=8$，那么外汇市场上就高估了美元和低估了人民币。相反，$R<1$ 意味着在外汇市场上人民币被高估了。

8.2.2 固定汇率

按照直接标价法，名义汇率是用本国货币表示的外国货币的价格。所以，从根本上说，作为价格，名义汇率的决定机制只有两个：浮动汇率和固定汇率。

在**固定汇率**制度下，中央银行规定汇率并承诺采取措施来稳定汇率。通常，中央银行通过买卖外币使汇率稳定在一定范围之内。当外汇市场上供过于求，即有汇率下降的压力时，央行会适量买入外币；当外汇市场上供不应求，即有汇率上升的趋势时，央行会适量卖出外币。所以，固定汇率意味着央行有干涉外汇市场并按照规定的汇率买卖外币的义务。

8.2.3 浮动汇率

如图 8-3 所示，在**浮动汇率**制度下，一个时期的汇率由外币需求 D 和外币供给 S 决定。外币需求源于进口和资本向国外转移。外币供给源于出口和资本向国内流动。所以，当国

---

① 有关汇率改变对贸易盈余的影响更为详尽的分析见附录 E。

际收支有盈余，外汇市场上供过于求，有汇率下降即本国货币升值的压力时，在浮动汇率制度下，本国货币就会升值。相反，当国际收支有赤字时，汇率将会上升，即本国货币贬值。

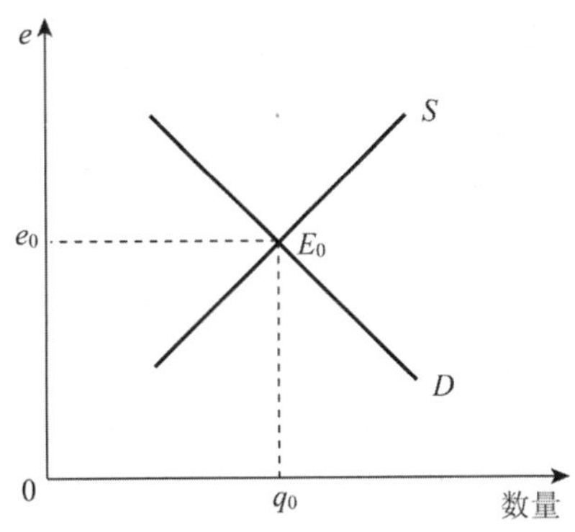

图 8-3　浮动汇率制度下供求决定汇率

专栏 8-1　中国当前的汇率制度

1981—1993 年，我国的经济体制由高度集中的计划经济开始向市场经济转型，这一阶段实行双重汇率安排。这一阶段的双重汇率可以划分为两个阶段：第一阶段(1981—1984 年)官方汇率和贸易内部结算价并存；第二阶段(1985—1993 年)官方汇率和外汇调剂市场汇率共生。

1994 年我国开始实行“以市场供求为基础的、单一的、有管理的浮动汇率制度”，对人民币汇率的官方报价和调剂价格进行并轨，并一次性贬值 33%，下调至 8.70 元人民币兑 1 美元。同时外汇管理体制的相关配套改革正式启动，主要措施包括：取消外汇留成和上缴，全面实行银行结售汇制度；建立统一的银行间外汇市场，并以银行间外汇市场所形成的汇率作为人民币官方汇率的基础；停止外汇在境内流通；逐步实现人民币在经常项目下的可兑换。

1997 年亚洲金融危机爆发后，东南亚各国纷纷采取贬值以刺激经济复苏，我国有管理的浮动汇率制被迫暂停，人民币币值保持坚挺，对美元汇率的浮动幅度也主动收窄，事实上已经演化成钉住美元的汇率制度。

自 2005 年 7 月 21 日起，人民币汇率不再单一地钉住美元，开始实行以市场供求为基础、参考一篮子货币进行调节、有管理的浮动汇率制度。

虽然之后由于金融危机于 2008 年 8 月暂停“汇改”进程，取消了“参考一篮子货币进行调节”的管理原则，人民币汇率重新与美元挂钩，基本维持在 6.82 元人民币兑 1 美元的稳定水平。但又在 2010 年全球经济逐渐复苏后宣布进一步推进人民币汇率形成机制改革，以增强人民币的汇率弹性，进行“二次汇改”。此后，在 2012 年和 2014 年中国人民银行先后两次发布公告，宣布进一步扩大汇率波幅。进入 2014 年以后人民币兑美元汇率一改长期单边升值态势，进入双向波动“新常态”，双向波幅明显增大。

向更稳定、更有弹性的浮动汇率制度调整是当前人民币汇率制度的改革方向。从长期来看，人民币汇率制度的改革方向是实行人民币汇率的自由浮动，让市场供求力量真正成为汇率决定的基础。从近期和中期来看，致力于完善我国人民币汇率形成机制和加强外汇市场建设，是人民币汇率改革的应有之道和必然选择。在此过程中，一如既往地坚持市场化的改革取向，坚持优先完善汇率机制是非常重要的。

(资料来源：李岩. 我国人民币汇率制度演进与改革效应分析[J]. 河北金融，2015(6): 13-17.
白晓燕. 人民币汇率制度改革历程及逻辑[J]. 世界经济研究，2008(12): 29-34，84-85.)

总之，名义汇率是特定日期两国货币的交换比率。名义汇率有两种表达方式：直接标价法和间接标价法。实际汇率是用一国货币衡量外国价格水平与该国价格水平的比较。实际汇率综合衡量本国货币的购买力是被高估还是被低估。从根本上说，作为价格，名义汇率的决定机制只有两个：浮动汇率和固定汇率。在固定汇率制度下，中央银行规定汇率并承诺采取措施来稳定汇率。在浮动汇率制度下，汇率由外币需求和外币供给决定。

8.3 贸易与收入

8.3.1 净出口的决定因素

决定一国均衡产出的产品市场均衡条件是 $\mathrm{AE}=Y$，其中，AE 是对该国产品和服务的有效需求或意愿总支出。在一个封闭经济中，$\mathrm{AE}=C+I+G$，其中，C、I 和 G 是国内家庭、企业和政府的总支出。在一个开放经济中，有出口和进口。对一国产品和服务的支出包括国外人在该国产品和服务上的支出——出口(X)，但不包括本国各单位购买的外国产品和服务——进口(M)。所以，对于一个开放经济来说，

$$\mathrm{AE}=C+I+G+(X-M)=C+I+G+\mathrm{NX}$$

其中 $\mathrm{NX}=X-M$ 是净出口。

接下来，我们要说明 NX 的决定因素，从而说明开放带来了哪些影响产出的因素。一国的 NX 的决定因素主要有：

(1) **本国收入水平**。其他条件相同，当一国收入水平 Y 增加时，其进口 M 将会增加，所以净出口 $\mathrm{NX}=X-M$ 减少。

(2) **外国收入水平**。其他条件相同，当外国收入水平 Y_f 增加时，一国的出口 X 将会增加，所以 $\mathrm{NX}=X-M$ 增加。

(3) **实际汇率**。其他条件相同，当实际汇率 R 增加时，一国的出口 X 将会增加，所以 $\mathrm{NX}=X-M$ 增加。

总之，从宏观的角度看，NX 随本国收入 Y 增加而减少，随外国收入 Y_f 增加而增加，随实际汇率 R 上升而增加，即

$$\mathrm{NX}=\mathrm{NX}(Y,\ Y_f,\ R)$$

所以，开放经济的 AE 函数是

$$\mathrm{AE}=C+I+G+\mathrm{NX}=C(Y)+I(i)+G+\mathrm{NX}(Y, Y_f, R)$$

令 $A(Y, i)=C(Y)+I(i)+G$，那么

$$\mathrm{AE}=A(Y, i)+\mathrm{NX}(Y, Y_f, R)$$

8.3.2　开放经济的均衡收入决定

产品市场的均衡条件是

$$\mathrm{AE}=Y$$

一个开放经济的均衡条件是

$$A(Y, i)+\mathrm{NX}(Y, Y_f, R)=Y$$

这就是开放经济中的 IS 方程。与开放前相比，IS 曲线有两个变化。

第一，IS 曲线的位置不但依赖于我们在第 4 章中分析的那些因素，还依赖于出口，并进一步依赖于决定出口的那些因素，比如，外国收入水平 Y_f 和名义汇率 e。如图 8-4 所示，其他相同，当外国经济繁荣时，其进口增加，我国出口增加，我国的 IS 曲线向右平移，均衡产出增加，就业增加。

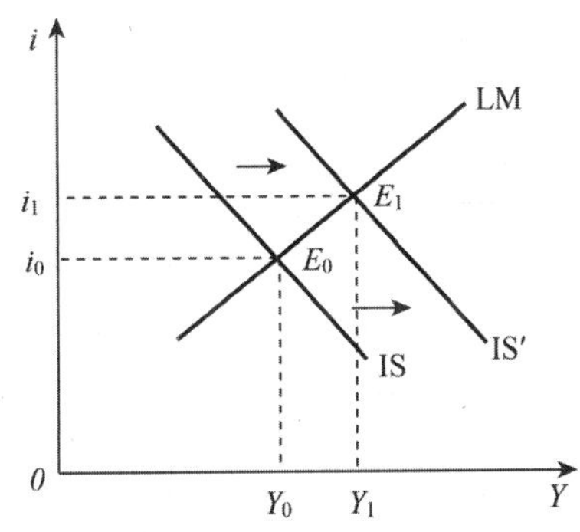

图 8-4　当外国经济繁荣时，IS 曲线向右平移

第二，与封闭时相比，开放后的 IS 曲线较为陡峭。我国的进口随我国收入水平增加而增加。我国收入每增加 1 单位所导致的进口增加被称作边际进口倾向，记作 m。进口倾向的存在意味着收入决定模型中的乘数变小。根据第 4 章关于 IS 曲线斜率决定因素的讨论，较小的乘数意味着较为陡峭的 IS 曲线。乘数为什么变小呢？乘数的大小取决于收入增加派生消费支出的能力大小。在有进口倾向的情况下，当收入增加时，增加的收入一部分将被用于购买外国产品和服务，与封闭时相比，用于本国产品的消费支出减少，即派生的对我国产品的消费需求变小，从而乘数变小。开放后，在有进口倾向的情况下，IS 曲线将变得较为陡峭。不过，由于出口意味着 IS 曲线向右平移，如图 8-5 所示，总的来说，开放后的 IS 曲线位于开放前的 IS 曲线右边且变得较为陡峭。

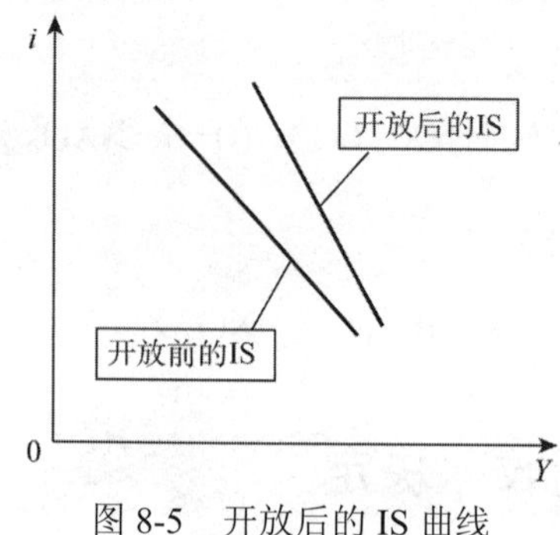

图 8-5 开放后的 IS 曲线

8.3.3 回弹效应

当我国采取扩张的财政政策时，我国产出和收入增加。增加的收入中一部分被用于进口，意味着对外国产品和服务的需求增加，从而导致外国产出和收入增加。反过来，外国收入的增加导致我国的出口增加，从而使我们的产出和收入进一步增加，如此等等。这些效应被形象地称作**回弹效应**。本质上，回弹效应只不过是跨越政治疆界的乘数效应。

专栏 8-2 国际乘数

部分国家政府支出增加 GNP 的 1%所导致的 GNP 增加百分比如表 8-2 所示。

表 8-2 国际乘数表

		实施政策的国家		
		美国	日本	德国
所受影响	美国	1.7	0.1	0.1
	日本	1.3	1.3	0.1
	德国	0.4	0.2	1.3
	加拿大	1.0	0.1	0.0

(资料来源：H Edison J. Marquez, R Tryon. The Structure and Properties of the Federal Reserve Board Multi country Model[J]. Economic Modeling, 1987,4(2): 115-315.)

随着全球化进程的加快，各国经济越来越多地依赖于国际贸易，即依赖于其他国家或地区的经济形势，回弹效应越来越普遍，且越来越重要。当美国等主要经济体波动时，其他经济都会随之波动。任何一个主要经济体遇到的问题都不再单纯是该国政治家的问题，而是全球问题。这类问题也不再是一国政治家能够单独解决的，需要各国政治家的合作。

总之，在一个开放经济中，有出口和进口。产品市场的意愿总支出中增加了净出口。一国净出口的决定因素主要有本国收入水平、外国收入水平、实际汇率。与开放前相比，IS 曲线有两个变化。第一，IS 曲线的位置不但依赖于我们在第 4 章中分析的那些因素，还依赖于出口，并进一步依赖于决定出口的那些因素；第二，与封闭时相比，开放后的 IS 曲线较为陡峭。在开放的环境中，一国的财政政策存在回弹效应，本质上，回弹效应只不过是跨越政治疆界的乘数效应。

8.4　资本流动与国际收支余额

8.4.1　国际收支余额

一国**国际收支余额**(balance of payment surplus)BP 等于经常账户盈余(简化为贸易盈余)NX 加上私人资本账户盈余 CF，即

$$BP=NX+CF$$

其中 NX 取决于国内收入 Y、国外收入 Y_f 和实际汇率 R。资本的跨国流动主要取决于不同国家的投资收益率和风险。风险相同的情况下，资本向收益率较高的地区流动。一个经济中的投资收益率大致可以用市场利率来衡量。这是因为，如果一个地区的投资收益率是 6%，那么，在不考虑风险和其他交易费用的情况下，这个地区的市场利率会大致等于 6%。所以，如果其他条件相同，当本国利率高于国外利率时，资本将流入国内；本国利率高于国外利率越多，即 $i-i_f$ 越大，资本流入越多。其中，资本净流入 CF 依赖于本国利率与外国利率之差。所以，

$$BP=NX(Y, Y_f, R)+CF(i-i_f)$$

8.4.2　BP 曲线

BP 曲线是使 BP=0 的收入和利率的组合所组成的曲线。当收入 Y 增加时，进口的增加使得净出口 NX 减少，要使 BP=0，资本流入 CF 必须等量增加；其他相同，要使资本流入 CF 增加，本国利率必须上升以吸引资本流入。所以，如图 8-6 所示，BP 曲线是向上倾斜的。

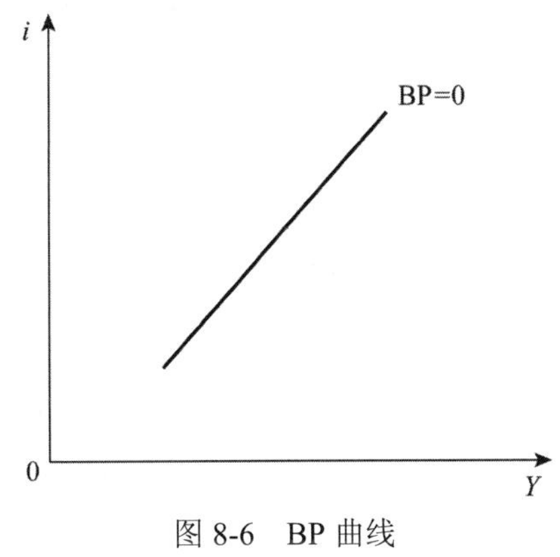

图 8-6　BP 曲线

如图 8-7 所示，在 BP 曲线左上方，比如点 H，BP>0，即国际收支盈余。这是因为，在相同收入水平 Y_0 上，使 BP=0 的利率是 i_0，即一个较低的利率所吸引的资本流入就可以

使 BP=0，因此 H 处更高的利率必定意味着 BP>0。类似地，可以证明，在 BP 曲线的右下方，比如图中点 G，BP < 0，即国际收支赤字。

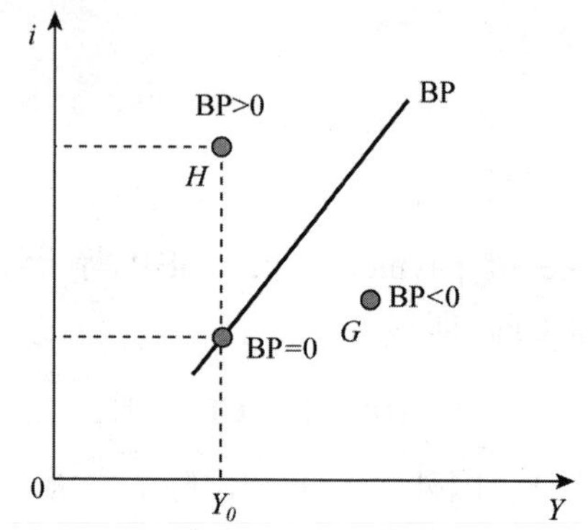

图 8-7　偏离 BP 曲线意味着国际收支盈余或赤字

BP 曲线的方程是

$$NX(Y, Y_f, R) + CF(i-i_f)=0$$

因此，Y_f、R、i_f 以及影响贸易和资本流动的其他条件变化，都意味着 BP 曲线的移动。比如，当名义汇率 e 上升，即人民币贬值时，其他条件不变，NX 将会增加，要保持 BP=0，CF 必须等量减少，即利率必须下降，从而 BP 曲线将会向右下移动。再如，当 i_f 上升时，其他条件不变，资本流入 CF 减少，要保持 BP=0，要么提高国内利率，要么减少本国收入，即 BP 曲线将向左上移动。

8.4.3　内部平衡与外部平衡的协调

对于一个开放经济来说，宏观调控目标有两个：国内充分就业和国际收支平衡，分别称作内部平衡和外部平衡。如图 8-8 所示，要实现内部平衡，产出水平要达到充分就业的产出水平 Y^*，而要实现外部平衡，产出和利率组合要落在 BP 曲线上。

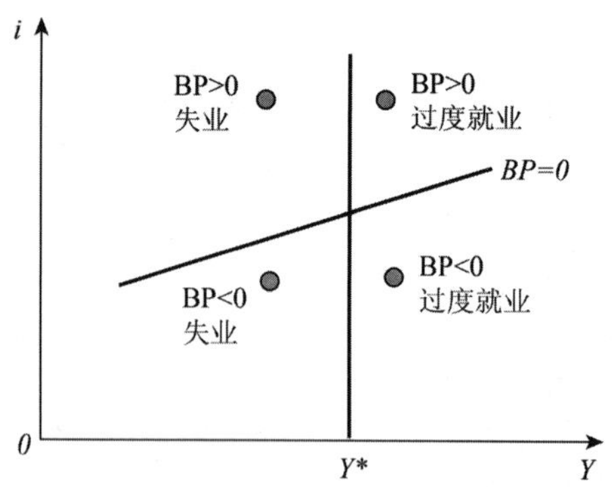

图 8-8　内部平衡和外部平衡

如图 8-9 所示，理想的情况是图中点 F 所代表的收入和利率组合，此时充分就业的内部平衡和国际收支平衡的外部平衡同时得到实现。然而，现实中的经济有可能落在 E_0 处。

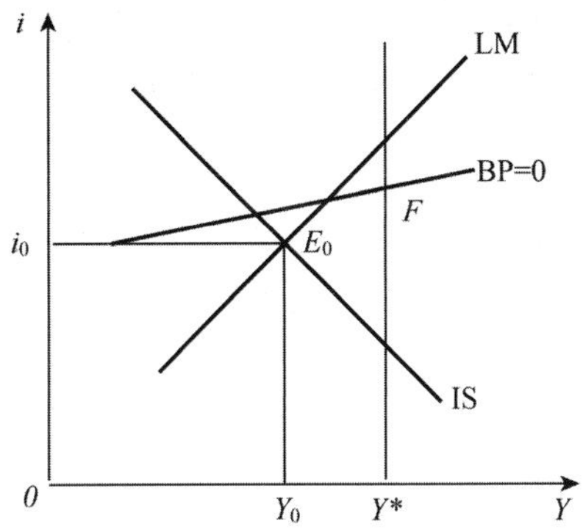

图 8-9　内部平衡与外部平衡的不协调

在这种情况下，单一政策往往无法兼顾两个目标。如图 8-10 所示，扩张的财政政策可以使 IS 曲线向右上平移到 IS′，从而使经济沿着 LM 曲线向右上移动到 G，实现内部平衡，即充分就业的产出 Y^*。但是，G 位于 BP 曲线的左上方，意味着国际收支盈余更多，即对外更加不平衡。

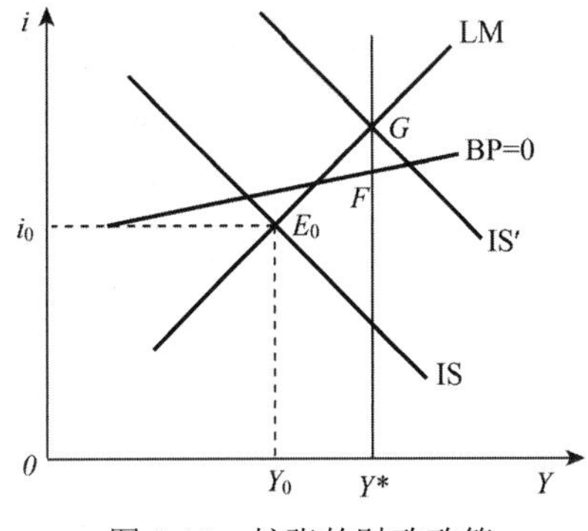

图 8-10　扩张的财政政策

如图 8-11 所示，扩张的货币政策可以使 LM 曲线向右下移动到 LM′，使经济沿着 IS 曲线移动到 H，也可以实现充分就业。但是，H 位于 BP 曲线的右下方，意味着国际收支逆差，也不能实现 BP=0，且对外更加不平衡。

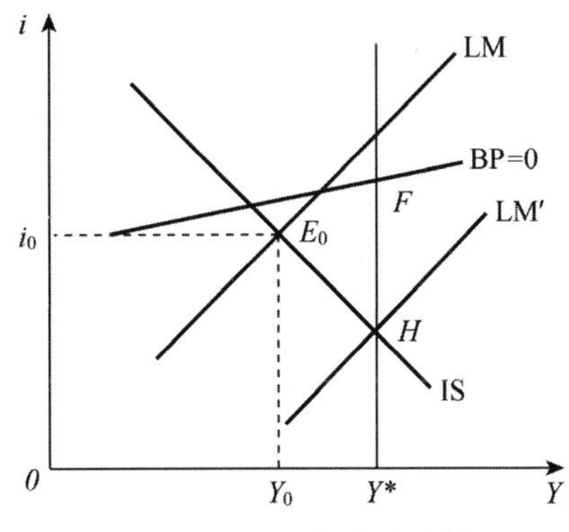

图 8-11　扩张的货币政策

理论上说，我们可以通过财政政策和货币政策的恰当组合，来同时实现内部平衡和外部平衡。如图 8-12 所示，假设 BP 曲线保持不变，我们可以通过扩张的财政政策使 IS 曲线移动到IS′，通过扩张的货币政策使 LM 曲线移动到LM′，从而使经济移动到点 F，使内部平衡和外部平衡同时实现。

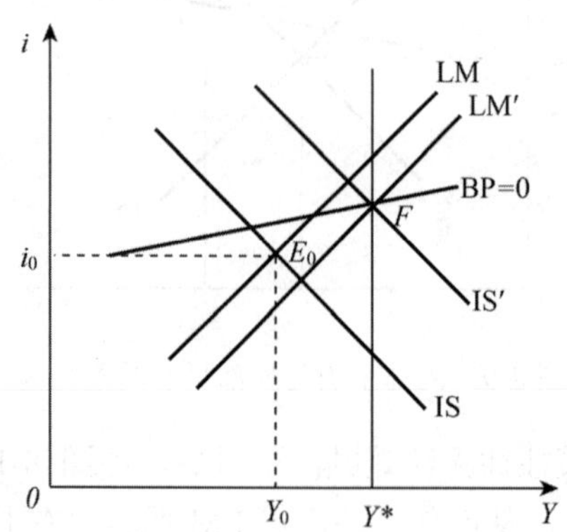

图 8-12　同时采取扩张的财政政策和货币政策

问题是，现实经济过于复杂，在我们用财政政策移动 IS 曲线和用货币政策移动 LM 曲线的时候，BP 曲线不会保持不变。我们无法像上面假设的那样恰到好处地移动 IS 曲线和 LM 曲线。况且，如果 BP 曲线因 IS 曲线或 LM 曲线的移动而移动，那么，IS 曲线或 LM 曲线会因为 BP 曲线的移动而移动。总之，上述三条线是相互联系的，我们无法单独移动其中的一条曲线而保持其他两条曲线不动；我们也很难知道其中一条曲线移动对其他两条曲线的影响有多大。也就是说，在一般情况下，我们无法得出有关财政政策和货币政策的确定结论。要想得出确定的结论，我们就要把模型加以简化。下一节介绍的模型就是此类尝试。

总之，一国国际收支余额 BP 等于经常账户盈余即贸易盈余 NX 加上私人资本账户盈余 CF。BP 曲线是使 BP=0 的收入和利率的组合所组成的曲线。BP 曲线是向上倾斜的。宏观调控目标有两个：国内充分就业和国际收支平衡。要实现内部平衡，产出水平要达到充分就业的产出水平；而要实现外部平衡，产出和利率组合要落在 BP 曲线上。从理论上说，我们可以通过财政政策和货币政策的恰当组合来同时实现内部平衡和外部平衡。

8.5　蒙代尔-弗莱明模型

8.5.1　蒙代尔-弗莱明模型下的 BP 曲线

蒙代尔-弗莱明模型(Mundell-Fleming Model)有两个基本假设：一是资本完全自由流动；二是该模型分析的是一个小型经济。资本完全自由流动的意思是投资者可以无成本、迅速和不受数量限制地购买外国资产。对于英美等发达国家来说，这个假设在很大程度上是符合实际的，因为这些国家的公民享有较多经济自由，的确可以随意购买外国资产。比如，一个英国公民可以随意购买美国公司的股票或美国国库券。而且，借助发达的电子交易系统，通过购买外国证券进行的资本转移十分迅速且成本很低。资本完全自由流动意味着，每当国内利率偏离外国利率时，资本就会迅速大量流动，从而造成国际收支顺差和逆差。比如，每当国内利率低于国际利率时，资本将迅速大量流出，造成国际收支逆差，相对来说贸易账户的状况变得可以忽略不计。比如，一个国家即便一年有 12 亿美元贸易顺差，平均到每月也只有 1 亿美元，但在该国利率明显低于国外利率的情况下，借助电子交易系统，资本可以 1 分钟内流出数亿美元。

对于一个小型经济来说，外国利率可以看作固定不变，即外国利率不会因为资本流入或流出一个小型经济而上升或下降。这是因为，相对于巨大的国际金融市场来说，流入或流出一个小型经济的资本量是微不足道的，从而不会明显影响主要金融市场的利率水平。在这种情况下，一旦一国利率高于外国利率，就会有大量资本迅速流入该国，使该国 BP＞0。相反，一旦该国利率低于外国利率，大量资本就会迅速流出该国，使该国 BP＜0。因此，要使 BP=0，该国必须保持国内利率 i 与外国利率 i_f 一致。所以，如图 8-13 所示，资本完全自由流动的情况下，小型经济的 BP 曲线是水平的。

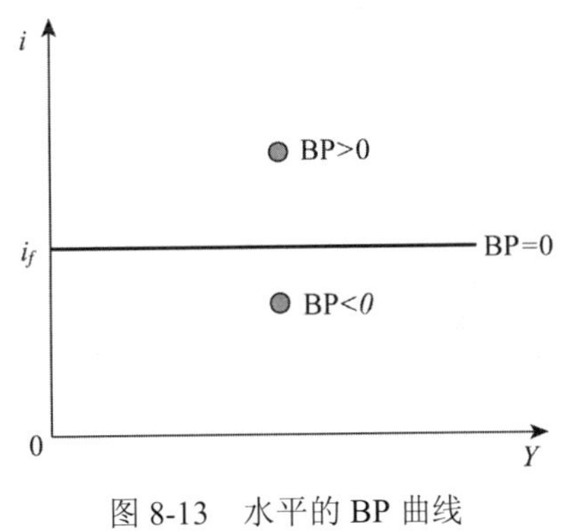

图 8-13　水平的 BP 曲线

8.5.2　固定汇率制度下的货币政策和财政政策

接下来，我们讨论资本完全自由流动的情况下，小型经济货币政策和财政政策的有效性。让我们首先讨论货币政策的有效性。如图 8-14 所示，假设在初始状态本国利率等于外国利率，且 BP=0。当政府为了抑制经济过热而采取紧缩的货币政策时，利率将会上升，表现为 LM 曲线向左上移动，结果，均衡利率将会上升，均衡产出将会减少。国内利率的上升将使本国利率高于外国利率，从而导致资本流入。资本流入导致国际收支盈余，即 BP＞0。BP＞0 产生汇率下降即本国货币升值的压力。在固定汇率制度下，为了稳定汇率，央行被迫买入外币。这意味着本国货币供给增加。这就是说，在固定汇率制度下，当初主动的货币紧缩最终导致被迫的货币扩张。而且，央行买入外币的数额要足以使利率下降到原有水平，才能使国际收支恢复平衡，从而消除本国货币升值的压力。如图 8-14 所示，这意味着，LM 曲线重新回到原来的位置。所以，**在资本完全自由流动和固定汇率制度下，货币政策完全无效。**

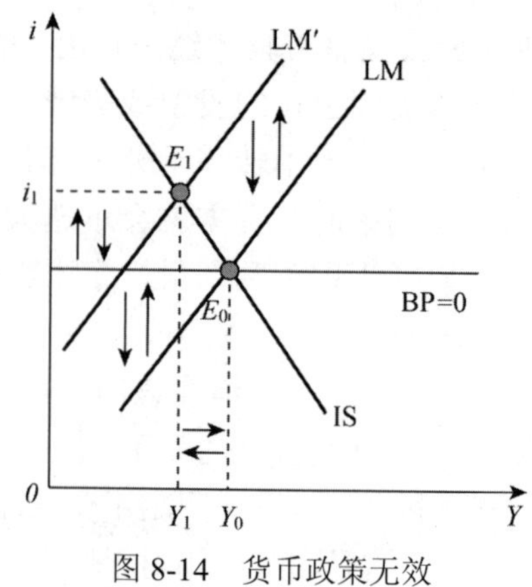

图 8-14 货币政策无效

顺便指出，上述过程并非没有任何影响。假如当初央行的紧缩货币政策是通过出售 100 亿元本国国库券来回笼基础货币，那么，最终央行必须买入 100 亿元的外国外币。本国基础货币供给量没有发生变化，但该国央行的资产结构发生了变化，即其持有的本国国库券减少了，而持有的外币或外国资产等量增加了。

财政政策的有效性如何呢？假设一国实施扩张的财政政策，仍然从国内利率等于国外利率的状态出发，如图 8-15 所示。扩张的财政政策首先表现为 IS 曲线向右平移，均衡收入增加，国内利率上升。国内利率上升导致本国利率高于外国利率，从而导致资本流入和国际收支盈余，即 BP>0。BP>0 产生本国货币升值的压力。在固定汇率制度下，为了稳定汇率，央行被迫买入外币，同时增加本国货币供给。也就是说，扩张的财政政策派生出了货币扩张，如图 8-15 所示，LM 曲线向右下移动，从而使利率下降，并使收入进一步增加。这个过程将进行到本国利率重新等于外国利率。所以，**在资本完全自由流动和固定汇率制度下，财政政策充分有效**。

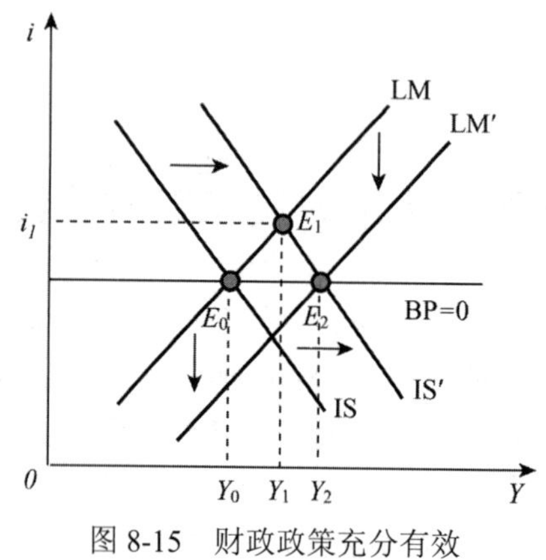

图 8-15 财政政策充分有效

8.5.3 浮动汇率制度下的货币政策和财政政策

我们仍然先讨论货币政策。假设一国采取紧缩的货币政策，如图 8-16 所示，货币紧缩使 LM 曲线向左上平移，从而国内均衡利率上升，收入减少。这使本国利率高于外国利率，从而导致资本流入，并使 BP>0 即国际收支盈余。国际收支盈余带来汇率下降，即本国货币升值的压力。在浮动汇率制度下，该国央行并不干涉汇率，升值压力将成为事实上的升值。本国货币升值有利于进口，不利于出口，即进出口减少，从而使 IS 曲线向左下平移，直到本国利率重新等于国外利率，意味着产出进一步减少。所以，**在资本完全自由流动和固定汇率制度下，货币政策充分有效**。

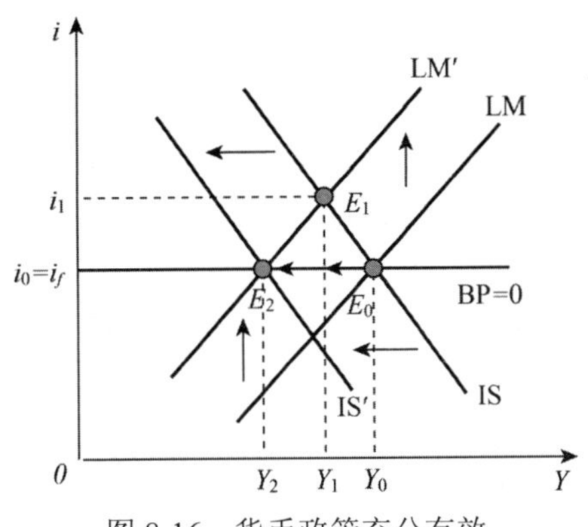

图 8-16　货币政策充分有效

接下来，让我们讨论财政政策。假设一国实施扩张的财政政策。如图 8-17 所示，扩张的财政政策使 IS 曲线向右平移，导致均衡产出增加和国内利率上升。国内利率上升导致资本流入，从而 BP＞0。BP＞0 带来本国货币升值的压力。在浮动汇率制度下，本国货币会真的升值。本国货币升值使净出口减少，从而使 IS 曲线向左平移。这个过程将持续到本国利率重新等于外国利率，从而收入水平也重新回到原有水平。所以，**在资本完全自由流动和浮动汇率制度下，财政政策完全无效**。

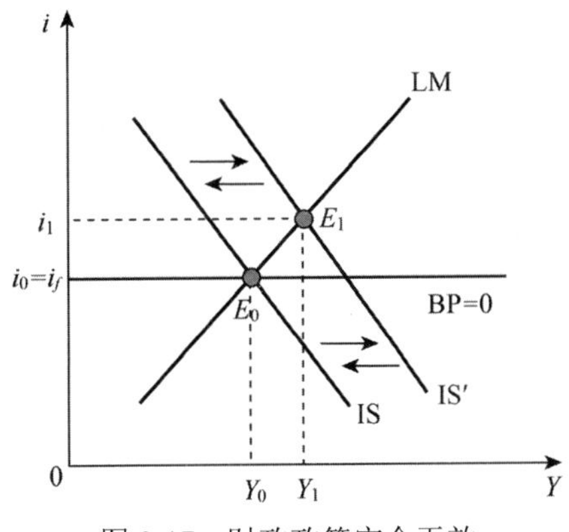

图 8-17　财政政策完全无效

现实中没有完全的浮动汇率，也没有完全的固定汇率，资本也不可能完全自由流动。不过，上面的分析还是有参考意义的。一国越是开放，资本流动越是自由，政府试图稳定汇率的努力就会使其货币政策失去自主性和灵活性，即货币政策失灵。比如，当一个国家将自己的货币与美元固定下来时，每当美联储采取行动时，美元汇率就会变动，从而迫使该国中央银行跟着采取行动。

8.5.4 三元悖论

三元悖论，也称**三难选择**，是由2008年诺贝尔经济学奖获得者、美国经济学家保罗·克鲁格曼就开放经济下的政策选择问题所提出的。1999年，克鲁格曼出版了《萧条经济学的回归》，在该书第6章“信心游戏”中，克鲁格曼谈到了国际货币制度的“三元悖论”。他说：“世界各大洲都会从下列三种汇率制度中选择其一，这三种制度都有严重的缺陷。它们可以选择一个独立的货币政策，而让汇率自行波动，这样它们就可以对付经济衰退；它们可以选择固定汇率，让市场相信它们绝对不会贬值，这会令商业活动简单而且安全，但会将上述‘放之四海而皆准的货币政策’的矛盾带回来；它们还可以选择‘可调整地盯住’汇率制度，即在稳定汇率时保留调整的权力，为此，它们需要限制资本流动，这点很难做到，而且会给商业活动增加额外的成本。同时，像限制任何有利可图的交易一样，这种限制是腐败的温床。”

三元悖论是根据蒙代尔-弗莱明模型得出的必然结果。根据蒙代尔-弗莱明模型，一国的经济目标有三种：①该国货币政策的独立性；②汇率的稳定性；③资本完全流动性。这三者之中，一国只能三选其二，而不可能三者兼得。例如，在1944年至1973年的布雷顿森林体系中，各国货币政策的独立性和汇率的稳定性得到实现，但资本流动受到严格限制。而1973年布雷顿森林体系崩溃以后，货币政策独立性和资本自由流动得以实现，但汇率稳定不复存在。

克鲁格曼的三元悖论的图示是所谓的“**永恒三角形**”，可用于解释国际金融困境，如图8-18所示。他认为，国际货币制度的选择问题可归结为：调节性(adjustment)、置信度(confidence)和流动性(liquidity)。克鲁格曼对调节性、置信度和流动性的解释：①调节性意味着采取宏观经济稳定政策与商业周期做斗争的能力；②置信度意味着维护汇率不受造成不稳定的投机(包括货币危机)的冲击的能力；③流动性主要意味着为贸易融资和容许暂时的贸易失衡而进行的短期资本的流动。

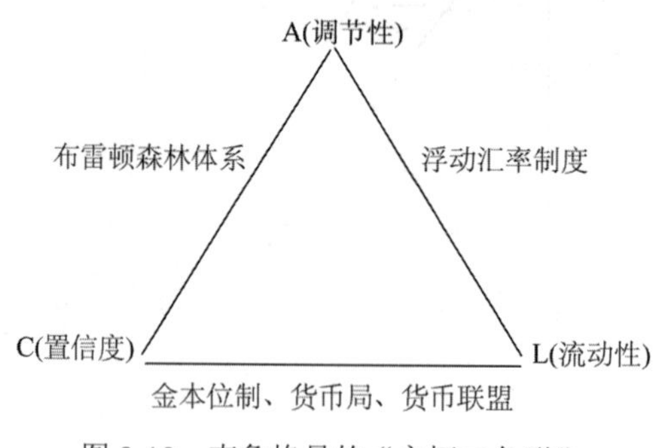

图8-18　克鲁格曼的“永恒三角形”

这三个方面构成了图8-18所示的“永恒三角形”，其中A代表调节性，C代表置信度，L代表流动性。图中三角形的三条边代表三种可能的汇率制度。连接A和C的边代表的是布雷顿森林体系；连接A和L的边代表的是浮动汇率制度；连接C和L的边是金本位制、货币局、货币联盟。“永恒三角形”巧妙和直观地描述了可行的三种金融制度。

总之，资本完全自由流动是指居民可以无成本、迅速和数量不受限制地购买和出售各国资产。在资本完全自由流动的条件下，一个小型经济要实现 BP=0，其国内利率必须等于国外利率，即 BP 曲线是水平的。固定汇率是指中央银行承诺通过干预外汇市场来保持汇率稳定。在这种情况下，中央银行没有独立的货币政策。在资本完全自由流动和固定汇率下，货币政策完全无效，财政政策充分有效。在资本完全自由流动和浮动汇率下，货币政策充分有效，财政政策完全无效。

习　　题

一、判断题

1. 对外贸易顺差(盈余)指出口小于进口。（　　）
2. 汇率就是用本国货币标出的外币价格。（　　）
3. 金本位属于固定汇率制度。（　　）
4. 人民币钉住美元属于浮动汇率。（　　）
5. 如果实际汇率大于 1，那么，本国货币被高估了。（　　）
6. 如果我国物价水平上升，那么，实际汇率下降。（　　）
7. 决定一国均衡收入的是该国国内支出。（　　）
8. 一国总支出并不等于对该国产品和服务的支出。（　　）
9. 美国经济繁荣有利于我国的出口。（　　）
10. 人民币贬值不利于我国的出口。（　　）
11. 与封闭经济相比，开放经济的政府购买支出乘数较小。（　　）
12. 当出口形势有利时，IS 曲线向左平移。（　　）
13. 欧洲经济繁荣将使我国的 IS 曲线向右平移。（　　）
14. 资本完全自由流动意味着对外收支平衡取决于本国利率与世界利率之差。（　　）
15. BP 曲线是保持平衡预算，收入与利率之间的关系。（　　）
16. 资本自由流动与固定汇率结合起来意味着货币政策充分有效。（　　）
17. 资本自由流动与浮动汇率结合起来意味着财政政策有效。（　　）

二、单选题

1. 一个外国人来中国旅游，其购买旅游景点门票的支出属于(　　)。

   A. 我国的出口　　B. 我国的进口

   C. 资本流入　　D. 资本流出

2. 固定汇率意味着(　　)。

   A. 汇率由政府规定

   B. 中央银行有买卖外汇来稳定汇率的义务

   C. 汇率不取决于市场供求

D.上述说法都对

3. 实际汇率等于(　　)。

A. 名义汇率除以本国价格水平

B. 名义汇率除以外国价格水平

C. 名义汇率乘以外国价格水平并除以本国价格水平

D. 名义汇率乘以本国价格水平并除以外国价格水平

4. 下列变化中使得对我国产品和服务的总需求增加的是(　　)。

A. 人民币贬值　　B. 美元贬值

C. 欧元贬值　　D. 日元贬值

5. 与封闭经济相比，开放经济的(　　)。

A. IS 曲线较为陡峭　　B. IS 曲线较为平坦

C. LM 曲线较为陡峭　　D. LM 曲线较为平坦

6. 在 BP 曲线的上方(　　)。

A. 对外收支盈余　　B. 对外收支赤字

C. 资本净流入　　D. 资本净流出

7. 下列情况中，货币政策失灵的是(　　)。

A. 资本自由流动和固定汇率　　B. 资本自由流动和浮动汇率

C. 不存在资本流动　　D. 上述说法都对

8. 如我国政府购买支出增加，那么，(　　)。

A. 我国收入增加　　B. 我国出口增加

C. 我国进口增加　　D. 上述说法都对

三、简答和计算题

1. 解释下列名词：

汇率　固定汇率　浮动汇率　实际汇率　边际进口倾向　BP 曲线　资本完全自由流动

2. 假设一国经济中利率是给定的，且 $i=i_0$。国内总支出是 $A=A_0+cY-bi$，净出口 $\text{NX}=X-Q$，进口 $Q=Q_0+mY$，其中 Q_0 是自主进口支出。出口 X 是给定的，且 $X=X_0$。

回答下列问题：

(1) 对该国产品的总支出是多少？贸易差额是多少？

(2) 均衡收入水平是多少？

(3) 在均衡收入水平下，贸易差额是多少？

(4) 出口增加 1 单位使均衡收入增加多少？

(5) 出口增加 100 单位是否意味着贸易差额增加 100 单位？为什么？

3. 接上题。假设 $A_0=400$，$c=0.8$，$b=30$，$i=5$(百分点)，$Q_0=0$，$m=0.2$，$X=250$。

回答下列问题：

(1) 计算均衡收入。

(2) 计算贸易盈余。

(3) 若 A_0 为政府购买支出，试计算政府购买支出乘数。

4. 说明净出口的决定因素。

5. 说明贸易对一国 IS 曲线的影响。

6. 用 IS-LM 模型说明国际经济间的相互依赖。

7. 说明 BP 曲线的推导。

8. 讨论资本完全自由流动和固定汇率条件下货币政策和财政政策的有效性。

9. 讨论资本完全自由流动和浮动汇率条件下货币政策和财政政策的有效性。

10. 假设 1 英镑的价格为 2 美元，1 马克的价格为 0.4 美元。问：(1)英镑对马克的价格是多少？(2)若 1 英镑的市场价格为 6 马克，英镑持有者如何在套汇中获利？

11. 假定一个四部门经济中，消费函数为 $C=800+0.8\mathrm{YD}$，投资函数为 $I=200-80i+0.1Y$，净出口函数为 $\mathrm{NX}=100-0.1Y-20i$，货币需求函数为 $\frac{L}{P}=0.3Y-100i$，政府支出为 $\bar{G}=400$，税收函数为 $T=0.25Y$。名义货币供给 $M=700$，试求：

(1) AD 曲线方程。

(2) 假如价格水平始终保持不变且为 1，若政府购买增加到 470，求解这样的政府购买会产生多大的挤出效应。

第 9 章

经济增长理论

从第 3 章到第 8 章，我们讨论了短期内经济波动的问题，即假设潜在产出不变的情况下，产出为什么有时候增加有时候减少，或者说经济为什么有时候繁荣有时候衰退。我们在解释这一问题时采用的是总供给和总需求的分析方法，其中总需求的变动起主导作用，所以第 3 章到第 8 章以分析总需求的变动为主；而在总需求的分析中，我们主要学习的是凯恩斯主义的 IS-LM 模型。然而现实中，如果把时间轴拉长，将会发现尽管每一年经济都有波动，但是自从工业革命以后，世界经济的总体趋势是向上增长的，也就是潜在产出在增加。那么，是什么因素导致了这种长期的经济增长趋势呢？这就是本章经济增长理论要解决的问题。本章第 1 节会讨论经济增长的基本问题；第 2 节讨论经济增长的核算；第 3 节到第 5 节介绍经济增长理论，其中第 3 节介绍早期的增长理论哈罗德-多马增长模型，第 4 节介绍新古典增长模型，第 5 节介绍内生增长理论；最后第 6 节讨论促进经济增长的相关政策。

9.1 经济增长的基本问题

9.1.1 短期经济波动和长期经济增长

我们总能观察到现实生活中每一年的经济增长速度都是有变化的，时快时慢。历史上经历了几次大的经济危机，比如 1929—1933 年的大萧条、1973 年的石油危机、1998 年的亚洲金融危机、2008 年的次贷危机。但每一次我们都能从萧条中复苏，再经历繁荣。从繁荣到衰退、萧条，再到复苏，就是一次完整的经济周期。尽管经济波动如此频繁，但当我们将时间轴拉长时，会发现产出的长期趋势是向上的，即长期来看潜在产出随着时间是在不断增长的。图 9-1 描绘了短期经济波动和长期增长趋势之间的关系。

如图 9-2 所示，1960—2005 年美国的实际 GDP 波动很大，阴影部分表示美国几次比较明显的经济衰退。而较为平滑的潜在 GDP 曲线的向上趋势则表明，尽管美国在此期间经历多次衰退，但整体而言潜在产出是在不断增长的。从图中可知，经济周期的波动是没有规律的，即衰退的时间和程度都是不同的。

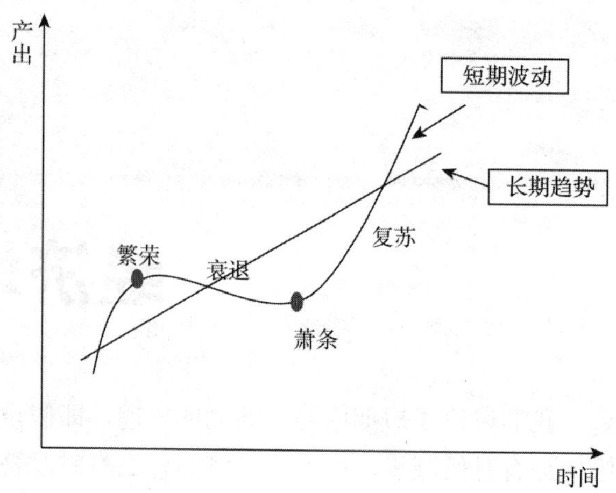

图 9-1　短期经济波动和长期增长趋势

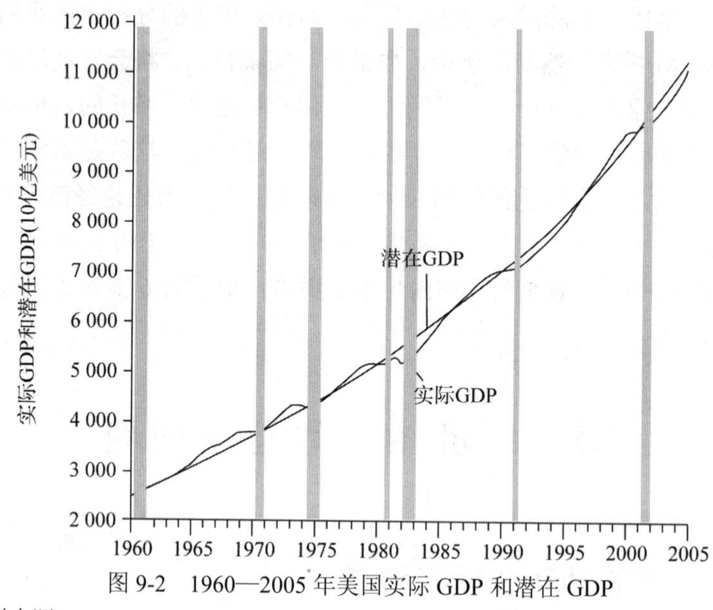

图 9-2　1960—2005 年美国实际 GDP 和潜在 GDP

(资料来源：Congressional Budget Office. CBO's Method for Estimating Potential Output: An update [EB/OL] (2001-08-01) [2014-06-30]. www.economagic.com.转引自高鸿业. 西方经济学(宏观部分)[M]. 6 版. 北京：中国人民大学出版社，2014:553.)

本书前面第 3 章到第 8 章讨论的是短期的经济波动问题，而本章讨论的重点是长期经济增长的决定问题。

短期收入决定理论研究的是短期内在资源存量和技术水平不变的情况下，资源的利用问题，尤其是劳动力的就业问题。增长理论要研究的是实际收入增长率衡量的长期趋势。短期内，受各种因素的干扰，经济会偏离充分就业状态，有时陷入衰退，有时出现通货膨胀，但各国经济的长期增长趋势是十分明显的。

长期内，增长率的微小差别也是很重要的。一国的总收入翻一番所需年数大约等于 70 除以年增长率。假设增长率等于 1%，那么，收入翻一番需要 70 年；假设增长率等于 2%，那么，收入翻一番只需要 35 年；假设增长率等于 7%，那么，收入翻一番只需要 10 年。

专栏 9-1　70 规则

70 规则(Rule of 70)是经济学里面的一个古老规律，是估计复利的捷径。假设一个经济体每年的通货膨胀率都相同，那么用 70 除以每年的通货膨胀率就可以得到物价翻番的年份。70 规则还可以用来判断储蓄或 GDP 翻番的年份。

根据 70 规则，如果某个变量按每年 x%增长，那么大约在 $70/x$ 年以后，该变量翻一番。如果一个国家的收入按每年 1%增长，收入翻一番则需要 70 年左右的时间；如果一个国家的收入按每年 3%增长，则收入翻一番需要大约 70/3 年，即 23 年。

中国 2016 年的 GDP 增长率约为 7.98%，中国 2017 年 GDP 增长目标是 6.5%，如果按照 7%来计算，中国 GDP 在目前基础上翻一番只需要 10 年，即便是按照 6%计算，翻一番也只需要大约 12 年。

(资料来源：编者根据相关资料整理)

决定一国增长率的因素是什么呢？政府应该采取什么样的政策来促进经济健康增长呢？经济学家试图以两种方式来回答这些问题：一是通过增长核算来说明对增长率有贡献的主要因素，即通过分析历史数据说明劳动力增长、资本积累和技术进步对收入增长的贡献；二是用增长模型描述一定条件下的长期增长路径——简单模型中的增长率，从而说明增长率的决定因素。

9.1.2　经济增长的基本现实

为了更好地理解经济增长理论，我们先来了解一下当前世界经济增长的一些基本现实。

图 9-3 描绘了 1960—2016 年世界不同收入组别国家的人均 GDP 情况。从图中可知，无论是哪一个组别的国家，整体来说人均 GDP 都是在增长的，也就是说人们的生活水平在改善，只是低收入国家和中低收入国家的人均 GDP 相对高收入国家而言增长的比较缓慢。

从人均 GDP 的绝对数值来说，尽管都在增长，但是高收入国家的人均 GDP 明显高于其他收入组别的国家。这一点在图 9-4 中显示得更加清晰。2016 年高收入国家的人均 GDP 是低收入国家的约 71 倍、中低收入国家的约 20 倍、中等收入国家的约 9 倍、中高收入国家的约 5 倍。可见，世界经济在增长的同时，收入差距的确很大。

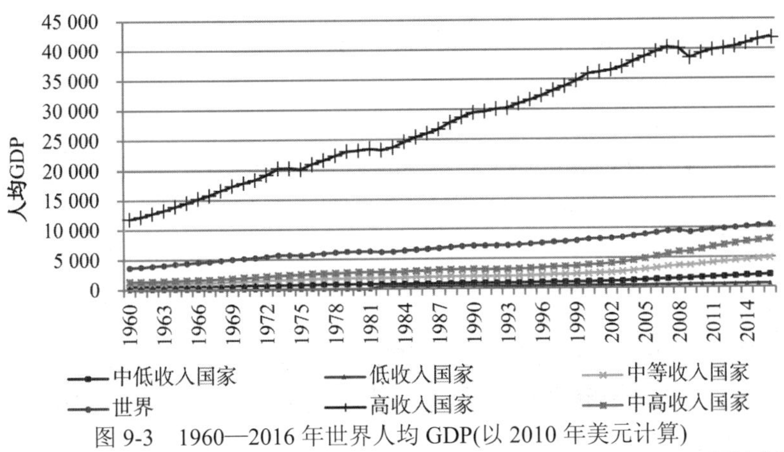

图 9-3　1960—2016 年世界人均 GDP(以 2010 年美元计算)

(资料来源：世界银行)

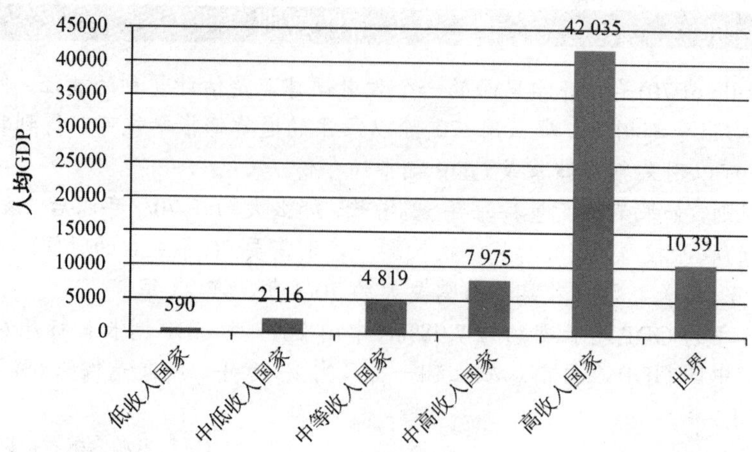

图 9-4　2016 年世界人均 GDP(以 2010 年美元计算)

(资料来源：世界银行)

图 9-5 描绘的是 1983—2016 年不同收入组别国家的 GDP 增长速度。很显然，不同国家的经济增长速度波动比较大，并且彼此之间的差距也比较大。整体而言，收入高的国家增长速度不一定最快，收入低的国家增长速度不一定最低。图 9-6 描绘了三个具有代表性的国家的 GDP 增长速度。改革开放近 30 年来，中国保持了长期的快速增长，平均增长速度近 10%，创造了举世瞩目的成绩。而美国作为第一大经济体，其经济增长速度明显低于中国，但仍然能够保证平均约 3%的增长速度。这两个国家的经济增长相对而言都是比较稳定的。相比之下，刚果(金)经济波动比较剧烈，甚至很长一段时间由于战乱等原因经济增长是负的。

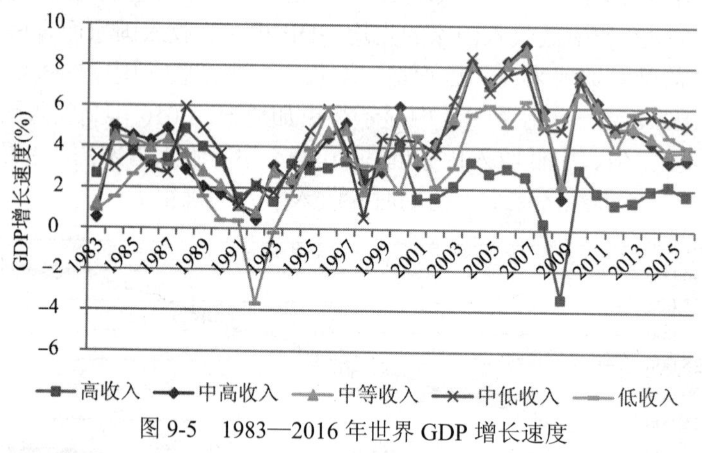

图 9-5　1983—2016 年世界 GDP 增长速度

(资料来源：世界银行)

那么为什么经济会增长？为什么有些国家富裕而有些国家贫穷？为什么有些国家增长速度快而有些慢？为什么有些国家能够摆脱贫困陷阱，而有些国家长期停滞甚至倒退？这些都是经济增长理论试图解决的问题。卢卡斯曾经说过，一旦开始思考这一类经济增长的问题，就很难再思考其他问题。

总之，短期收入决定理论旨在解决短期经济周期波动问题，经济增长理论旨在解决长期的经济增长问题。现实中，尽管大部分国家的经济长期而言是增长的，但是人均收入差距很大，经济增长速度差距也很大，而经济增长理论就是试图解释这样一些经济增长问题。

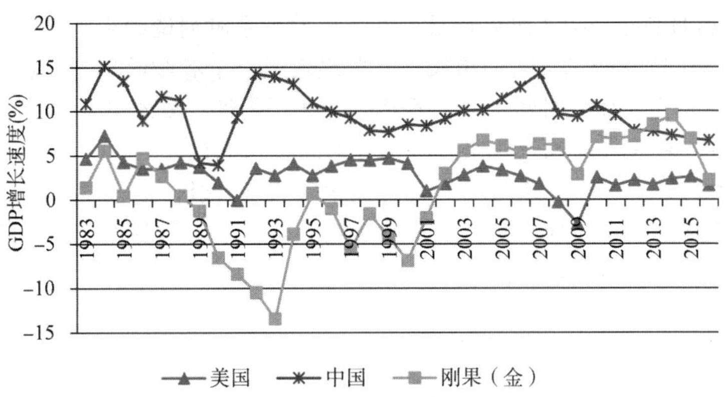

图 9-6　1983—2016 年美国、中国、刚果(金)GDP 增长速度

(资料来源：世界银行)

9.2　增长核算

9.2.1　生产函数

一个经济体的产出取决于两个因素，一个是投入要素的数量，一个是将这些投入要素转化为产出的能力。投入要素是用于生产产品和服务的投入，主要指资本和劳动，还有资源等其他要素。

关于将投入转化为产出的能力我们用生产函数来表示。比如，假设投入要素只有资本和劳动，令 Y 表示产出，K 表示资本，N 表示劳动，那么我们的生产函数就可以写为

$$Y=F(K,N)$$

也就是说一个国家的产出是资本和劳动的函数。如果技术进步了，则投入相同数量的资本和劳动将有更多的产出，这种变革将体现在函数形式的改进上。

大多数情况下，生产函数都被假设成为规模报酬不变，即

$$zY = F(zK, zN)$$

也就是说当资本和劳动同时扩大为原来的 z 倍时，产出也同比例变为原来的 z 倍。这一过程可以简单地理解为将原来的一家企业重复扩建为 z 家这样的企业，所以产出也变成了原来的 z 倍。

当然，除了资本、劳动、技术之外，金融制度、产权制度、政府规模、社会环境等也都会影响经济增长。

专栏 9-2 柯布-道格拉斯生产函数(CD 生产函数)

柯布-道格拉斯生产函数最初是美国数学家查尔斯·柯布(C.W.Cobb)和经济学家保罗·道格拉斯(Paul H.Douglas)共同探讨投入和产出的关系时创造的生产函数。

1927 年道格拉斯在研究美国的国民收入时发现了一个有趣的现象，资本和劳动获得的报酬在总收入当中所占的比例大体上是不变的。也就是说，随着经济的增长，劳动者获得的收入和资本所有者获得的收入几乎是按同样的速度增长的。

如何来描述这种事实呢？道格拉斯就向数学家柯布请教，如果单位生产要素的报酬总是等于它的边际产出，那么什么样的生产函数能够表示不变的要素报酬份额呢？也就是说生产函数需要满足以下两个条件：

资本收入$=\mathrm{MP}_K\times K=\alpha Y$

劳动收入$=\mathrm{MP}_N\times N=(1-\alpha)Y$

其中 MP_K 表示资本的边际产出，MP_N 表示劳动的边际产出，α 大于 0 且小于 1。

柯布找到了这样的一个生产函数：

$Y=F(K,N)=AK^{\alpha}N^{1-\alpha}$

其中 A 是一个大于 0 的参数，可以用来表示技术进步。这就是著名的柯布-道格拉斯生产函数(Cobb-Douglas production function)，又称 CD 生产函数。

(资料来源：N. 格里高利·曼昆. 宏观经济学(第七版)[M]. 北京：中国人民大学出版社，2011: 52-53.)

9.2.2 增长核算的理论

增长核算的任务是把总产出或人均产出的增长率分解为要素增长率，从而说明不同要素对总产出增长率的贡献。下面，我们先从理论上把总产出增长率分解为要素增长率。

假设生产函数为

$$Y=f(K,N,A)=A\cdot F(K,N)$$

其中，K 代表资本，N 代表劳动，A 代表技术水平。这里的技术进步体现为同时改进了资本和劳动的生产效率，即中性的技术进步。也就是说同样的资本和劳动投入，由于技术进步，资本和劳动的生产效率同比例提高，所以有了更多的产出。

上式两边微分得，

$$\begin{aligned}\Delta Y&=\frac{\partial f}{\partial K}\Delta K+\frac{\partial f}{\partial N}\Delta N+\frac{\partial f}{\partial A}\Delta A\\&=\frac{\partial f}{\partial K}\Delta K+\frac{\partial f}{\partial N}\Delta N+F(K,N)\Delta A\end{aligned}$$

其中，$\frac{\partial f}{\partial K}$ 是资本的边际产品，记作 MP_K，$\frac{\partial f}{\partial N}$ 是劳动的边际产品，记作 MP_N，所以，

$$\Delta Y=\mathrm{MP}_K\Delta K+\mathrm{MP}_N\Delta N+F(K,N)\Delta A$$

等式两边同时除以 Y：

$$\frac{\Delta Y}{Y}=\frac{K\cdot \mathrm{MP}_K}{Y}\cdot\frac{\Delta K}{K}+\frac{N\cdot \mathrm{MP}_N}{Y}\cdot\frac{\Delta N}{N}+\frac{A\cdot F(K,N)}{Y}\cdot\frac{\Delta A}{A}$$

在竞争的情况下，要素价格等于边际产品价值，从而货币工资等于劳动的边际产品价值，即

$$W=P\cdot \mathrm{MP}_N$$

实际工资等于劳动的边际产品，即

$$w=\frac{W}{P}=\mathrm{MP}_N$$

类似地，实际利率等于资本的边际产品，即

$$r=\mathrm{MP}_K$$

因此，$N\cdot \mathrm{MP}_N$ 是收入分配中总的劳动报酬，而 $\frac{N\cdot \mathrm{MP}_N}{Y}$ 是劳动报酬占总收入的比率。类似地，$\frac{K\cdot \mathrm{MP}_K}{Y}$ 是资本报酬占总收入的比率。

根据欧拉定理，在完全竞争的情况下(常数规模报酬，且产品和要素市场都是完全竞争的)，要素报酬之和等于总产品。从而，劳动报酬和资本报酬占总收入比例之和等于 1。用 θ 记资本报酬占总收入的比率，那么，工资占总收入比率为 $1-\theta$。因此，

$$\frac{\Delta Y}{Y}=\theta\frac{\Delta K}{K}+(1-\theta)\frac{\Delta N}{N}+\frac{\Delta A}{A}$$

用 g_Y 记总收入增长率 $\frac{\Delta Y}{Y}$，用 g_K 记资本增长率 $\frac{\Delta K}{K}$，用 g_N 记劳动增长率 $\frac{\Delta N}{N}$，用 g_A 记技术进步率 $\frac{\Delta A}{A}$，那么，

$$g_Y=\theta g_K+(1-\theta)g_N+g_A$$

这样，我们把总产出增长率分解成要素增长和技术进步的贡献。[①]按照这个方法，我们可以利用资本存量 K、劳动力数量 N、产出 Y 的相关数据，以及生产函数估计出资本报酬比重 θ 和劳动报酬所占比重 $1-\theta$，然后据此估计出资本和劳动增长对总产出增长的贡献。

此外，根据历史数据，在估计出上式中的总产出增长率 g_Y、资本增长率 g_K、劳动增长率 g_N 和资本报酬 θ 后，就可以估计技术进步对经济增长的贡献 g_A，即

$$g_A=\mathrm{g}_Y-\left[\theta \mathrm{g}_K+(1-\theta)g_N\right]$$

① 需要注意的是，上述分解仅适用于规模报酬不变的情况。如果存在规模报酬递增，那么，同样的要素增长会导致更高的产出增长率。

其中，技术进步率又叫作**全要素生产率**。根据这里给出的估计方式，全要素生产率是作为一个余量计算出来的，因此，又叫作索洛余量，以此纪念第一个说明它是如何计算出来的经济学家——罗伯特·索洛。

例如，假设根据相关宏观数据估计出产出增长率为10%，资本存量增长10%，劳动增长5%，资本报酬所占份额为70%，劳动报酬所占份额为30%。那么可知，资本增长对产出增长的贡献为7%，劳动增长对产出增长的贡献为1.5%，即投入要素的增加对产出增长的贡献为8.5%，剩下的技术进步对产出增长的贡献则为1.5%(10%减去8.5%)。

需要注意的是，索洛余量作为一个余量计算出来，不仅包括技术进步对产出增长的贡献，也包含了除投入要素(资本和劳动)之外其他因素对产出增长的贡献。比如，消除要素配置的市场扭曲，由于资源配置效率提高，同样的投入要素数量将会有更多的产出，这些也体现在索罗余量的增加上。因此，为了能够更加准确地捕捉到技术进步对产出的影响，经济学家发展了很多新的估计全要素生产率的方法。

9.2.3 经验分析

现代国民收入核算体系创立者、诺贝尔经济学奖获得者西蒙·库兹涅茨是最早对经济增长进行经验分析的经济学家之一。他在统计资料的基础上，对促进经济增长的各种因素进行了综合分析，从数量和结构方面描述了经济增长的趋势。1971年，当他在斯德哥尔摩接受诺贝尔经济学奖时，他的演说题目就是《现代经济增长：研究结果和意见》。他认为，发达资本主义国家的经济增长呈现出六个方面的特征。

第一，高人均产量增长率和高人口增长率。大约200年来，人均产量年均增长率为2%，人口增长率为1%，总产量(实际国民生产总值)增长率为3%。这些数据表明，人均产量大约每35年翻一番，总产量每24年翻一番，人口每70年翻一番。这些增长率都远远高于工业革命前所有时代。

第二，生产率本身迅速提高。据他测算，人均产量的增长率多半归因于技术进步所带来的生产率提高。

第三，经济结构迅速转变。先是从农业转向工业，然后是从工业转向服务业。同时，生产单位的规模越来越大，从家庭企业或独资企业发展到全国性、甚至跨国性大企业。作为这一转变的结果，劳动力的就业分布有了根本性变化。比如，在美国，1870年全部劳动力的53.5%从事农业，到1960年则降低到7%；在比利时，农业劳动力占全部劳动力的比例从1846年的51%降低到1961年的7.5%。

第四，经济结构的转变导致了社会结构的转变，主要表现是城市化，以及教育与宗教的分离。

第五，技术进步，特别是交通运输的进步，使得世界成为一体，加快了资本主义生产方式在世界各地传播。

第六，现代经济增长的范围仍然是有限的。世界人口中的3/4的生活水平远远低于现代技术所允许的水平。

关于经济增长核算的另一个早期著名研究成果是由诺贝尔经济学奖获得者、麻省理工学院的罗伯特·索罗教授做出的。他研究了 1909—1949 年的美国经济增长。索罗的一个惊人结论是，这一时期的美国经济增长有 80%可归因于技术进步。这一时期美国经济的年均增长率为 2.9%，其中的 0.32%归因于资本积累，1.09%归因于劳动力增长，剩下的 1.49%归因于技术进步。这一时期的人均产出年增长率为 1.81%，其中的 1.49%是由技术进步引起的。

这个领域中最著名的研究成果是丹尼森完成的。他使用的是 1929—1982 年的数据。这一时期美国的年经济增长率是 2.92%。丹尼森把其中的 1.90%归因于要素增长，1.02%是技术进步的结果。因此，丹尼森的研究支持了索罗的结论：技术进步是最主要的增长源泉。①

值得一提的是，这里的技术进步不仅仅是指更先进的设备，还包括企业内部管理水平的提高和整个经济的微观资源配置效率的提高等。

专栏 9-3　美国经济增长的核算

表 9-1 衡量的是 1948—2007 年，美国经济增长过程中三种源泉的贡献。该表显示，在这一时期，非农产业部门的产出年均增长 3.6%。其中，1.2%是资本存量增加贡献的，1.2%是劳动投入增加贡献的，1.2%是由于全要素生产率提高贡献的。这些数据表明，资本增加、劳动增加和生产率的提高对美国经济增长所作出的贡献几乎相等。

表 9-1 还表明，在 1972—1995 年，全要素生产率的增长大大减缓了。

表 9-1　美国经济增长的核算

年份	增长的源泉			
	产出的增长 $\Delta Y/Y$	资本 $\theta\Delta K/K$	劳动 $(1-\theta)\Delta N/N$	全要素生产率 $\Delta A/A$
(年均增长百分比)				
1948—2007	3.6	1.2	1.2	1.2
1948—1972	4.0	1.2	0.9	1.9
1972—1995	3.4	1.3	1.5	0.6
1995—2007	3.5	1.3	1.0	1.3

资料来源：U.S. Department of Labor. 数据为非农产业部门的数据。

(资料来源：N. 格里高利·曼昆. 宏观经济学(第七版)[M]. 北京：中国人民大学出版社，2011：217-218.)

总之，增长核算的任务是用历史数据说明一些因素对增长的贡献。首先，假设总产出依赖于资本、劳动和技术水平，那么，从理论上说，我们可以把总产出增长率分解为各要素增长率的贡献。在完全竞争假设下，总产出增长率=劳动报酬比例×劳动增长率+资本报酬比例×资本增长率＋技术进步率。按照索罗和丹尼森的估计，技术进步是美国经济增长的最主要源泉。

① Denison. Trends in American Economic Growth，1929-1982[M]. Washington, D.C.: The Brookings Institution, 1985.

9.3 哈罗德-多马增长模型

9.3.1 增长模型概述

短期收入决定理论有以下假设：第一，资本存量不变。在短期收入决定模型中，我们关心投资对总需求的影响，而不考虑其对资本存量的影响。第二，人口不变或劳动力存量不变。我们仅仅关注既定人口规模下的劳动需求和供给。第三，技术不变。在长期分析中，这个假设必须被放弃，正如经验分析所表明的那样，技术进步是增长的主要源泉。

增长模型的任务是描述长期均衡增长路径及其稳定性。流行的增长模型是凯恩斯短期收入决定模型的长期化。一个封闭经济的增长模型应包括产品市场、货币市场和劳动市场。长期均衡增长的条件有：第一，作为短期均衡条件，产品市场和货币市场是均衡的。第二，劳动力充分就业或自然失业率。第三，理想资本存量等于实际资本存量，即资本充分利用。

最简单的增长模型只要求产品市场均衡和资本充分利用，我们将要介绍的哈罗德-多马增长模型就是这类模型。

9.3.2 哈罗德-多马增长模型的基本假设

20 世纪 40 年代末期，哈罗德和多马分别根据凯恩斯的思想提出经济增长模型，标志着现代经济增长理论的产生。该模型的基本假设有：第一，资本-产出比率$v=\dfrac{K}{Y}$是常数。第二，储蓄率$s=\dfrac{S}{Y}$是常数。第三，人口或劳动力增长率$g_N=n$是常数。

根据第一个假设，

$$Y=\frac{K}{v}$$

这意味着，在劳动力充足的情况下，资本量K允许的最大产量是$\dfrac{K}{v}$。

把上式写成

$$K=vY$$

这意味着，对应于一个产出Y，有一个理想的资本量K。

常数资本-产出比率还意味着常数劳动产出比率。这是因为，劳动和资本之间有一个理想比例，当我们假定生产一定的产出需要某个资本量时，也就假定了生产这个产出所需要的劳动量。比如，假设资本产出比率为 1，与 1 单位资本相应有唯一的理想劳动量，比如是 2 单位劳动。当我们假定生产 1 单位产出一定要 1 单位资本时，等于假定了 1 单位产出一定要 2 单位劳动，即再多劳动也不能使产量增加。倘若给定 1 单位资本情况下劳动的增加可以使产量增加，比如，劳动增加到 4 单位时，产量为 2 单位，这就意味着 1 单位资本可以产出 2 单位产量，这和常数资本产出比率的假设矛盾。

用 u 表示劳动-产出比率，即 $u=\frac{N}{Y}$，那么

$$Y=\frac{N}{u}$$

这意味着，劳动数量 N 允许的最大产量是 $\frac{N}{u}$。

对于任意给定的一个要素组合(K,N)，K 允许的产量是 $\frac{K}{v}$，N 允许的产量是 $\frac{N}{u}$，这个要素组合允许的产量是两者中的最小值，所以，与常数资本-产出比率假设相应的总生产函数是

$$Y=\text{Min}\left[\frac{K}{v},\frac{N}{u}\right]$$

9.3.3 有保证增长率

哈罗德-多马增长模型描述的是保证产品市场均衡的增长率。为了简单，我们描述一个简单经济，因此产品市场的均衡条件是：

$$I=S$$

按照常数储蓄率假设，等式的右边 $S=sY$。

按照资本充分利用的假设，现实资本存量必须等于理想资本存量。这意味着，净投资等于资本存量的改变量。为了简单，我们不考虑折旧，从而总投资等于净投资，即

$$I=\Delta K$$

根据常数资本-产出比率假设，理想资本存量 $K=vY$，所以，

$$I=\Delta K=\Delta(vY)=v\Delta Y$$

这就是该模型中的投资函数。

把储蓄函数和投资函数代入均衡条件得，

$$v\Delta Y=sY$$

所以，

$$g_Y=\frac{\Delta Y}{Y}=\frac{s}{v}$$

也就是说，保持产品市场均衡的增长率是 s/v。这个增长率被称作**有保证增长率**，记作 g_W。需要强调的是，均衡条件中的投资是计划投资或理想投资。这是在原有资本得到充分利用的条件下产出的增加所需资本存量增加。所以，有保证增长率是保证产品市场均衡和

资本充分就业即资本得到充分利用的增长率。

一个稳定的均衡状态是指，当系统偏离该均衡状态时，有恢复该均衡状态的机制；一个不稳定的均衡状态是指，当系统偏离该均衡状态时，没有恢复该均衡状态的机制。例如，位于一个∧形容器顶端的一个球处于均衡状态，即在现有条件下，这个状态可以保持下去。但是，这个均衡状态不是一个稳定的均衡状态，这是因为，如果这个球因为受到干扰而偏离了这个状态，重力的作用将使它偏离该均衡状态越来越远，即这个系统没有使其恢复的机制。位于∨形容器底部的一个球也处于均衡状态。这个均衡状态是一个稳定的均衡状态，这是因为，当这个球因为受到干扰而偏离这个均衡状态时，重力的作用将最终使它回到原来的状态，即这个系统有使其恢复的机制。

哈罗德-多马模型中的有保证增长率就是一个均衡状态，但不是一个稳定的均衡状态。从理论上说，当一个经济达到有保证增长率之后，在没有干扰的情况下，它可以在保证产品市场均衡的情况下增长。但是，如果因为某种原因该经济偏离了有保证增长率，那么，它将偏离有保证增长率越来越远。哈罗德-多马模型中的有保证增长率的这个性质被称作“刀刃性质”。也就是说，一个经济按照有保证增长率增长，如同行走在一个刀刃上，一旦偏离，靠自身无法回到原来的路径。

例如，假设一个经济中的储蓄率为 s=0.1，资本-产出比率为 v=1，那么，有保证增长率为 10%。假设 t 时期的收入为 1 000 亿元，那么，按照有保证增长率增长，在 t+1 时期，收入必然增长到 1 100 亿元，此时，新增投资为 $I = v\Delta Y$ =1×(1100−1000)=100 亿元，而储蓄等于 0.1×1100=110 亿元，两者大致相等。[①]假如因为某种原因收入没有增长到 1100 亿元，而只增加到 1050 亿元，会发生什么事情呢？由于现实收入增加到了 1050 亿元，所以现实储蓄为 105 亿元。然而，由于现实收入只增加了 50 亿元，而资本-产出比率为 1，要保持资本充分利用，理想投资为 50 亿元。因此，理想投资小于现实储蓄。这意味着，存在非自愿存货。为了减少非自愿存货，厂商将减少产量。这就是说，当现实增长率低于有保证增长率时，反而有产出减少的调整趋势。

类似地，我们可以说明，如果现实增长率高于有保证增长率，就会有产出增加更快的趋势。总之，一旦经济偏离有保证增长率，就会产生偏离这一增长路径更远的趋势，即哈罗德-多马模型中的有保证增长率是不稳定的。

9.3.4 自然增长率

假设劳动力的增长率为 n，由于哈罗德-多马模型中的劳动-产出比率也是常数，即

$$Y = \frac{N}{u}$$

在技术水平不变，即在 u 保持不变的情况下，保证劳动力充分就业的增长率为 n。这个增长被称作**自然增长率**，记作 g_N。

① 如果用微分描述，两者相等。

要保证资本充分利用，增长率必须是 g_W；要保证劳动力充分就业，增长率必须是 g_N。是否总能实现资本和劳动都充分就业呢？只有在巧合的情况下，即 g_W 与 g_N 恰好相等的情况下，资本和劳动力都充分就业。当 g_W 与 g_N 不相等时，经济自身没有一个内在的调节机制来实现资本和劳动力都充分就业。这是因为，哈罗德-多马模型中的常数资本-产出比率假设意味着劳动与资本之间的比例是固定的。给定资本的数量，能够就业的劳动力数量就可以按比例确定，多余的劳动力将会失业；给定劳动力的数量，能够得到的利用资本数量也按照相应比例确定，多余的资本无法得到利用。当 $g_W>g_N$，自然增长率低于有保证增长率时，劳动力的增长赶不上资本的增长和资本得到充分利用的要求，资本存量会大于现实产出所需要的理想资本存量，企业家会通过减少投资来调整资本存量，从而，$g_W>g_N$ 是不可能持续下去的。

当 $g_W<g_N$，即自然增长率高于有保证增长率时，这个经济将按照有保证增长率增长。不过，失业会存在且持续增加。由于有保证增长率是产品市场供求平衡且资本得到充分利用的增长率，是令生产活动的决策者——资本家——满意的增长率，这种情况是可以持续存在。如何减少这种情况下的失业呢？一个办法是降低人口增长率，即降低自然增长率；另一个办法是提高有保证增长率。由于 $g_W=\dfrac{s}{v}$，要提高有保证增长率，要么提高储蓄率 s，要么降低资本-产出比率 v，即选择相对来说劳动密集型的生产技术。

总之，哈罗德-多马增长模型试图描述一个保持产品市场均衡的增长路径。它的基本假设有：常数-资本产出比率、常数储蓄率、常数人口增长率。根据简单经济中的均衡收入条件，我们可以得出有保证增长率 $g_W=\dfrac{s}{v}$。不过，有保证增长率仅仅保证资本充分利用，却未必能保证劳动力充分就业。而且，有保证增长率所代表的增长路径是不稳定的，即当经济因为某种原因偏离有保证增长率时，没有一个使其回到有保证增长率的机制。

9.4　新古典增长模型

9.4.1　新古典模型的关键假设

哈罗德-多马模型有两大缺陷：一是有保证增长率的不稳定性；二是不能保证劳动力充分就业。为了克服哈罗德-多马模型的缺陷，经济学家索洛提出了新古典增长模型。与哈罗德-多马模型相比，新古典模型把常数资本-产出比率的生产函数换成了规模报酬不变的生产函数，从而允许资本与劳动相互替代。

假设生产函数 $Y=F(K,N)$ 是规模报酬不变的，按照规模报酬不变的定义，对于任意给定的常数 λ，

$$F(\lambda K,\lambda N)=\lambda F(K,N)$$

令 $\lambda=\dfrac{1}{N}$ 得

$$F\left(\frac{K}{N},1\right)=\frac{1}{N}F(K,N)$$

即，

$$\frac{Y}{N}=F\left(\frac{K}{N},1\right)=f\left(\frac{K}{N}\right)$$

用 k 记人均资本量 $\frac{K}{N}$，y 记人均产出量 $\frac{Y}{N}$

$$y=f(k)$$

也就是说，人均产出完全取决于人均资本量。假设资本的边际产出递减，即其他条件不变的情况下，随着人均资本的增加，人均产出增加得越来越慢。如图 9-7 所示，当资本人均资本量为 k^*时，人均产出为 $f(k^*)$。只要我们能够说明人均资本量的决定，也就能够说明人均产出的决定，从而说明总产出的增长率。所以，新古典增长模型中的一个主要内容是说明人均资本量的决定。

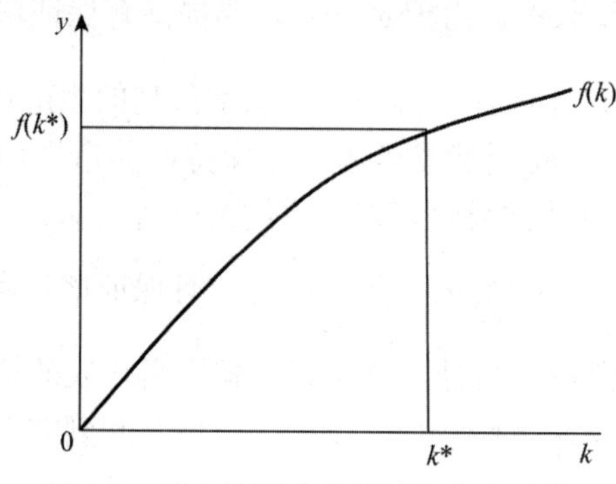

图 9-7　资本边际产出递减的生产函数

9.4.2　均衡人均资本量

与哈罗德-多马增长模型一样，关于简单经济的新古典模型仅仅要求保持产品市场均衡，即

$$I=S$$

为了说明人均资本量的决定，我们必须把上述方程变成关于人均资本量 k 的方程。首先，我们把产品市场均衡条件写成

$$I/N=S/N$$

关于上式的右边，假设储蓄率为 $s(0<s<1)$，

$$\frac{S}{N}=s\left(\frac{Y}{N}\right)=sf(k)$$

关于上式的左边，假定没有折旧，那么，投资等于资本存量的改变，即

$$I=\Delta K$$

因此，

$$\frac{I}{N}=\frac{\Delta K}{N}=(1/N)\Delta(kN)=\Delta k+nk$$

其中，n 表示人口增长率。所以，

$$\Delta k+nk=sf(k)$$

即

$$\Delta k=sf(k)-nk$$

这是新古典增长模型中的一个重要等式。如图 9-8 所示，$f(k)$是人均产出，满足资本的边际产出递减规律，$sf(k)$是人均储蓄，也表示人均投资。由于 $s<1$，$sf(k)$位于 $f(k)$的下方。nk 是按照人均资本量 k 满足新增劳动力就业所需的资本量，是一条直线。

如图 9-8 所示，当人均资本量较小时，比如 k_1，人均储蓄即人均投资 $sf(k_1)$大于按照人均资本量 k_1 使新增劳动力就业所需要的资本 nk_1，从而 $\Delta k>0$，人均资本量将会增加。类似可以说明，当 k_2 较大时，人均投资 $sf(k_2)$小于按照人均资本量 k_2 使新增劳动力就业所需要的资本 nk_2，从而 $\Delta k<0$，人均资本量将会减少。只有当 $sf(k)=nk$，即图中 $k=k^*$时，$\Delta k=0$，人均资本量保持不变，从而达到了均衡状态。

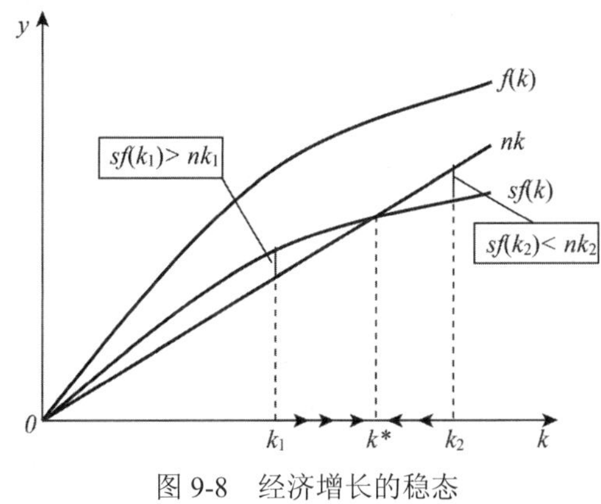

图 9-8　经济增长的稳态

重要的是，k^*所代表的均衡状态是一个稳定的均衡状态。这是因为，正如上面说明的那样，每当 k 偏离 k^*时，就存在着向 k^*调整的趋势。所以我们又将其简称为稳态。

9.4.3　稳态时人均产出和总产出增长率

当人均资本量达到均衡值 k^*时，如其他条件不变，k 将保持不变，从而人均产出 $y=\frac{Y}{N}=f(k^*)$ 保持不变。也就是说，经济会自行运转到均衡水平，从而人均资本存量和人均产出水平都保持不变，即稳态时人均资本和人均产出的增长率都为 0。

由于总产出 $Y=N*y$，稳态时人均产出不变，所以，稳态时总产出的增长率等于劳动力增长率，即

$$g_Y=g_N$$

也就是说，在新古典模型的均衡增长路径中，不存在资本充分利用和劳动力之间的冲突。同理，稳态时总资本的增长率也等于劳动力的增长率。

上述结果也可以解释为有保证增长率等于自然增长率。这是因为，在稳态，

$$sf(k^*)=nk*$$

所以，

$$n=\frac{sf(k^*)}{k^*}=\frac{s}{k^*/f(k^*)}=\frac{s}{(K/Y)^*}=\frac{s}{v^*}=g_w$$

在哈罗德-多马模型中，储蓄率和资本-产出比例是外部给定的，从而有保证增长率也是外部给定的。然而，在新古典模型中，均衡人均资本量所代表的均衡状态是内生的，从而有保证增长率也是内生的。由于劳动与资本可以相互替代，即便初始状态不是均衡状态，经济中有内在调整机制使均衡人均资本量得到实现，从而有保证增长率调整到与自然增长率一致，既消除了哈罗德-多马模型中有保证增长率的不稳定性，又消除了劳动力充分就业和资本充分利用间的冲突。

接下来，让我们用一个具体的数字例子来看一下索洛模型在均衡时是什么样子的。假设生产函数是柯布-道格拉斯生产函数，为

$$Y=K^{1/2}N^{1/2}$$

生产函数两边同时除以 N：

$$\frac{Y}{N}=\frac{K^{1/2}N^{1/2}}{N}$$

整理后得到：

$$\frac{Y}{N}=\left(\frac{K}{N}\right)^{1/2}$$

令 $y=y/N$, $k=k/N$，则上式可写为

$$y=k^{1/2}=\sqrt{k}$$

假设资本折旧为 0，人口增长率 n 为 1%，储蓄率 s 为 40%。根据稳态时的条件：

$$sf(k^*)=nk^*$$

整理得

$$\frac{k^*}{f(k^*)}=\frac{s}{n}$$

在本例中，即

$$\frac{k^*}{\sqrt{k^*}} = \frac{0.4}{0.01}$$

所以，

$k^*=1600$

$y^*=40$

稳态时，人均资本和人均产出将维持在 1600 和 40 的水平，而总资本和总产出将按照 1%的速度增长。

9.4.4　储蓄率的变动

其他条件相同，储蓄率决定稳态时的人均资本量，从而决定稳态时的人均产出。如图 9-9 所示，当储蓄率为 s_0 时，稳态时的人均资本量为 k_0^*，相应决定了稳态时的人均产出 $f(k_0^*)$。而且，在稳态时，人均产出不变，即增长率为 0，但是总产出增长率等于人口增长率 n。

当储蓄率上升到 s_1 时，稳态由 A 变到 B，稳态时人均资本量增加到 k_1^*，人均产出增加到 $f(k_1^*)$。在新的稳态 B，人均资本量和人均产量都保持不变，即增长率为 0，而总产出的增长率仍然等于自然增长率 n。也就是说，储蓄率的提高最终使得稳态时的人均产出水平增加，但不能使人均产出保持持续增长，即只有水平效应，没有增长效应。

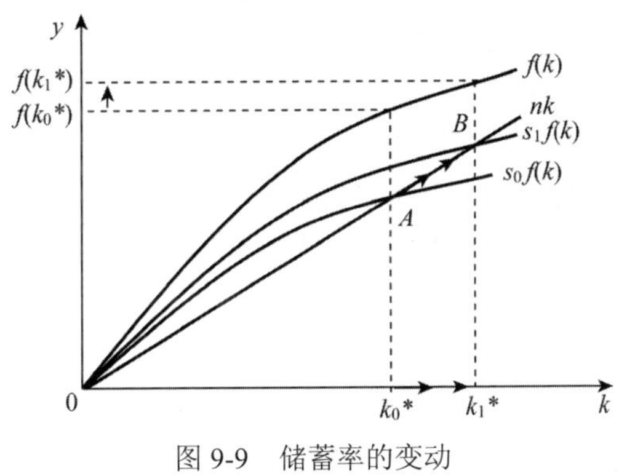

图 9-9　储蓄率的变动

储蓄率上升的动态调整过程如图 9-10 所示。假设 t_0 时刻前经济系统一直处于稳态 A，t_0 时刻储蓄率由 s_0 上升到 s_1，然后在 t_1 时刻调整到新的稳态 B。

如图 9-10(a)所示，在 t_0 时刻前，人均产出一直处于均衡产出 $f(k_0^*)$。此时储蓄率上升，短期内，在新的稳态形成前，由于人均投资(等于人均储蓄)大于满足新增劳动力就业所需的资本 nk，因此，人均资本存量随着时间的推移在增加。在这个过程中，由于资本边际产出递减，所以随着人均资本存量的增加，人均产出的增加越来越慢，因而人均储蓄的增加越来越慢，但与此同时，满足新增劳动力就业所需的资本是线性增长的，所以人均资本存量的增加越来越慢，导致人均产出的增加越来越慢，直到 t_1 时刻，经济系统重新调整到新的稳态，人均资本存量为 k_1^*，人均产出为 $f(k_1^*)$，并且其他条件不变的情况下，人均产出将一直处于该水平。也就是说对于均衡水平的人均产出，储蓄率的提升只能短暂地令人均产出增速大于 0，但很快到达新的稳态后，人均产出仍将保持不变，即增速为 0。

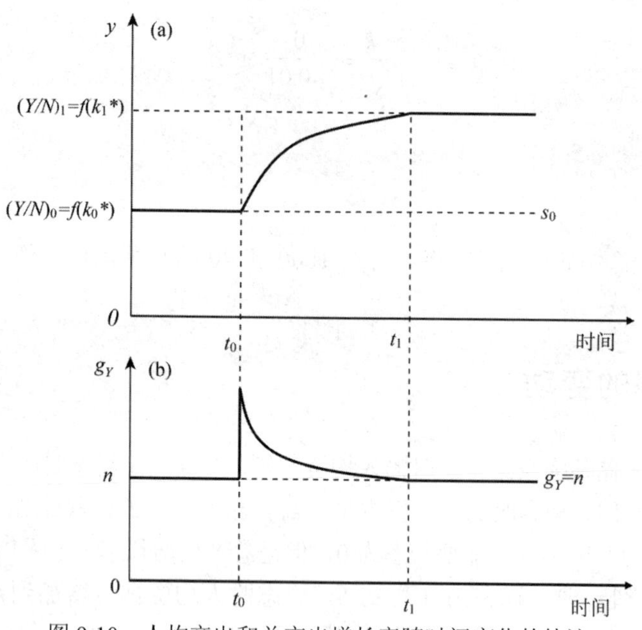

图 9-10 人均产出和总产出增长率随时间变化的轨迹

如图 9-10(b)所示，当储蓄突然上升时，总产出增长率因为人均产量的短期迅速增加而突然增加，远远高于自然增长率。随着时间的推移，由于人均产量增速的减缓，总产出的增长率也开始下降。当人均资本量和人均产出接近于新的稳态时，总产出增长率逐渐恢复到自然增长率。这表明，储蓄率的提高并不能使总产出增长率持续高于自然增长率。

那么现实生活中是否如模型所揭示的这样，储蓄率的提高能够提高稳态时的人均产出呢？图 9-11 描绘了世界上 100 多个国家的投资和人均收入的情况。横轴表示的是 1960—2014 年投资占产出比重的平均值，可以反映储蓄率的高低；纵轴表示 2014 年人均收入水

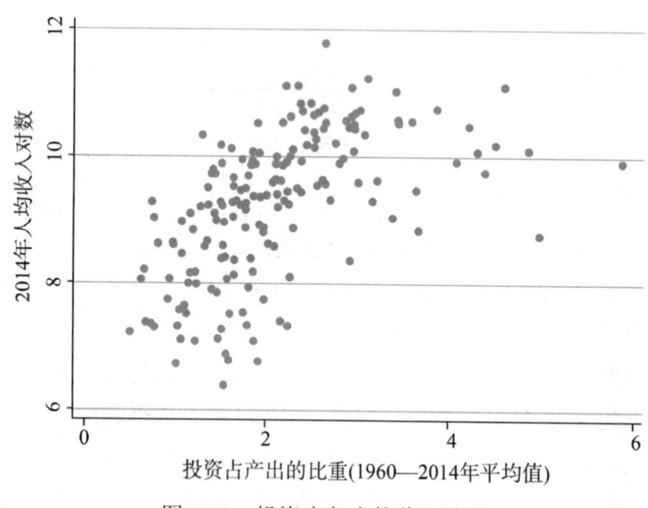

图 9-11 投资率与人均收入情况

(资料来源：Feenstra Robert C, Robert Inklaar, Marcel P Timmer. The Next Generation of the Penn World Table[J/OL]. American Economic Review, 2015, 105(10): 3150-3182. [2017-11-30]. www.ggdc.net/pwt.)

平的对数；图中每一个散点代表一个国家。显然，储蓄率或者说投资率比较高的国家人均收入水平也是比较高的。

9.4.5　增长的黄金律

看来，储蓄率的提高可以提高稳态时的人均产出水平，那么是否说明储蓄率越高越好呢？经济增长的最终目的是提高人们的生活水平，而且是可长期保持的生活水平，即**长期人均消费水平**。我们知道消费等于收入减去储蓄，因此储蓄率的提高虽然能够提高人均收入水平，但同时也增加了用于积累的部分，即减少了用于消费的部分。所以，问题是，什么样的储蓄水平，才能使长期人均消费最大呢？

人均消费等于人均产出减去人均储蓄，即

$$\frac{C}{N}=\frac{Y}{N}-\frac{S}{N}=f(k)-sf(k)$$

如图 9-12 所示，当稳态时人均资本量 k^*实现时，相应决定了稳态时人均产出 $f(k^*)$和人均储蓄 $sf(k^*)$，从而决定了均衡(长期)人均消费 $f(k^*)-sf(k^*)$。由于在稳态有

$$sf(k^*)=nk^*$$

所以，

$$\left(\frac{C}{N}\right)^*=f(k^*)-nk^*$$

这表明，长期人均消费$\left(\frac{C}{N}\right)^*$取决于稳态时的人均资本量 k^*，我们可以通过选择 k^*来实现长期人均消费最大化。

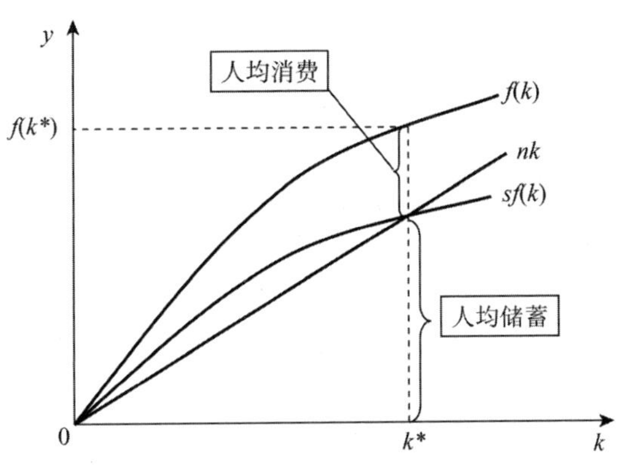

图 9-12　均衡的长期人均消费

$\left(\frac{C}{N}\right)^*$最大化的条件是一阶导数等于零，即

$$f'(k^*)=n$$

所以，如图 9-12 所示，当人均产出 $f(k)$在稳态人均资本量处的切线与 nk 平行时，对应的人均资本量k^{**}是使长期人均消费最大的稳态人均资本量。

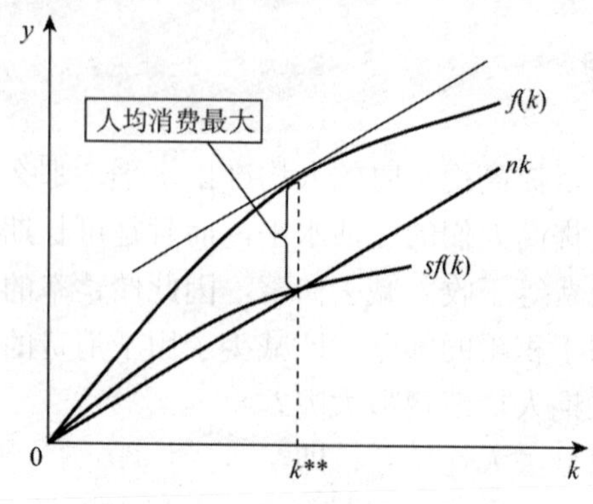

图 9-13　经济增长中的黄金律

不过，我们并不能直接选择稳态人均资本量。根据上面的分析，其他条件相同，稳态人均资本量是由储蓄率决定的。所以，我们只能通过选择储蓄率间接地选择稳态人均资本量。

要把储蓄率调整到长期人均消费最大化所需要的水平，不是一代人或若干代人能够完成的，况且，提高储蓄率是痛苦的，因此长期消费最大化的实现需要人们为后代着想并付出努力。这正是主要宗教或道德体系中宣扬的“为他人着想，为后代着想”的金箴(the Golden Rule)。正因为如此，有些经济学家把满足长期消费最大化条件的增长称作增长中的黄金律。

接下来，让我们用一个具体的数字例子来看一下如何找到黄金律的均衡状态。假设生产函数与我们早前的例子一样，为

$$Y = K^{1/2}N^{1/2}$$

整理后，为

$$y = k^{1/2} = \sqrt{k}$$

假设资本折旧为 0，人口增长率 n 为 1%，储蓄率 s，现在要求符合黄金律的储蓄水平。根据稳态时的条件：

$$sf(k^*) = nk^*$$

整理得

$$\frac{k^*}{f(k^*)} = \frac{s}{n} = s/0.01$$

所以

$$k^*=10000s^2$$

又由于黄金率要求满足

$$f'(k^*) = n$$

所以

$$\frac{1}{2}(k^*)^{-1/2} = n = 0.01$$

代入 $k^*=10000s^2$，得

$$s=50\%$$

所以，满足黄金律的储蓄水平是 50%，此时人均资本存量为 2500，人均产出是 50，人均储蓄是 25，人均消费是 25。

9.4.6　人口增长率的变动

人口增长如何影响稳态时的产出呢？

其他条件相同，人口增长率决定了稳态时的人均资本量，从而决定了稳态人均产出。如图 9-14 所示，当人口增长率为n_0时，稳态人均资本量为 k_0^*，相应决定了稳态人均产出 $f(k_0^*)$。而且，在稳态，人均产出不变，即增长率为 0，但是总产出增长率等于人口增长率n_0。

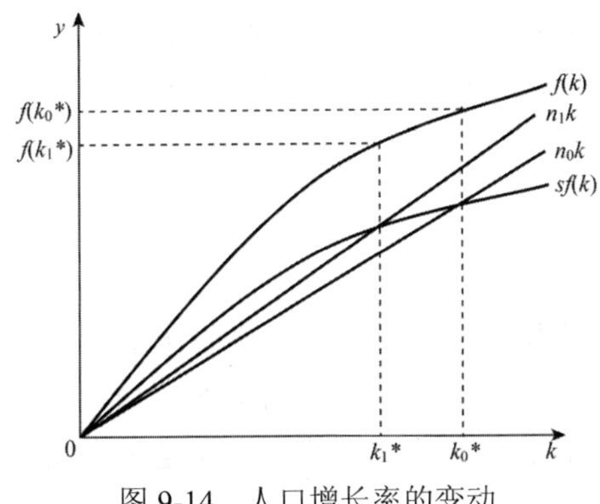

图 9-14　人口增长率的变动

当人口增长率上升到n_1时，此时，由于人均储蓄小于满足新增人口就业所需的资本量 n_1k，因此人均资本存量开始减少，人均产出也相应开始减少，直到减少到 $sf(k)=n_1k$，达到新的稳态。此时，人均资本量减少到 k_1^*，人均产出也减少到 $f(k_1^*)$，然后经济系统在新的稳态保持不变，即此时人均资本和人均产出的增速为 0。

然而，与储蓄率没有增长效应不同，此时人口增长速度的增加，虽然无法改变稳态时的人均产出增速，但是稳态时总产出和总资本的增速由原来的 n_0 增加到现在的 n_1，也就是总产出的增速变快了。

从人口增长率对稳态时人均产出的影响，我们可推断出人口增长速度越快的国家，人均收入水平越低，现实生活中是否如此呢？图 9-15 描绘了世界上 100 多个国家的人口增长速度和人均收入水平之间的关系，图中每一个散点代表一个国家。横轴表示的是 1960—2014 年人口增长速度的平均值，纵轴表示的是 2014 年人均收入水平的对数。从图中明显可以看出，人口增长速度越快的国家，人均收入水平也越低。这与索洛模型的结论是一致的。但是需要注意的是，人口增长率和人均收入水平的这种相关关系是否就证明了人口增长率和人均收入水平之间的因果关系是不确定的。如果认可了这种因果关系，将会得出降低人口增长率将有利于人均收入水平提高的结论，那么如何来解释当前老龄化所带来的困境以及中国放开二胎等类似政策呢？

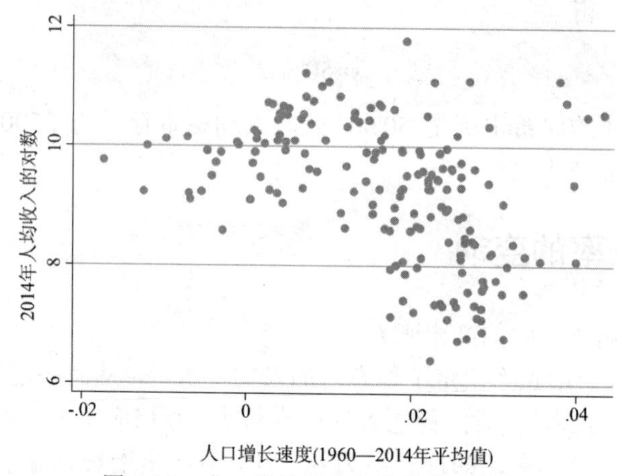

图 9-15　人口增长速度与人均收入情况

(资料来源：Feenstra, Robert C., Robert Inklaar and Marcel P. Timmer (2015), "The Next Generation of the Penn World Table" American Economic Review, 105(10), 3150-3182, available for download at www.ggdc.net/pwt.)

9.4.7　技术进步

前面我们已经讨论了储蓄和人口增长对于稳态产出的影响。但是无论是储蓄率的变动还是人口增长速度的变动，一旦达到稳态，人均资本量和人均产出水平都将保持不变。但现实是，我们的人均收入水平是在一直增加的，也就是说人均产出的增速并不为 0。理论和现实的出入是因为之前的模型中忽略了很重要的一个因素，即技术进步。

在新古典增长模型中，技术进步表现为生产函数的改变。现实中，技术进步的类型多种多样，可以表现为使用更先进的机器，也可以表现为更熟练的劳动技能，还可以是两者的综合。为了便于处理，我们假设技术进步是**劳动增强型技术进步**，即技术进步表现为劳动者的能力增加。比如，在搬运砖头这项生产活动中，劳动力数量不变，但是技术水平提高了 10%，就是每个劳动者在单位时间内搬运的砖头数增加 10%，产生的效果与原有能力的劳动力人数增加 10%是一样的。

这种技术可以描述为

$$Y = F(K, AN)$$

其中 A 表示劳动增强型的技术进步，也可理解为劳动效率，即每个劳动者由于技术进步在单位时间内的劳动效率提升了，所以 AN 实质上表示的是**有效劳动**的数量。我们仍然假设生产函数 $F(K, AN)$是常数规模报酬的，那么，

$$\frac{Y}{AN} = F\left(\frac{K}{AN}, 1\right) = f\left(\frac{K}{AN}\right)$$

即，有效人均产出 $\frac{Y}{AN}$ 唯一地取决于有效人均资本量 $\frac{K}{AN}$，因此只要说明了有效人均资本量的决定，就说明了有效人均产出的决定，基本分析方法和前面的推导一致。

为了和之前模型中的人均资本和人均产出区别开，这里我们令 $\hat{k}$ 表示有效人均资本量，$\hat{y}$ 表示有效人均产出。所以生产函数变为

$$\hat{y} = f(\hat{y})$$

有效人均资本量 $\hat{k}$ 的变化为：

$$\Delta\hat{k} = sf(\hat{k}) - (n+a)\hat{k}$$

其中，s 仍然表示储蓄率，n 仍然表示人口增长速度，我们引入 a 表示技术进步的速度。上面这个式子的含义是：为了保证新增的有效劳动拥有的资本量 $\hat{k}$ 不变，有效人均储蓄也就是有效人均投资 $sf(\hat{k})$，一部分需要满足新增人口就业所需的资本 $n\hat{k}$，另一部分需要满足由于技术进步带来的新的有效劳动所需的资本 $a\hat{k}$，如果还有剩余，则将使整个社会的有效人均资本增加。

经济系统达到均衡时，意味着有效人均资本 $\hat{k}$ 不再改变，从而有效人均产出 $\hat{y}$ 也不再改变。即稳态时有

$$sf(\hat{k}) = (n+a)\hat{k}$$

含有技术进步的经济增长的稳态如图 9-16 所示。

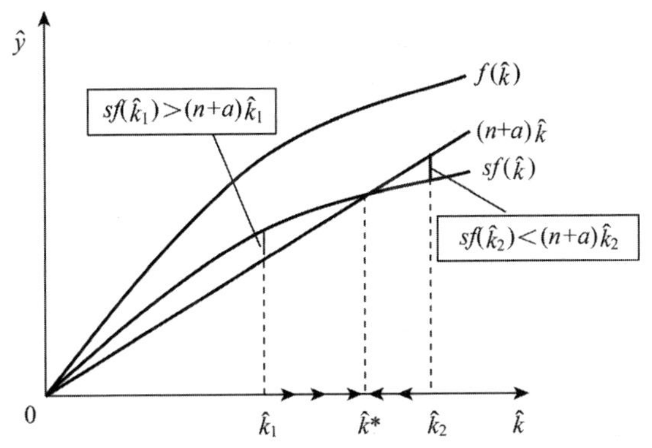

图 9-16　包含技术进步的经济增长的稳态

类似地，当稳态实现时，有效人均产出保持不变，总产出增长率等于有效劳动力人数 AN 的增长率，而 AN 增长率等于劳动力自然增长率与技术进步率之和[①]，即

① 关于增长率的一般计算方式证明如下：假设 Z 是关于时间 t 的函数，因此，$Z(t)$增长速度为

$$g_z = \lim_{\Delta t \to 0} \frac{Z(t+\Delta t) - Z(t)}{\Delta t Z(t)} = \frac{\mathrm{d}Z(t)/\mathrm{d}t}{Z(t)} = \frac{\mathrm{d}\ln Z(t)}{\mathrm{d}t}$$

如果 $(t) = X(t)Y(t)$，两边求对数有 $\ln Z(t) = \ln X(t) + \ln Y(t)$，两边对 t 求导，则有 $g_Z = g_X + g_Y$，

如果 $Z(t) = X(t)/Y(t)$，两边求对数有 $\ln Z(t) = \ln X(t) - \ln Y(t)$，两边对 t 求导，则有 $g_Z = g_X - g_Y$，

如果 $Z(t) = [X(t)]^m$，两边求对数有 $\ln Z(t) = m\ln X(t)$，两边对 t 求导，则有 $g_Z = m^* g_X$。

$$g_{AN} = g_N + g_A = n + a$$

比如，假设劳动力自然增长率为 1.5%，而技术进步率为 1%，那么，在稳态下，总产出增长率为 2.5%。

含有技术进步的索洛模型稳态时的各种增长率如表 9-1 所示。很显然，在加入技术进步之后，人均产出将会按照和技术进步增速一样的速度增长，也就是说由于技术进步的存在，我们将观察到人均收入水平随着时间的推移，长期趋势是增长的。

表 9-2　含有技术进步的索洛模型稳态时的增长率

变量	符号	稳态增长率
有效人均资本	$\hat{k} = K / AN$	0
有效人均产出	$\hat{y} = Y / AN$	0
人均资本	$k = K / N$	a
人均产出	$y = Y / N$	a
总资本	K	$n+a$
总产出	Y	$n+a$

9.4.8　折旧

在上面的分析中，我们假定没有折旧。接下来，我们在模型中引入折旧。总投资等于资本存量的改变加上折旧。假设折旧率为 δ，那么，

$$I = \Delta K + \delta K$$

从而，

$$\frac{I}{AN} = \frac{\Delta K}{AN} + \delta \frac{K}{AN}$$
$$= \Delta\hat{k} + n\hat{k} + a\hat{k} + \delta\hat{k}$$

应用产品市场均衡条件

$$\frac{I}{AN} = \frac{S}{AN}$$

并经过适当数学运算得

$$\Delta\hat{k} + (n + a + \delta)\hat{k} = sf(\hat{k})$$

所以，有折旧时新古典模型中的关键等式是

$$\Delta\hat{k} = sf(\hat{k}) - (n + a + \delta)\hat{k}$$

此时的均衡条件是

$$sf(\hat{k}) - (n + a + \delta)\hat{k} = 0$$

如图 9-17 所示，稳态人均资本量是 $sf(\hat{k})$ 与 $(n + a + \delta)\hat{k}$ 的交点所决定的 $\hat{k}^*$。这个条件

可以解释为，稳态时有效人均储蓄所形成的有效人均新增资本恰好足以弥补折旧、满足新增劳动力就业所需的资本和由于技术进步带来的新的有效劳动所需的资本。

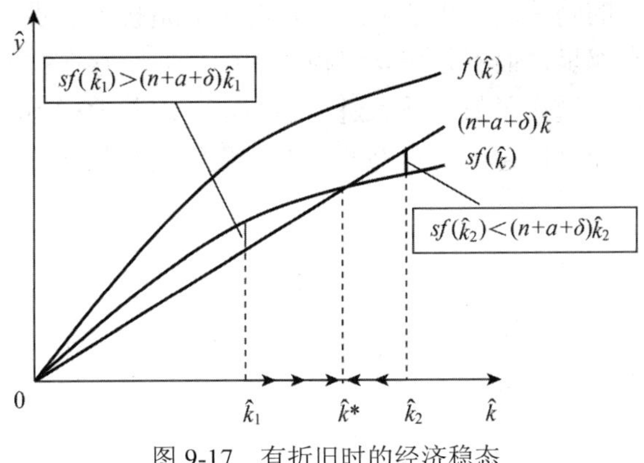

图 9-17 有折旧时的经济稳态

总之，在规模报酬不变和资本边际产出递减的假定下，新古典增长模型改变了哈罗德-多马模型有保证增长率的“刀刃性质”，使得经济系统会产生一个稳定的均衡。新古典增长模型的核心是人均资本量的决定。从简单经济中产品市场的均衡条件 $I=S$ 出发，均衡人均资本量的条件是人均储蓄所形成的人均投资恰好足以弥补折旧以及吸纳新增劳动就业。当均衡状态实现时，稳态人均产出保持不变，从而总产出增长率等于自然增长率，即人口增长率或劳动力增长率。在包含技术进步以后，新古典模型在稳态时，人均产出也将以和技术进步一样的速度增加，这样，外生的技术进步就对长期的人均收入水平增加提出了一种合理的解释。储蓄率的提高，有助于提高稳态时的人均收入水平，但是只有水平效应没有增长效应；另外需要注意的是，储蓄率并不是越高越好，存在一个使长期消费最大的黄金律水平。人口增长越快，稳态时人均收入水平越低。

新古典增长模型带给了我们哪些启示呢？①在人均资本低于稳态人均资本时，离稳态越远，增长速度越快，所以我们能够观察到通常在起飞和追赶过程中的国家增长速度比较快，而发达国家增长速度反而比较慢。②增长速度的差异最终能否使低收入国家赶上高收入国家，实现经济增长的趋同呢？答案是否定的，因为不同国家由于制度、文化、资源等各种因素决定的稳态水平是不同的，所以虽然人均资本水平比较低的国家可能增长速度更快，但可能并非都向着同一个稳态水平趋近。③为什么有着不同的稳态，也许这才是更需要深入研究和讨论的。

9.5 内生增长理论

9.5.1 内生增长理论简况

根据新古典模型，稳态时人均收入的增长来源于技术进步。但是，在新古典增长模型中，这一增长依赖于外生假定的技术进步，也就是说假定技术进步的速度大于 0，所以才有人均收入水平的不断增长。那么技术为什么会进步呢？显然，对于这一点，新古典增长模型没有给出令人满意的回答。如果能够进一步解释清楚技术进步，那么就能解释清楚人均收入的增长到底来自哪里，而不是像索洛模型中那样假定存在技术进步。由于索洛模型之后解释技术进步的模型抛弃了外生技术进步的假定，因此被称为内生增长理论。关于详细的内生增长理论模型的讨论超出了本书的范围，我们仅在此介绍一些基本的思想。

9.5.2 基本模型

在新古典增长模型中，人均产出主要取决于人均资本。虽然是储蓄率决定了稳态时的人均资本，但是最终经济之所以稳定在一个均衡水平，根本原因是资本的边际产出递减。由于资本的边际产出递减，所以在给定的储蓄水平下，随着人均资本的增加，可供用于资本形成的储蓄部分增加会越来越缓慢，而相应的折旧、满足新增人口就业所需的资本则都是线性增长的，最终，人均储蓄为了维持现有的人均资本水平而被消耗殆尽，从而无法令人均资本再增加。如果不是假定了外生的技术进步，在新古典增长模型中我们将无法得到不断增长的人均产出。

接下来我们就放松资本边际产出递减的假定。假设我们的生产函数是：

$$Y=AK$$

其中，Y 表示产出，K 表示资本存量，A 是一个大于 0 的常数，表示单位资本的产出。在这个生产函数中，资本的边际产出是一个固定的常数，所以不存在资本边际产出递减的问题。

产品市场均衡时，有投资等于储蓄，即

$$I=S$$

令 δ 仍然表示折旧率，资本的形成过程为

$$\Delta K = I - \delta K$$

令 s 仍然表示储蓄率，因此，

$$\Delta K = sY - \delta K$$

上式两边同时除以 K，整理得

$$\frac{\Delta K}{K} = sA - \delta$$

与此同时，

$$\frac{\Delta Y}{Y} = \frac{\Delta K}{K}$$

这两个式子表明了资本和产出的增长速度。只要 $sA - \delta > 0$，不用假设外生的技术进步，总产出也会一直增长下去。

所以我们看到，当资本的边际产出不再是递减的时候，资本和产出就可以持续增长。但是这样假定合理吗？内生增长理论的支持者认为，如果 K 表示的是广义的资本，不仅仅

包括传统的机器、设备等物质资本，也包括知识的话，那么根据人类社会发展的经验来看，知识似乎并不存在边际产出递减的问题，反而由于知识的外部性，可能还是边际产出递增。

9.5.3 两部门模型

AK 模型是内生增长理论中最为简单的模型，但是它为我们提供了解释产出持续增长的一种思路，即知识或者技术进步的重要意义。接下来我们介绍一个两部门模型，它为我们提供了内生增长理论进一步展开的思路，即技术进步究竟来自于哪里？

假设经济有两个部门：一个是制造业企业，专门负责生产满足社会消费和投资的产品和服务；一个是研究性大学，专门负责生产“知识”，“知识”可以在两个部门免费使用。假设企业的生产函数如下：

$$Y = F[K,(1-u)EN]$$

其中 u 表示劳动者在研究性大学中的就业比重，E 表示知识水平或者知识存量，所以 EN 类似于我们在新古典增长模型中提到的有效劳动。这里，我们仍然假定企业的生产函数满足规模报酬不变，即

$$\lambda Y = F[\lambda K, \lambda(1-u)EN]$$

研究性大学的生产函数是

$$\Delta E = g(u)E$$

其中，$g(u)$表示的是知识的增长速度，它取决于在研究性大学中就业的劳动力比重。

假设该模型中资本积累方程仍然是

$$\Delta K = sY - \delta K$$

如果我们将该经济系统中的传统资本 K 和知识都看作广义的资本，由于规模报酬不变，当 K 和 E 都变为原来的 λ 倍时，总产出也变为原来的 λ 倍，即当广义资本变为原来的 λ 倍时，总产出也变为原来的 λ 倍，那么此时该模型和前面的 AK 模型就是一致的，可以在没有外生技术进步的情况下，使经济持续增长，因为知识可以不停地生产。

这个模型也可以看作和新古典增长模型相类似的模型。假设在研究性大学中就业的劳动力比重 u 是不变的，我们可借鉴新古典增长模型中推导稳态的过程：

$$\frac{Y}{EN} = F\left[\frac{K}{EN},(1-u)\right] = f\left(\frac{K}{EN}\right)$$

令 $\hat{k}$ 表示有效人均资本量，$\hat{y}$ 表示有效人均产出，则生产函数变为

$$\hat{y} = f(\hat{k})$$

有效人均资本量 $\hat{k}$ 的变化为：

$$\Delta\hat{k} = sf(\hat{k}) - [n+\delta+g(u)]\hat{k}$$

其余和索罗模型都是一致的。由于人均产出 $Y/N=E^*(Y/EN)$，所以人均产出的增长速度为

$$g_y = g_E + g_{\hat{y}} = g(u) + 0 = g(u)$$

也就是说只要研究性大学中就业的劳动力比重大于 0，那么知识就会被不停地创造出来，其增长速度为 $g(u)$，而稳态时人均产出也将以 $g(u)$的速度持续增长，不需要外生的技术进步假定。

总之，内生增长理论试图通过厘清技术进步的过程，将技术进步内生化，从而避免新古典增长模型的外生技术进步假定，可以更进一步解释经济的持续增长。这也为制定实现经济持续增长的政策提供了更多的理论参考。

9.6 经济增长政策

9.6.1 促进资本积累

由新古典增长模型可知，决定产出的核心是资本，资本的演进过程决定了产出的演进过程。资本是生产过程中最重要的投入要素之一，没有机器、设备，现代化的生产难以进行下去。资本不像自然资源是大自然的馈赠，它是在经济增长过程中被生产出来的，资本和生产过程是相辅相成的，所以为了促进经济增长，必须增加资本积累。

资本的积累来自于储蓄，所以，为了促进资本积累，应该鼓励储蓄。从新古典增长模型可知，储蓄率影响了稳态时的人均产出，鼓励储蓄有助于提高稳态时的人均收入水平。但是需要注意的是，尽管储蓄率的提高有助于资本积累，提高收入水平，但是储蓄率提高同时会减少当期的消费。毕竟，生产的最终目的是让人们更好地生活，因此，储蓄率的选择应该在积累和消费之间加以权衡。现实中，我们面临的更多的情况可能是储蓄率低于黄金律水平，此时应该提高储蓄率。一方面可以通过提高公共储蓄，这就要求减少政府赤字；另一方面可以通过税收等激励提高私人储蓄。

9.6.2 增加劳动供给

劳动是影响产出的另外一个非常重要的投入要素。为了促进经济增长，应该增加劳动供给。

一是在给定的人口规模和人口结构下，需要通过税收激励等制度安排，来鼓励人们增加劳动供给。二是需要从宏观上关注总体人口规模和人口结构(年龄结构、区域结构等)对劳动供给的影响，因此需要制定合适的人口政策。

除了增加劳动供给的数量外，在技术进步越来越重要的情况下，必须注意劳动力的人力资本积累。比如提高受教育水平，有针对性地增强对劳动者的各种技能培训，加强医疗卫生保健系统的建设等。

9.6.3　鼓励技术进步

无论是新古典增长理论还是内生增长理论，无疑都强调了技术进步对于经济持续增长的重要意义。所以，在促进经济增长的政策中，最重要的一定是鼓励技术进步。

鼓励技术进步的主要体现：一是政府从财政支出方面增加各种科技研发投入力度，另外一个就是通过各种政策激励个人进行技术创新。由于基础研究具有很大的正外部性，所以政府应加大对基础研究的投入，主要体现为加大对高校基础研究的支持力度。企业为了提高竞争力，在研究与开发(research and development，R&D)方面也投入巨大。但是企业本身是追逐利润的，并且研发又具有很大的正外部性，所以为了激励企业进行创新，就必须完善相关的专利制度，给予新产品或新技术的发现者一定时间内的垄断权，以一定时间内的垄断利润为“奖励”。

与自己研发相比，积极引入国外的先进技术在促进本国技术进步方面可能成本更低，见效更快，但这仅限于后发国家在追赶的过程中。当追赶过程逐渐完成，后发国家越来越接近技术的前沿时，就需要由引进和模仿转变为自己研发。所以，后发国家在发挥后发优势、引进先进技术的同时，需要逐渐培养本国的研发能力。

9.6.4　优化制度安排

从增长核算可知，一国经济增长除了依赖要素投入之外，还依赖于全要素生产率。而且根据现实经济发展经验来看，随着产出的增加，全要素生产率的提高对于经济的持续健康发展越来越重要。而全要素生产率中不仅包含技术进步，也包含资源配置改善所带来的效率提升。对于整个宏观经济而言，资源配置效率的改善依赖于合理的制度安排。

配置资源最有效的就是市场，而市场配置资源的核心机制就是价格，所以在经济发展的过程中，应该尽可能减少不必要的价格干预，才能保证较高的资源配置效率，这就要求完善的金融市场、要素市场等作为保障。

市场经济发展依赖于对产权的保护，所以加大对产权的保护力度，是保障市场经济健康运行的基础。我国的农村家庭联产承包责任制改革、国有企业改革等，都曾经极大地促进我国经济的发展。

另外，为各种制度改革、经济运行保驾护航的基础是国家的有效执法。所以，行政体制改革和法治建设也是经济持续发展的重要保障。

习　　题

一、判断题

1. 国民收入决定理论属于短期分析。　　(　　)

2. 经济增长理论的任务是说明长期增长趋势。 ( )

3. 在要素市场是竞争的情况下，要素价格高于边际产品价值。 ( )

4. 在常数规模报酬情况下，要素报酬之和大于总产品。 ( )

5. 经济学家的经验研究表明，要素增长是经济增长的主要源泉。 ( )

6. 短期国民收入决定理论中没有考虑人口增长。 ( )

7. 短期国民收入决定理论中假设了技术水平不变。 ( )

8. 均衡增长路径允许失业存在。 ( )

9. 哈罗德增长模型中的生产函数是规模报酬不变的生产函数。 ( )

10. 有保证的增长率是保证劳动力充分就业的增长率。 ( )

11. 哈罗德模型中的有保证增长率具有不稳定性。 ( )

12. 均衡状态具有稳定性的意思是，当系统经受外来冲击时，系统有回到这一状态的调整趋势。 ( )

13. 哈罗德模型中，有保证增长率的“刀刃”性质源于资本与劳动不能够相互替代。 ( )

14. 在哈罗德模型中自然增长率与有保证增长率是一致的。 ( )

15. 新古典增长模型与哈罗德增长模型之间的根本区别是关于劳动力增长的假设不同。 ( )

16. 新古典增长模型中假设了规模报酬递增。 ( )

17. 在新古典增长模型中，人均产出唯一地取决于人均资本量。 ( )

18. 在新古典增长模型中，资本-产出比率是常数。 ( )

19. 新古典增长模型描述的增长路径具有稳定性。 ( )

20. 新古典增长模型中不存在资本充分就业与劳动力充分就业之间的冲突。 ( )

21. 新古典增长模型中储蓄率具有增长效应，没有水平效应。 ( )

22. 新古典增长模型中，人均收入的持续增长是因为外生的技术进步。 ( )

23. 因为储蓄率能够提高均衡时人均收入水平，所以越高越好。 ( )

24. 内生增长理论被贴上“内生”的标签，是因为抛弃了新古典增长模型的外生技术进步假定。 ( )

25. AK 模型之所以能够解释持续的经济增长，是因为抛弃了资本边际产出递减的假定。 ( )

二、单项选择题

1. 在增长因素分解中，我们假设了( )。

A. 给定技术水平　　B. 给定资本存量

C. 给定人口规模　　D. 要素市场竞争

2. 一些经济学家的经验分析表明，增长的主要来源是( )。

A. 人口增长　　B. 资本积累

C. 技术进步　　D. 环境改善

3. 增长模型与短期国民收入决定理论的不同是，增长模型(   )。
   A. 考虑人口增长　　B. 允许技术变化
   C. 是长期分析　　D. 上述说法都对
4. 哈罗德模型中假设了(   )。
   A. 劳动与资本之间不能够相互替代　　B. 资本-产出比率为常数
   C. 劳动-产出比率为常数　　D. 上述说法都对
5. 有保证增长率是(   )。
   A. 理想增长率　　B. 保证资本充分就业的增长率
   C. 保证劳动力充分就业的增长率　　D. 是稳定的增长率
6. 在哈罗德模型中，有保证增长率的“刀刃”性质指(   )。
   A. 增长迅速　　B. 增长缓慢
   C. 稳定　　D. 不稳定性
7. 在新古典增长模型中，(   )。
   A. 劳动与资本之间不能相互替代　　B. 常数规模报酬
   C. 规模报酬递增　　D. 规模报酬递减
8. 在新古典增长模型中，(   )。
   A. 人均产出是常数　　B. 人均产出取决于人均资本量
   C. 人均产出总是递增　　D. 人均产出总是递减
9. 在新古典增长模型中，劳动和资本可以同时充分就业的原因在于(   )。
   A. 人口增长缓慢　　B. 资本增长较快
   C. 劳动与资本能够相互替代　　D. 生产技术规模报酬递增
10. 经济增长的黄金律的意思是(   )。
   A. 速度最快的增长　　B. 人均储蓄最大的增长
   C. 长期人均消费最大的增长　　D. 可持续增长

三、简答题

1. 说明如何把总产出增长率分解为要素增长率和技术进步率。
2. 说明哈罗德-多马模型中有保证增长率的决定。
3. 说明哈罗德-多马模型中的有保证增长率的不稳定性。
4. 为什么哈罗德-多马模型的有保证增长率不意味着劳动力充分就业？
5. 说明新古典增长模型中均衡人均资本量的决定。
6. 为什么新古典增长模型中不存在劳动力充分就业和资本充分就业之间的冲突？
7. 说明新古典增长模型中储蓄率的变化有何影响。
8. 说明新古典增长模型中人口增长率的变化有何影响。
9. 说明新古典增长模型中均衡人均消费最大化的条件。
10. 说明新古典增长模型中劳动增进型技术进步有何影响。

四、计算题

1. 假设生产函数为 $Y = K^{0.3}L^{0.7}$，这里 Y、K、L 分别表示产出、资本和劳动。如果折旧率是 0.05，稳态下的增长率为 0.05，资本产出比为 K/Y=4，请计算稳态下的储蓄率。

2. 假定生产函数是 $Y = K^{0.3}L^{0.7}$。求解：(1)人均生产函数是什么？(2)假定没有人口增长和技术进步，储蓄率是 s，折旧率是 δ，求解稳态时的人均资本存量、人均产量、人均消费。(3)假设 T_1 时刻储蓄率由 S_1 提高到 S_2，并在 T_2 时刻重新达到均衡，分析从旧的均衡到新的均衡调整过程中，人均资本量和人均产量的变化过程，并用图形表示人均产量增长率的调整路径。

3. 一国经济中，资本增长率为 5%，人口增长率为 1%，资本产出弹性为 0.8，人口产出弹性为 0.2，求：(1)经济增长率；(2)人均产出增长率。

第 10 章

宏观经济学的争论与共识

第 1 章至第 9 章我们已经学习了宏观经济学的一些基本理论和分析框架。接下来我们要走到这些理论的背后，探寻这些宏观经济学的分析框架是如何一步一步建立起来的。了解现代宏观经济学建立的过程及其背后的争论与共识，一是能够帮助我们更好地理解本书所介绍的理论本身，二是让我们能够明晰宏观经济学的发展路径，从而为以后的深入学习做好铺垫。

10.1 现代宏观经济学的先驱

现代宏观经济学主要由增长理论、经济周期理论和货币理论组成。[①]

关于经济增长的分析，曾经是亚当·斯密[②]的主要关注点，他讨论了自由市场、私人投资支出、自由放任与经济增长之间的关系。虽然亚当·斯密是古典学派的奠基人，但是进一步发展该学派思想的是李嘉图[③]。李嘉图将经济研究的关注点从经济增长转向收入分配，在他的著作中，详细论述了工资、地租、利润以及价格的决定，并得出经济增长终将停滞的悲观结论。同时，李嘉图也开启了利用抽象推理方法构建经济理论的传统。从此，经济学开始远离斯密增长的宏观经济学，转向李嘉图的微观经济学——工资、地租、利润和商品价格的决定，以及收入分配问题。

尽管后来古典学派的经济思想也受到了批判，然而经过边际学派的批判发展，再到马歇尔[④]为代表的新古典经济学，正统经济学家在稀缺资源配置与分配的微观经济理论研究中越走越远。

关于经济周期理论，由于所有资源被充分利用的假定，这一问题在当时的正统经济学家中少有提及。即便是到了 1900 年，正统经济学家开始对经济周期进行比较认真的研究，但是由于坚信经济体的均衡能够创造充分就业，始终不能对经济周期有一个合理的解释。

---

① 哈里·兰德雷斯(Harry Landreth)，大卫·C. 柯南德尔(David C.Colander). 经济思想史[M]. 4 版. 周文，译. 北京：人民邮电出版社，2014.

② 亚当·斯密(Adam Smith,1723—1790)，古典学派的创始人，代表作是 1759 年出版的《道德情操论》和 1776 年出版的《对国民财富的性质和原因的研究》(又称《国富论》)。

③ 大卫·李嘉图(David Ricardo, 1772—1823)，古典学派的主要代表人物之一，代表作是 1817 年出版的《政治经济学及赋税原理》。

④ 阿尔弗雷德·马歇尔(Alfred Marshall, 1842—1924)，新古典学派的重要代表人物，代表作是 1890 年出版的《经济学原理》。

至于货币理论，古典经济学家和新古典经济学家主要坚持的是货币数量论。他们在假定充分就业的前提下，讨论了货币数量对于价格总水平的影响，然而无法解释实际收入水平的波动。

10.2 现代宏观经济学的诞生

现代宏观经济学历史始于1936年出版的凯恩斯的《就业、利息和货币通论》(*General Theory of Employment. Interest, and Money*)，简称《通论》。

该书的问世恰逢大萧条的发生。大萧条不仅是一场经济灾难，也证明了研究经济周期理论的经济学家们的学术失败。当时，少有经济学家对大萧条的严重程度和持续时间之长能够提出一个合理的解释。罗斯福新政(the New Deal)中的经济政策依据的是直觉和本能，而非经济理论。《通论》给大萧条提供了一个解释、一个思考框架，并且明确主张政府干涉。

专栏 10-1　约翰·梅纳德·凯恩斯

约翰·梅纳德·凯恩斯(John Maynard Keynes,1883—1946)，著名英国经济学家。父亲约翰·内维尔·凯恩斯是一位著名的逻辑学家和政治经济学家；母亲是一名地方执法官、高级市政官，曾任剑桥的市长，对于公共事务和社会工作都很感兴趣。

马歇尔和庇古都是凯恩斯在剑桥大学的老师，他们都认为他是天才。凯恩斯在28岁的时候成为《经济学杂志》(*Economic Journal*)的编辑，同时还管理着该杂志的出版方——英国皇家学会——的投资，并取得了非同一般的成功。在凯恩斯的指导下，剑桥大学的国王学院同样获得了超乎寻常的利润。他自己也通过外汇和外国商品交易积累了50万英镑的财富。

凯恩斯兴趣广泛。他是一家人寿保险公司的董事会主席，还担任其他几家公司的董事，并且是英格兰银行管理结构的成员。他是一名金融家，还是高级政府官员、科研工作者、新闻工作者、艺术鉴赏家和剑桥大学的教师。他是“布卢姆茨伯里派”的重要成员，这个团体是由杰出的艺术家、作家、批评家、知识分子和演说家组成的圈子。

作为经济学家的凯恩斯，他的一个重要的特点是他对政策的倾向性。凯恩斯是第一次世界大战后巴黎和会上英国财政部的首席代表，拥有代表财政部长发言的权力。由于反对强加给德国的和平方案，他在1919年辞去了该职务，并写了《和平的经济后果》。1940年凯恩斯再次进入财政部，以帮助英国渡过战时财政困难，后又在组织成立国际货币基金组织发挥了重要作用。

(斯坦利·L. 布鲁(Stanley L. Brue)，兰迪·R. 格兰特(Randy R. Grant). 经济思想史[M]. 邸晓燕，等译. 8版. 北京：北京大学出版社，2014.)

在凯恩斯创作《通论》的过程中，他写信给乔治·伯纳德·肖说，他正在创作一本新书，这本书将会使世界考虑经济问题的方式发生革命。

《通论》强调有效需求(effective demand)，即今日人们所称的总需求。凯恩斯指出，短期内，有效需求决定产出。即使经济自身最终会回到正常水平，这一过程也是缓慢的，我们不能无所作为地等待，如凯恩斯所说，“很久以后，我们都会死去。”

在有效需求的推导过程中，凯恩斯引入了现代宏观经济的许多基本概念和思想：①消费与收入的关系和乘数[①]，可用于解释需求受到的冲击如何被放大，从而导致产出和收入更大变动；②流动偏好(liquidity preference)，即货币需求，可用于解释货币政策如何影响利率和总需求；③人们的预期是影响消费和投资的重要因素，而人们的预期是多变的(凯恩斯称作动物精神，animal spirit)。

《通论》远不止是一部经济学理论专著，它给出了明确的政策，而这些政策恰逢其时。经济衰退发生时，等待经济自身恢复到正常水平是不负责任的，试图保持预算平衡是愚蠢且十分危险的，积极的财政政策对于经济恢复到高就业水平来说非常重要。

10.3　新古典综合

几年之内，《通论》彻底改变了宏观经济学。并非每个人都信服《通论》中的观点，更少有人完全赞同。不过，这一时期的经济学研究几乎都是围绕《通论》展开的。比如，美国经济学家阿尔文·汉森(Alvin Hansen)，曾经在哈佛大学组织了专门针对凯恩斯著作和政策含义的研讨班。参加研讨班的几个人后来对经济学和公共政策做出了重要贡献，参加研讨班的有理查德·马斯格雷夫、埃弗西·多马、约翰·邓洛普、沃尔特·萨伦特、保罗·萨缪尔森、保罗·斯威齐、詹姆斯·托宾和亨利·沃利克。

到了 20 世纪 50 年代初，由于萨缪尔森、汉森等经济学家的努力，与新古典主义的微观经济学原理结合在一起的凯恩斯主义的宏观经济学最终进入了主流经济学，被称作新古典综合(neoclassical synthesis)。新古典综合的代表作是由保罗·萨缪尔森(Paul Samuelson)所著，1955 年出版第一部现代经济学教科书《经济学》。其中，萨缪尔森写道：

“最近几年，90%的美国经济学家都不再单纯是‘凯恩斯主义经济学家’或‘反凯恩斯主义经济学家’。他们已经将旧经济学中有价值的东西与现代收入决定理论综合起来，形成了所谓新古典经济学(neo-classical economics)。就其大致轮廓而言，只有大约 5%的极左和极右派经济学家拒绝接受新古典经济学。”

在接下来的 20 多年里，新古典综合是经济学的主流。20 世纪 40 年代初到 20 世纪 70 年代初，宏观经济学取得了惊人进步。许多人将这一时期称作宏观经济学的黄金时期。

《通论》出版后，经济学家们首先要做的事情是把凯恩斯的观点数学化。虽然凯恩斯本人精通数学，但他在《通论》中尽量避免使用数学，由此引起的一场无休止争论是，凯恩斯真正想说的是什么以及凯恩斯的观点是否存在逻辑缺陷。

(1) IS-LM 模型。凯恩斯思想的若干数学模型中，最有影响的一个是 IS-LM 模型。这一模型是约翰·希克斯(John Hicks)和阿尔文·汉森(Alvin Hansen)于 20 世纪 30 年代和 40

① 乘数模型并不能在凯恩斯的书中找到。但可能由于乘数效应很好地捕捉到了财政政策的效应，所以它便倾向于成为凯恩斯模型。乘数分析是在美国流行开的，它由萨缪尔森和汉森发展为主要的凯恩斯模型。

年代初提出的。其最初版本类似于我们在本书第 4 章介绍的版本。很多人批评它没有反映凯恩斯理论的许多内涵：预期没有起作用，也没有考虑价格和工资的调整，实际部门与名义部门的相互关系只能通过利率发生，没有其他渠道。尽管如此，IS-LM 模型还是得到了采用，因为它整洁，能够很好地服务于教学功能，是一种粗糙但尚能使用的工具；它提供了关于经济体的普遍正确的见解，并且是可以利用的最好的模型①。就此而言，它是十分成功的。

(2) 消费、投资和货币需求理论。凯恩斯十分重视人们的消费和投资行为，以及货币与其他资产之间的选择。后来的经济学家们迅速在这三个方面取得了诸多进步。20 世纪 50 年代，卡内基梅隆大学的弗兰克·莫迪利安尼(Franco Modigliani)和米尔顿·弗里德曼(Milton Friedman)各自独立发展了我们在第 3 章介绍的消费理论。他们都强调了预期在当期消费决策中的重要性。耶鲁大学的詹姆斯·托宾(James Tobin)以利润的现值与投资之间的关系，发展了投资理论。这一理论经哈佛大学的戴尔·乔根森(Dale Jorgensen)之手得到了进一步发展和验证。托宾还发展了货币需求理论。他的理论更具有一般性，是基于流动性、回报和风险的资产组合选择理论。

(3) 增长理论。在关注经济短期波动的同时，经济学家们也开始关注经济增长问题。与第二次世界大战之前的经济停滞大不相同，大多数国家在 20 世纪 50 年代和 60 年代实现了快速增长。这些国家的经济虽有波动，人们的生活标准迅速提高了。麻省理工学院的罗伯特·索洛(Robert Solow)于 1956 年建立了我们在本书第 9 章介绍的增长模型，为理解经济增长提供了一个思路。

(4) 宏观计量经济学模型。罗伦斯·克莱因(Lawrence Klein)于 20 世纪 50 年代建立了美国第一个宏观计量经济学模型。它是 IS 关系的扩展，其中包含 16 个方程。随着国民收入核算、经济学和计算机的发展，宏观计量经济学模型的规模迅速增大。其中最重要的是 MPS 模型(其中 M 代表麻省理工学院 MIT，P 代表宾夕法尼亚大学，S 代表社会科学研究委员会)，是在弗兰克·莫迪利安尼领导下于 20 世纪 60 年代建立的。其理论框架是 IS-LM 的扩展和菲利普斯曲线；它的内容反映了凯恩斯以来在理论和实证方面取得的巨大进步，如消费函数、投资函数和货币需求函数。

10.4 凯恩斯主义和货币主义

由于取得了如此巨大进步，许多凯恩斯主义宏观经济学家开始相信未来一片光明，对经济波动本质理解越来越充分；模型的发展使得政策得到更好利用。在不远的将来，经济运行将得到很好调控，衰退将被消除。

然而，这一乐观情绪遭到货币主义学者当头一击。货币主义学派的学术领袖是米尔顿·弗里德曼(Milton Friedman)，这一学派人数虽少但很有影响力。他认为，人们对经济的

① 哈里·兰德雷斯(Harry Landreth)，大卫·C. 柯南德尔(David C.Colander). 经济思想史[M]. 周文，译. 4 版. 北京：人民邮电出版社，2014.

理解还十分有限。他怀疑政府的动机，以及政府和经济学家是否有充分的知识以改善宏观经济运行。

20 世纪 60 年代，凯恩斯主义与货币主义之间的争论是最重要经济话题。争论集中于如下几个问题：①货币需求与现代货币数量论；②货币政策与财政政策的有效性；③菲利普斯曲线；④货币规则。

1. 货币需求与现代货币数量论

弗里德曼将货币需求看作现金余额需求。与凯恩斯不同，弗里德曼没有区分各种类型的货币，比如交易动机和投机动机所持有的货币。任何时候，货币需求数量与持久实际收入和价格水平同方向变化，与预期通货膨胀成反方向变化，对利率的变化反应并不明显。弗里德曼认为，货币需求在短期内是相对稳定的。货币供给增加将会使人们所持有的现金余额超过他们所希望持有的数量，因此会试图消耗掉这些多余的现金。这样，总需求增加，导致价格水平上升。随着价格水平上升，货币需求增加，于是货币供给与货币需求之间的均衡将会恢复，只是在一个更高的水平。弗里德曼指出，通货膨胀“无论何时何地都是一种货币现象，它最初是由货币数量的过度增长引起的”[①]。

2. 货币政策和财政政策

凯恩斯强调，作为对付衰退的政策，财政政策优于货币政策。这一观点曾经是主流观点。很多人认为，IS 曲线十分陡峭，利率变动对总需求和产出的影响很小，从而货币政策不能有效地发挥作用。财政政策则直接影响总需求，从而对产出的影响直接且迅速。弗里德曼从根本上挑战这一结论。在 1963 年面世的《美国货币史：1867—1960》一书中，弗里德曼和安娜·施瓦茨(Anna Schwartz)煞费苦心地审查了过去一百多年来美国的货币政策以及美国的货币量与产出之间的关系。他们的结论是，货币政策不仅非常有效，而且货币量的变动的确可以解释产出的变动。关于大萧条产生的原因，弗里德曼指出：

“凯恩斯与那个时代的其他大多数经济学家都认为尽管货币当局采取了积极的扩张政策，但美国大萧条仍然发生了——他们已经尽力了，只是他们的努力并不足够好。最近的研究表明事实恰好相反：美国的货币当局采取了高度紧缩的政策。美国的货币数量在萧条的过程中下降了 1/3。而且它下降并不是因为没有愿意提供借款的人——不是马儿不喝水。它之所以下降是因为联邦储备系统强制或允许基础货币急剧下降，是因为它没有能够执行《联邦储备法案》赋予它的为银行系统提供流动性的责任。大萧条是货币政策能力的不幸证明——而不像凯恩斯和许多他那个时代的经济学家所认为的那样，是无能的证据。”[②]

最终，经济学家们达成了如下共识：财政政策和货币政策都有效；如果政策制定者既

---

① Milton Friedman. Dollars and Deficits [M]. Englewood Cliffs,NJ:Prentice-Hall,1968: 18.转引自斯坦利• L. 布鲁(Stanley L. Brue)，兰迪• R. 格兰特(Randy R. Grant). 经济思想史[M].邸晓燕，等译. 8 版. 北京：北京大学出版社，2014.

② Milton Friedman. The Quantity Theory of Money—A Restatement[M]// Milton Friedman. Studies in the Quantity Theory of Money. Chicago: University of Chicago Press, 1956: 20-21. 转引自斯坦利• L. 布鲁(Stanley L. Brue)，兰迪• R. 格兰特(Randy R. Grant). 经济思想史[M].邸晓燕，等译. 8 版. 北京：北京大学出版社，2014.

关心总产出水平又关心产出结构，那么，最好的政策是将两者搭配使用。

3. 菲利普斯曲线

菲利普斯曲线并非凯恩斯模型的一部分。因为它十分简单(且看似可靠)地解释了工资变动与失业率变动之间的关系，它成了新古典综合的一部分。20 世纪 60 年代，基于已有证据，许多凯恩斯主义经济学家相信，失业率与通胀率之间存在可靠的此消彼长关系，甚至长期来看也是如此。弗里德曼和哥伦比亚大学的埃德蒙・菲尔普斯(Edmund Phelps)强烈反对这一观点。他们认为，这一长期此消彼长关系不符合基本经济规律。如果政策制定者当真试图利用这一关系，即试图通过制造更高的通胀来降低失业率，那么，这一关系就会消失。到了 20 世纪 70 年代，经济学家们的共识是，通胀与失业率之间不存在长期此消彼长关系，即长期的菲利普斯曲线是一条垂线。

4. 货币规则

由于不相信经济学家有足够的知识来稳定经济，并且不相信政策制定者在道德上能够做正确的事情，弗里德曼主张简单规则(simple rules)，如稳定的货币增长。勒纳曾将经济比作没有方向盘的汽车，需要一个熟练的司机操作方向盘——功能财政。而弗里德曼则反驳称：

“对于经济这辆汽车，我们并不需要一个熟练的货币司机，由他来持续转换方向盘以适应不可预期的道路的不规则性，而是需要某种方法，能够使坐在车厢内后座上的货币乘客保持稳定，不必不时前倾，而且在汽车即将跑出公路时能够给方向盘突然制动。”①

只要政府不使之不稳定，这辆汽车就会平稳行驶下去，因此，政府应该放弃使用相机抉择的货币政策，而坚持稳定货币增长率的政策。

10.5 理性预期批判

尽管有凯恩斯主义与货币主义之间的争论，20 世纪 70 年代左右的宏观经济学看似十分成功和成熟。在解释现象和指导政策方面，它尤其显得成功。不过，几年之后，宏观经济学就陷入了危机之中，造成危机的来源有两个：第一个源泉是一个事件，20 世纪 70 年代，大多数国家都出现了滞胀现象，宏观经济学家没有预测到会出现滞涨；第二个源泉是思想方面的，20 世纪 70 年代初，芝加哥大学的罗伯特・卢卡斯(Robert Lucas)、明尼苏达大学的托马斯・萨金特(Thomas Sargent)和芝加哥大学的罗伯特・巴罗(Robert Barro)对主流宏观经济学发起了猛烈攻击。

卢卡斯和萨金特的主要观点是，凯恩斯主义经济学忽略了预期对行为的重要影响。他们认为，要继续前进就必须假设人们理性地基于已有信息做出预期。一旦接受了理性预期

① Milton Friedman. A Program for Monetary Stability[M]. New York: Fordham University Press, 1959:23. 转引自斯坦利・L. 布鲁(Stanley L. Brue)，兰迪・R. 格兰特(Randy R. Grant). 经济思想史[M].邸晓燕，等译. 8 版. 北京：北京大学出版社，2014.

假设，其中有三方面重要含义，每一个都会给凯恩斯宏观经济学造成严重破坏。

1. 卢卡斯批判

理性预期假设的第一个含义是，宏观经济模型无助于制定政策。这些模型尽管承认预期影响行为，但并没有将预期明确地整合进去。它们假设的变量都取决于包括政策变量在内的其他变量现值和历史值。因此，这些模型描述的是在过去政策下，经济变量之间曾有的关系。卢卡斯认为，倘若政策变了，人们做出预期的方式会随之改变，估计变量之间的关系也随之改变。这意味着，已有宏观计量经济学模型不可能很好地模拟新的政策下将会发挥的事情。对宏观计量经济学模型的这一批判称作著名的卢卡斯批判(the Lucas Critique)。再次以菲利普斯曲线的历史作为例子，20世纪70年代早期的数据呈现出失业率与通胀率之间的此消彼长关系。当政策制定者试图利用这一关系时，它消失了。

2. 理性预期与菲利普斯曲线

理性预期假设的第二个含义是，将理性预期引入凯恩斯主义模型后，这些模型给出的结论恰恰是反凯恩斯主义的：按照引入理性预期后的模型，产出偏离自然水平是暂时的，远比凯恩斯主义经济学家所宣称的短暂得多。这一观点是重新审视总供给关系得出的。在凯恩斯主义模型里，产出缓慢回到其自然水平，是因为价格和工资按照菲利普斯曲线关系缓慢调整。但是，卢卡斯指出，这一调整高度依赖于工资制定者对通胀的如下预期方式：依据经历的通胀，预期未来通胀。例如，在MPS模型里，工资是当前通胀、过去通胀和当前失业率的函数。一旦我们假定工资制定者有理性预期，调整就会加快很多。倘若货币的变化是人们预期到的，那么，它将不影响产出。更一般地说，如果工资制定者有理性预期，那么，需求的变动仅仅在货币工资不变的时期内——一年左右——影响产出。这就是说，凯恩斯主义模型自身也无法给出“需求长期影响产出”的可信理论。

3. 最优控制与博弈论

理性预期的第三个含义是，如果人民和厂商有理性预期，那么，把政策看作政策制定者控制的一个被动的复杂系统的看法是错误的。相反，正确的看法是把政策看作政策制定者与经济之间的一种博弈。正确的方法不是最优控制理论，而是博弈论。博弈论给人们带来了关于政策的不同视野。一个突出例子是时间不一致问题：政策制定者的善意真的能够引起灾难。

总之，引入理性预期后的凯恩斯模型不能用于制定政策；凯恩斯模型不能解释产出长期偏离自然水平；需要以博弈论为基础重建政策理论。

很快，大多数经济学家承认，理性预期是一个可用的假设。这并非因为经济学家们相信个人、厂商和金融市场参与者总能理性地做出预期，而是因为至少在经济学家进一步弄清楚现实预期与理性预期之间是否存在、何时存在以及如何存在系统性偏差之前，理性预期假设是一个自然的基准。

自此，经济学家开始研究卢卡斯和萨金特提出的挑战。20世纪70年代和80年代，是思想整合的过程。比如，①关于理性预期对于商品市场、金融市场和劳动市场的作用和意义的研究：麻省理工学院的罗伯特·霍尔(Robert Hall)提出消费随机游走(random walk of consumption)，麻省理工学院的鲁迪·罗恩布什(Rudiger Dornbusch)提出汇率超调模型。②关于工资和价格决定的系统探索，远远超出了菲利普斯曲线关系：麻省理工学院的斯坦利·费希尔(Stanley Fischer)和斯坦福大学的约翰·泰勒(John Taylor)都指出了工资和价格决策的交错(staggering)，证明了即使是在理性预期下，作为对失业率变动的反应，工资和价格的调整也可以是缓慢的，因此产出向其自然水平的缓慢回调符合劳动市场中的理性预期。③用博弈论思考政策，导致了对政策制定中进行的各种博弈性质的大量研究。

总之，到了20世纪80年代，理性预期批判所提出的挑战导致了宏观经济学的全面检修，扩展了基本分析框架，为的是把理性预期(更一般地说是把人们和厂商的前瞻性行为)的作用考虑进去。

10.6 最近的发展

从20世纪80年代末开始到现在，占据主导地位的学派是如下三个：新古典学派(new classicals)、新凯恩斯学派(new Keynesians)和新增长理论者(new growth theorists)。近期研究的前进方向主要有三个：第一(新古典方法)，识别波动在大多程度上源于自然产出水平和自然失业率的变动；第二(新凯恩斯主义方法)，识别使产出偏离自然水平的市场缺陷以及价格和工资刚性的确切性质；第三(新增长理论)，识别长期技术进步和增长因素。

10.6.1 新古典经济学和实际经济周期理论

理性预期批判不仅仅是对凯恩斯主义经济学的批判，还解释了经济波动。卢卡斯指出，经济波动的解释不应依据劳动市场的不完美以及工资和价格调整缓慢等。相反，宏观经济学家应当尽力弄明白，把经济波动作为价格和工资充分自由浮动的竞争市场遭受的冲击的效应来解释，能够走多远。新古典主义(new classical)，其学术带头人是爱德华·普雷斯科特(Edward Prescott)。他们提出了真实经济周期模型(real business cycle)。这些模型假定产出总是处于其自然水平。因此，所有产出波动都是产出的自然水平的波动，而不是偏离自然水平。这些变动源自技术进步。当有了新发现时，生产力提高，导致产出增加。生产力的提高导致工资上升，而工资上升吸引更多人参加工作，并导致工人工作更多。

真实经济周期方法招致了许多批判。技术进步需要很长时间才能传播开来，很难看出这一过程如何能够产生我们实际看到的短期产出剧烈波动。也很难想象，衰退时期是技术倒退时期，其中生产力和产出都下降。最后，在真实经济周期模型中，货币的变动不影响产出，但在现实生活中，货币的变动的确强烈影响产出。

在这一点上，绝大多数经济学家不相信真实经济周期方法为主要经济波动提供了可信的解释。然而，这一方法的确有用。它至少提醒人们，并非所有产出波动都是产出偏离其自然水平。在技术上，它提供了求解复杂模型的若干新技术，而这些技术正在被广泛使用。

真实经济周期模型很有可能演变，而不是消失。有些真实经济周期模型已经开始引入名义刚性，允许货币影响产出。

10.6.2　新凯恩斯主义经济学

新凯恩斯主义一词指一群松散地有联系的经济学家。这些经济学家有一个共同信念：适应理性预期批判而产生的综合基本上是正确的。不过，他们还有的一个共同信念是，关于不同市场的不完美的性质，关于这些不完美对于宏观经济学的演变来说意味着什么，还有很多有待研究的东西。

研究方向之一瞄准的是劳动市场中工资的决定。一个重要概念是效率工资：工资过低会导致跳槽、员工士气低落、招工难或难以留住优秀员工等问题。在这个研究领域里，加州大学伯克利分校的乔治·阿克洛夫(George Akerlof)是个有影响的人物，他研究了“规范”的作用。这里的“规范”指的是企业内部发展起来的用于评价公平与否的准则。这一研究已经引导他和其他学者探索原来属于社会学和心理学的一些问题，并研究这些问题对于宏观经济学来说意味着什么。

新凯恩斯主义的另一个研究方向是信贷市场的缺陷。除了大萧条时期和当今日本萧条时期，经济学家在讨论银行的作用时都假定货币政策通过利率发挥作用，即企业和消费者能够自由地按照报出的利率借款。实际上，消费者和许多厂商只能从银行借款。而且，银行通常拒绝潜在借款人，尽管他们愿意支付公布的利率。为什么会发生这样的事情呢？这将如何影响我们对货币政策发挥作用的看法呢？普林斯顿大学的本·伯南克(Ben Bernanke)对这些问题有许多研究。

第三个研究方向是价格和货币工资刚性。正如我们在前面看到的那样，费希尔和泰勒已经证明，随着工资和价格决策的交错进行，产出能够在长期内偏离其自然水平。这一结论提出了几个问题。如果交错是波动的部分原因，为什么工资或价格决定者不同步做出决策呢？为什么价格和工资不更加频繁地调整呢？比如，为什么价格和工资不是在每周一调整一次呢？在研究这些问题时，哈佛大学的阿克洛夫和尼可拉斯·格里高利·曼昆(N. Gregory Mankiw)得出了一个令人吃惊的重要结果，通常被称作产出波动的菜单成本解释：改变价格的微小成本，都会导致不那么频繁和交错价格调整。这一交错会导致价格水平调整缓慢，从而在总需求发生变动时导致产出大幅度波动。

10.6.3　新增长理论

增长理论在 20 世纪 60 年代一度是最活跃的研究领域，之后遭到学者们的冷落。然而，20 世纪 80 年代中期以来，增长理论重新活跃起来了。一组新的成功的研究被称作新增长理论(new growth theory)。两位经济学家：提出理性预期批判的卢卡斯和加州大学伯克利分校保罗·罗默(Paul Romer)，在这类问题研究发挥了重要作用。

当增长理论在 20 世纪 60 年代末遭冷落时，两个问题有待解决。第一个是技术进步的决定因素。第二个是规模报酬递增的作用。这是新增长理论重点研究的两个问题。在这一新的研究领域中，一个很好的榜样是芝加哥大学的阿尔文·扬(Alwyn Young)关于快速增长的亚洲国家的研究。

总之，虽然从1776年的《国富论》开始，亚当·斯密开启了经济学对宏观经济增长的研究，但是从李嘉图开始，经济学研究的重点偏向了微观的资源配置和收入分配问题。直到20世纪30年代的经济大萧条，凯恩斯的宏观经济学诞生，开启了现代宏观经济学的新篇章，宏观经济学的研究开始活跃起来。20世纪40年代初到70年代初，凯恩斯宏观经济学和早期经济学家的一些思想相融合，形成了新古典综合派，这一个时期是宏观经济学的黄金时期。后来，在20世纪60年代和20世纪70年代，凯恩斯的宏观经济学面临了来自货币主义和理性预期学派的批评，于是在融合了这些批评并改进之后，宏观经济学又进一步得到发展。从20世纪80年代末开始，宏观经济学的主要三个流派是：新古典主义、新凯恩斯主义和新增长理论。

附 录

附录 A 消费理论

第 3 章第 3 节里，我们采用了最简单的消费函数。把关于消费函数的详细讨论作为附录，丝毫不意味着消费理论不重要，而是不想因为详细讨论消费函数而使得收入决定原理不简明。事实上，消费支出是总支出中最主要的组成部分。比如，在美国，消费支出大约占总支出的 70%。要解释宏观经济波动或预测宏观经济走势，就必须详细研究消费支出的决定因素及其变动趋势。所以，消费理论是宏观经济学的重要内容。关于消费支出主要依赖哪些因素，经济学家有不同看法。这些不同看法可以概括为绝对收入假说、相对收入假说、生命周期假说和永久收入假说。

A.1 凯恩斯的绝对收入假说

在 20 世纪 30 年代之前，经济学家主要强调消费依赖于利率。凯恩斯认为，消费随收入增加而增加，但消费的增加小于收入的增加，即边际消费倾向大于 0 且小于 1。凯恩斯还认为，平均消费倾向随收入增加而递减。这些观点可以表达为如下消费函数：

$$C = \bar{C} + c\text{YD}$$

其中，$0 < c < 1$，$\bar{C} > 0$。

这种消费理论仅仅强调消费依赖于当期绝对收入水平，因此称作**绝对收入假说**。按照绝对收入假说，边际消费倾向保持不变，从而乘数也保持不变。然而，第二次世界大战之后，经济学家们对凯恩斯消费函数产生了怀疑。首先，经济学家根据凯恩斯消费函数对战后消费的预测大大低于实际数值。其次，西蒙·库兹涅茨于 1946 年发表了美国 1869—1938 年的数据。这些数据表明，消费函数是线性的，而且直线的形式是 $Y = c\text{YD}$。换句话说，C_0 近似等于 0，与原来的假设相悖。而且，c 的取值近似等于 0.9，远远高于原来的假设。这意味着，新的函数比原来的函数更为陡峭。后来，经济学家们用 1948—1988 年的数据拟合出的消费函数是

$$C = 0.917\text{YD}$$

其中，YD 表示可支配收入。这个结果也与凯恩斯的观点不一致。此外，1948—1988 年的实际平均消费倾向并不等于 0.917，在有些年份偏离得很多。短期消费函数与长期消

费函数的这一冲突称作**消费函数之谜**。这需要经济学家提出新的理论加以解释。

A.2 相对收入假说

相对收入假说的主要倡导者是杜森贝里(James S. Duesenberry)。[①]依照相对收入假说，当期消费依赖于当期收入相对于曾经实现过的最大收入的比例。杜森贝里认为，人们有模仿邻居和保持高消费的倾向。当人们的收入增加，超过原有水平，并且收入分配的格局不变时，消费随收入增加而按比例增加。如图 A-1 所示，当人们曾经有过的最高收入从 Y_1 增加到 Y_2 时，消费沿着从原点出发的 $C=cY$ 曲线从 C_1 增加到 C_2。这是给出的长期消费函数。

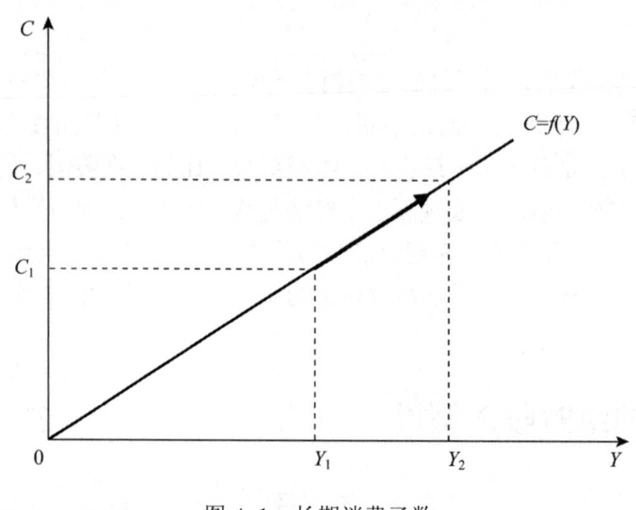

图 A-1 长期消费函数

然而，如图 A-2 所示，当收入从 Y_2 减少到 Y_1 时，消费并不沿着 $C=cY$ 回到原来的水

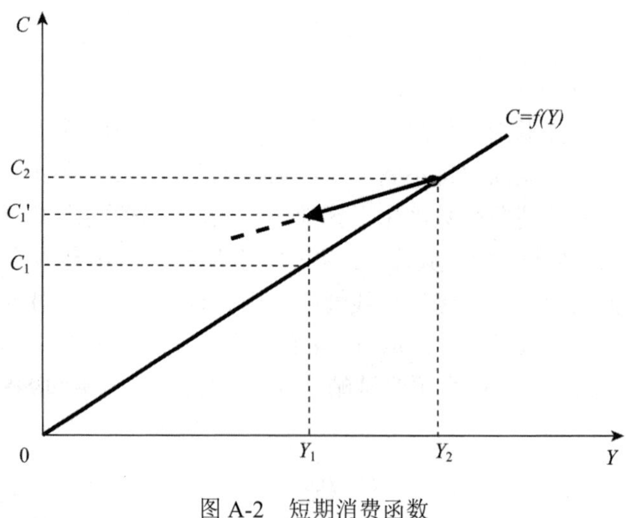

图 A-2 短期消费函数

① James S. Duesenberry. Income, Saving and the Theory of Consumer Behavior[M] .Cambredge, Mass.: Harvard University Press, 1949.

平，而是减少到C_1'，这相当于沿着不那么陡峭($c'<c$)且在纵轴上有一个正截距($\overline{C}>0$)的消费函数$C=\overline{C}+c'Y$减少。当收入从Y_1恢复到Y_2时，消费沿着$C=C_0+c'Y$回到C_2。这是给出的短期消费函数。如图A-3所示，如果收入继续增加，那么，消费沿着$C=cY$继续增加。

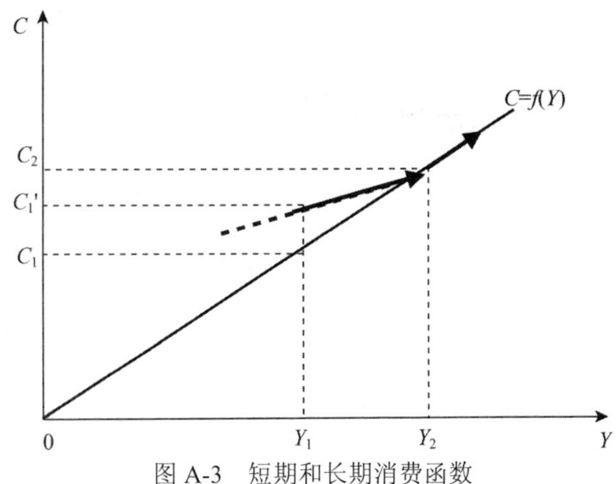

图A-3　短期和长期消费函数

相对收入假说解释了为什么短期消费函数会有一个正的截距且短期边际消费倾向较小，也解释了为什么用长期数据拟合的消费函数的截距近似为零且长期边际消费倾向较大，从而解释了所谓消费函数之谜。此外，按照相对收入假说，经济衰退和复苏时期的边际消费倾向较小，从而乘数较小，而正常情况下的边际消费倾向较大，从而乘数较大。

A.3　生命周期假说

生命周期假说是由1985年的诺贝尔经济学奖获得者莫迪利安尼(Franco Modigliani)提出的。生命周期理论认为，消费者以最优的方式安排一生的消费和储蓄。依照这一理论，消费函数的形式是

$$C=a\mathrm{WR}+c\mathrm{YL}$$

其中，WR是实际财富，a是财富边际消费倾向，YL是每年劳动收入，c是劳动收入边际消费倾向。

假设一个人的预期寿命是NL年，退休年龄为WL岁，退休生活为NL−WL年，没有非劳动收入，劳动收入为$\mathrm{YL}\times\mathrm{WL}$。假设他不打算为后代留下财产，均匀地安排自己每年的消费，那么，总的消费等于劳动收入，即

$$C\times\mathrm{NL}=\mathrm{YL}\times\mathrm{WL}$$

从而

$$C=\frac{\mathrm{WL}}{\mathrm{NL}}\times\mathrm{YL}$$

假设一个人现在的年龄为T ($\mathrm{WL}>T$)，已经积累的财富数量为WR，那么，总消费等于已经积累的财富加上劳动收入，即

$$C \times (\mathrm{NL} - T) = \mathrm{WR} + (\mathrm{WL} - T) \times \mathrm{YL}$$

所以

$$C = a\mathrm{WR} + c\mathrm{YL}$$

其中，

$$a = \frac{1}{\mathrm{NL} - T}, \quad c = \frac{\mathrm{WL} - T}{\mathrm{NL} - T}, \quad \mathrm{WL} > T$$

【例 A-1】假设一个人现年 40 岁，65 岁退休，预期寿命 80 岁，年劳动收入为 20 000 元，已经积累的财富为 200 000 元，那么，a=1/(80−40)=1/40=0.025，c=(65−40)/(80−40)=0.625。

按照生命周期假说，消费者试图均匀地安排一生中每年的消费。消费支出来自一生的劳动收入和积累的财富。每年消费一定比例的已积累财富，并把预期劳动收入均匀地用于以后每年的消费。由于统筹安排一生的消费，消费变得较为稳定，当期收入的边际消费倾向变小。由于劳动收入的边际消费倾向 c 等于剩余工作年数除以剩余寿命，整个经济的边际消费倾向依赖于人口的年龄结构。整个社会的平均年龄越大，劳动收入的边际消费倾向越小。顺便指出，用生命周期理论也可以解释所谓的消费函数之谜。依照这一理论，短期内，劳动收入变动如不改变预期收入，那么，消费受到的影响较小，即短期收入边际倾向较小。长期内，预期收入的改变对消费影响较大，即长期边际消费倾向较大。

A.4　永久收入假说

永久收入假说是由著名经济学家、1976 年获诺贝尔经济学奖得主弗里德曼(Mitton Friedman)提出的。这一理论认为，当期消费是由永久收入决定的，而**永久收入**是预期能够长期保持的收入。

在最简单的永久收入假说模型中，

$$C = c\mathrm{YP}$$

其中，YP 是永久收入。

人们可以用各种各样的方法估计自己的永久收入。一个最简单的方法是用当期收入与上期收入的加权平均来估计永久收入，即

$$\mathrm{YP} = \theta Y + (1 - \theta) Y_{-1}$$

其中，Y 是当期收入，Y_{-1} 是上期收入。

这样的永久收入公式给出的消费函数是，

$$C = c\mathrm{YP} = c\theta Y + c(1 - \theta) Y_{-1}$$

当期收入 Y 的边际消费倾向是 $c\theta$，与绝对收入假说相比，当期收入的边际消费倾向变小了。

根据永久收入假说，决定消费的是永久收入而不是当期收入。因此，当一个家庭的收入增加时，消费是否增加，取决于收入的增加是永久的还是暂时的。如果收入的增加是永

久的，消费就会按比例增加；如果收入的增加只是暂时的，消费就不增加。已经有过的收入水平并不直接决定消费，而只是被用作估计永久收入时间接地决定消费。

A.5 一个简单的跨期消费模型

简单的生命周期理论假设人们均匀消费自己的财富和收入。一般来说，一个人可以根据自己的偏好安排不同多个时期的消费支出。下面，我们介绍一个简单的跨期消费模型，描述一个人两个时期之间的消费选择。

假定一个人按照效用最大化的原则决定其现在和未来消费，那么，他在现在消费与未来消费之间的选择类似于普通消费者在两种商品之间的选择，可以用无差异曲线加以分析。

一方面，作为初始状态，他有一定数量可供现在消费的财富，记作$\overline{W}_0$，和一定数量的未来收入，记作$\overline{W}_1$。可贷资金市场的存在使他有机会减少现在的消费，把一部分财富按照一定利率(比如市场利率)转换为未来消费，或按照一定利率借款，增加现在消费，减少未来消费。把现在物品转换为未来物品的转换率等于 $1+i$，其中 i 是市场利率。$1+i$ 其实是用未来财富标价的现在财富价格。如图 A-4 所示，给定初始状态，即现在财富和未来财富组合 E_0，以及市场利率 r，他只能在图中直线所代表的预算上选择。这条直线类似于消费者的预算线，其斜率等于 $-(1+i)$。利率上升，也就是现在物品的价格上升，预算线以 E_0 为轴旋转，变得更为陡峭。

另一方面，现在消费和未来消费都是越多越好，所以他有关于这两者的正常无差异曲线。如图 A-5 所示，效用最大化的状态是无差异曲线与预算线相切的状态。

图 A-5 所描述的消费者有着较弱的时间偏好，面对给定的利率所决定的转换机会，他从 E_0 移动到 E_1，减少现在消费，增加未来消费，是一个储蓄者，是可贷资金市场上的借出者。对于给定的利率，一个人是借出者还是借入者，取决于 E_0 所代表的初始状态和无差异曲线所代表的时间偏好。

这个模型不仅描述了个人跨期消费决策，还说明了消费支出依赖于利率。

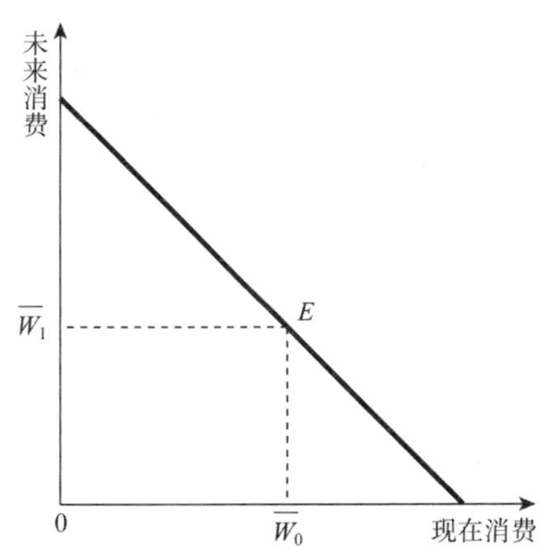

图 A-4 跨期消费选择中的预算线

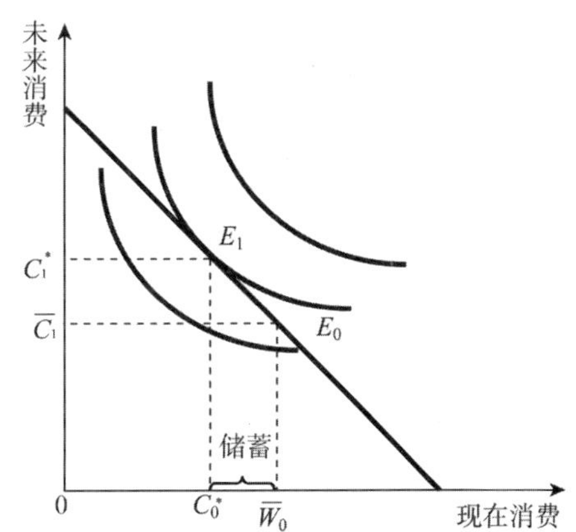

图 A-5 跨时期消费决策

附录B　关于投资的进一步讨论

在第 4 章第 1 节里，我们仅仅强调了投资依赖于利率，并用常用投资决策准则说明投资随利率上升而减少。这里，我们将讨论投资的更多决定因素和相关理论。

按照微观经济学讨论的理想要素组合理论，通过求解最优要素组合，可以得出理想资本存量。在最简单的情况下，假设现实资本存量总是等于理想资本存量，并且资本-产出比率 v 是常数，那么

$$K=K^*=vY$$

按照定义，净投资是资本存量的改变，即

$$I=\Delta K$$

从而，

$$I=v\Delta Y$$

这是**投资的加速数模型**(the accelerator model of investment)。该模型说明，投资不仅依赖于利率，还依赖于产出水平的变动。这个模型意味着，当经济遭受外来冲击时，投资支出具有更大的波动性。当某种因素导致经济衰退时，收入的减少不仅使消费支出减少，也使投资支出减少，从而加速经济的衰退；当经济复苏时，收入的增加不仅使消费支出增加，也使投资支出增加，从而加速经济的复苏。

附录 C　IS 曲线就是 I=S 的曲线吗？

一般来说，IS 曲线是保持产品市场均衡的收入-利率关系，而产品市场均衡的一般条件是

$$\mathrm{AE}=Y$$

在一个简单经济中，产品市场均衡的条件可以表述为

$$I=S$$

在这种情况下，可以说，IS 曲线就是 I=S 的曲线。

最初，IS 曲线是以简单经济为背景推导的，而且是用一种巧妙的方式推导的。如图 C-1 所示，构造一个四象限图，其中第二象限描述投资与利率之间的关系，即投资函数；第四象限描述储蓄与收入的关系，即储蓄函数；第三象限描述均衡条件，即 I=S；第一象限描述收入 Y 与利率 i 之间的关系。对于任意给定的一个利率 i_0，根据投资函数相应地决定投资 $I(i_0)$，从而相应决定使 I=S 的储蓄 $S(i_0)$，最后根据储蓄函数得出与之相对应的均衡收入 Y_0。这就得出了一个使 I=S 的收入-利率的组合 E_0。

当利率上升到 i_1 时，根据投资函数，投资减少到 $I(i_1)$，从而使 I=S 的储蓄减少到 $S(i_1)$，与 $S(i_1)$相应的均衡收入是 Y_1。这就得出了使 I=S 的另一个收入-利率组合 E_1。总之，利率下降，投资增加，与投资相等的储蓄增加，从而均衡收入增加。把 E_0 和 E_1 连接起来就得到了 IS 曲线。

把这一方法推广到包含政府部门的情况时，均衡收入条件是

$$I+G=S+T$$

其中 T 是减去政府转移支付后的净税。在图 C-1 中，需要做出的改变是把原来代表投资 I 的数轴改为代表 I+G，把第二象限中的投资函数换成 I+G 与利率的关系，把原来代表储蓄 S 的数轴改为代表 S+T，把第四象限中的储蓄函数换成 S+T，把第三象限中的 I=S 换成 I+G=S+T。

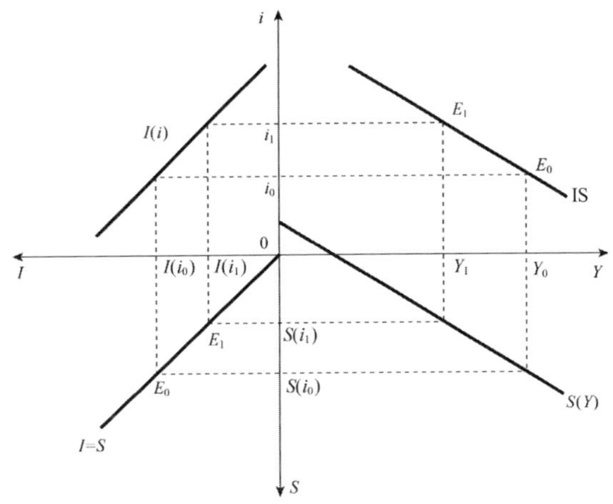

图 C-1　用四象限图法推导 IS 曲线

附录D 交易性货币需求的存货模型

当一个人考虑为日常支付而持有多少货币时，他要权衡两类成本：第一，持有货币的机会成本，即因为持有货币而失去持有其他资产可以获得的收益(简化为持有债券获得的利息)。第二，减少货币持有量所带来的不便(失去流动性)和把债券转换为货币的交易成本。这两类成本变动方向相反。从理论上说，存在一个最优货币持有量。

假设一个人在年初收到面额为 Y 的债券，他可以随时按照面额把这些债券转换为货币，也可以分若干次把它们转换为货币，从而取得利息收入。假设他分 n 次把这些债券转换为货币，那么，每次出售的债券价值等于 Y/n。假设他均匀地把这些货币花掉，那么，他的平均货币持有量是 $Y/2n$。假设年利率是 i，那么，平均持有货币量 $Y/2n$ 的利息成本是 $i\times(Y/2n)$。假设每出售一次债券的交易成本是 tc，那么，总的交易成本是 $n\times\mathrm{tc}$。他的总成本是

$$\mathrm{TC}=n\times\mathrm{tc}+i\times(Y/2n)$$

把 n 当作选择变量，可求解上式，得出成本最小化转换次数 n^*，相应最优货币持有量为

$$L^*=Y/(2n*)=\sqrt{\frac{\mathrm{tc}\times Y}{2i}}$$

不难看出，收入越高，货币需求量越大，而利率越高，货币需求量越小。

附录 E　马歇尔-勒纳条件

马歇尔-勒纳条件是指一国货币贬值将改善其贸易账户的条件。下面，让我们在直接标价法下推导马歇尔-勒纳条件，其中，经常账户差额以本币表示。

用 NX 代表用本币表示的经常账户差额，P_x 表示出口商品的本币价格，X_v 表示本国出口商品的数量，e 表示直接标价法下的汇率，P^*_m 表示进口商品的外币价格，M_v 表示本国进口商品的数量，则：

$$\text{NX}=P_x \cdot X_V - e\cdot P_m^* \cdot M_V \tag{1}$$

假设进出口商品具有完全供给弹性，那么进出口商品的国内价格 P_x 和 P^*_m 不变。为分析方便，设 P_x 和 P^*_m 分别等于 1，以 X 表示本币出口收入，以 M 表示外币进口支出，则

$$\text{NX} = \text{X} - e\cdot M \tag{2}$$

对(2)式求微分，可得

$$\text{dNX} = \text{d}X - \left(\text{d}e\cdot M + e\cdot \text{d}M\right) \tag{3}$$

(3)式对 e 求导可得

$$\frac{\text{dNX}}{\text{d}e} = \frac{\text{d}X}{\text{d}e} - e\cdot\frac{\text{d}M}{\text{d}e} - M \tag{4}$$

假定国内外价格水平不变，那么进出口相对价格的变动完全是由名义汇率的变动带来，此时，进出口需求价格弹性等同于进出口需求汇率弹性。以 η_x 和 η_m 分别表示出口商品和进口商品需求价格弹性，则：

$$\eta_x = \frac{\text{d}X/X}{\text{d}e/e}，\text{推出}\frac{\text{d}X}{\text{d}e} = \eta_x\cdot\frac{X}{e} \tag{5}$$

$$\eta_m = \frac{\text{d}M/M}{\text{d}e/e}，\text{推出}\frac{\text{d}M}{\text{d}e} = \eta_m\cdot\frac{M}{e} \tag{6}$$

在直接标价法下，一国货币贬值表现为汇率上升，de 为正，出口商品以外币表示的价格下降，外国居民对本国出口商品的需求增加，dX 为正，因而理论上 η_x 为一个正值。相反，进口商品以本币表示的价格上升，本国居民对外国进口品的需求减少，dM 为负，因而理论上 η_m 为一个负值。为了推导方便，一般将 η_m 取相反数将其转变为正值。此处不取相反数，还原为本来的数值进行推导以获得准确的表达式。

将(5)式和(6)式代入(4)式，并整理可得

$$\frac{\text{dNX}}{\text{d}e} = M\left(\eta_x\cdot\frac{X}{e\cdot M} - \eta_m - 1\right) \tag{7}$$

假设贬值之前，一国经常账户处于均衡状态，因而将 $X = e \cdot M$ 代入(7)式可得

$$\frac{\mathrm{dNX}}{\mathrm{d}e} = M\left(\eta_x - \eta_m - 1\right) \tag{8}$$

所以，一国货币贬值改善经常账户的条件为：$\eta_x - \eta_m - 1 > 0$，即 $\eta_x - \eta_m > 1$。也就是说，从一国经常账户的均衡状态出发，一国货币贬值改善经常账户的条件是：出口品需求价格弹性减去进口品需求价格弹性的值要大于 1。

注意，以上推导采用的是直接标价法，如果采用间接标价法，最终得到的表达式是 $\eta_x - \eta_m < -1$。

附录F 蒙代尔-弗莱明模型的另一种表述：IS*-LM*模型

蒙代尔-弗莱明模型的基本假设是：资本完全流动的小型开放经济。在本书正文中，我们将其作为 IS-LM-BP 模型的一种特殊情况进行了讨论。结论是：固定汇率下，货币政策完全无效，而财政政策充分有效；浮动汇率下，货币政策充分有效，而财政政策完全无效。在本附录里，我们将换一种方式描述蒙代尔-弗莱明模型。

如我们在正文里说明的那样，资本完全自由流动的小型经济这一假设意味着，该国国内利率 i 等于国外利率 i_f，且国外利率保持不变。所以，在接下来的讨论中，我们把该国利率看作等于国外利率且保持不变。不过，我们将允许汇率变动，并强调均衡收入与汇率之间的关系。

F.1 产品市场与 IS*曲线

产品市场均衡条件是

$$\mathrm{AE}=Y$$

小型开放经济产品市场的均衡条件是

$$Y=C+I(i_f)+G+\mathrm{NX}(e)$$

其中 i_f 保持不变，e 是间接标价法下的名义汇率，比如，对于英国人来说，e=1.3 的意思是 1 英镑等于 1.3 美元。

与正文所讨论的 IS-LM 模型一样，我们假设国内价格和国外价格都保持不变，因此净出口取决于名义汇率。由于名义汇率 e 采用的是间接标价法，一国货币贬值意味着 e 上升，净出口 NX(e)减少。比如，当英镑对美元汇率从 1.3 上升到 1.5 时，在国内外价格不变情况下，用美元计算的进口商品价格上升了，从而有利于英国的出口。

接下来，让我们说明产品市场均衡条件所意味着的收入-利率关系，即 IS 曲线。为了区别正文所讲述的 IS 曲线，我们将这一新的 IS 曲线记作 IS*。当 e 上升时，保持产品市场均衡，收入如何变动呢？如图 F-1(a)所示，当汇率为 e_1 时，相应净出口为 NX(e_1)。如图 F-1(b)所示，与 NX(e_1)相应有一条总支出线，且产品市场均衡的收入为 Y_1。在图 F-1(c)中，我们有保持产品均衡的一个收入-汇率组合 E_1—(Y_1, e_1)。如图 F-1(b)所示，当汇率从 e_1 上升为 e_2 时，净出口从 NX(e_1)减少为 NX(e_2)，净出口的减少使得总支出线向下移动，从而使收入从 Y_1 减少为 Y_2。在图 F-1(c)中我们有保持产品市场均衡的另一个收入-汇率组合 E_2—(Y_2, e_2)。使产品市场均衡的收入-汇率组合所组成的曲线就是 IS*曲线。一般来说，由于汇率上升，净出口减少，总支出减少，均衡收入减少，所以 IS*是向右下倾斜的，即有负的斜率。

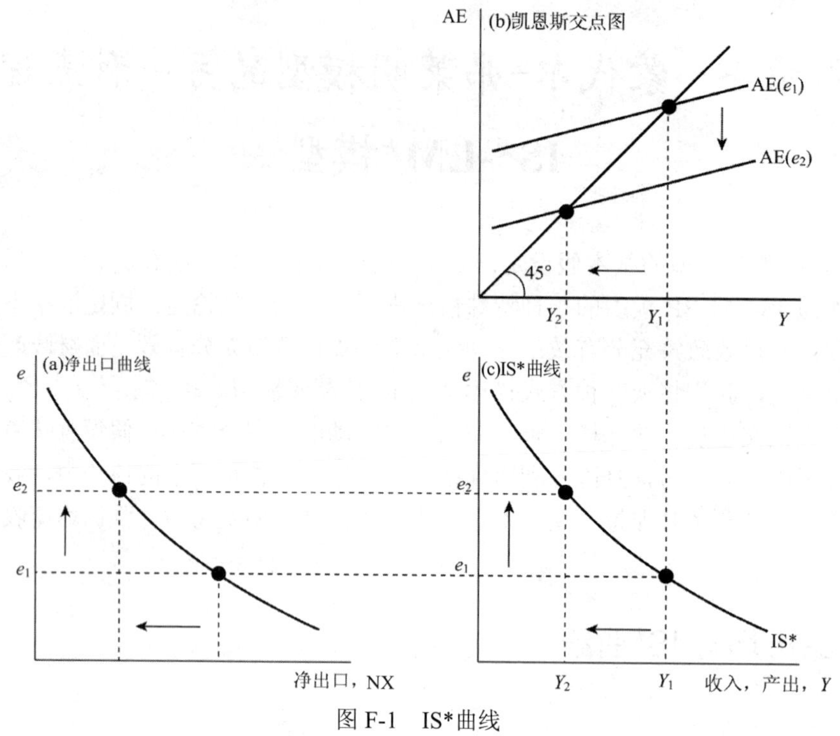

图 F-1 IS*曲线

F.2 货币市场和 LM*曲线

一般情况下，货币市场的均衡条件是

$$M/P=L(i,Y)$$

对于资本完全自由流动的小型经济来说，$i=i_f$，所以货币市场均衡条件是

$$M/P=L(i_f,Y)$$

其中，名义货币供给量 M 和价格水平 P 都保持不变。

由于汇率 e 并不出现在货币市场的均衡条件中，保持货币市场均衡的收入水平 Y 与汇率 e 没有任何关系。所以，如图 F-2 所示，保持货币市场均衡，收入 Y 与汇率之间的关系表现为一条垂直线。这一关系称作 LM*曲线。

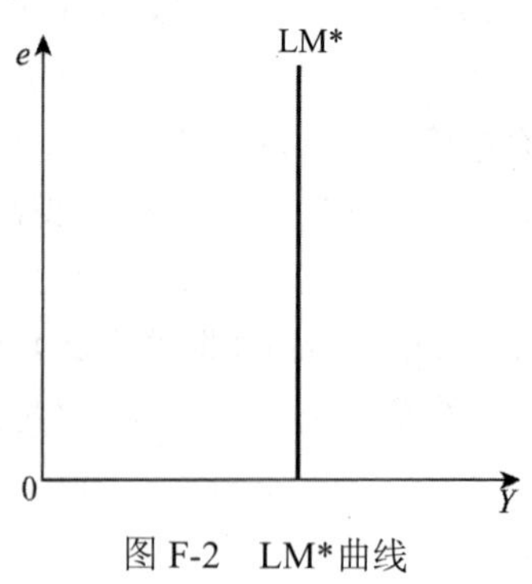

图 F-2 LM*曲线

F.3 IS*-LM*模型

根据蒙代尔-弗莱明模型，可以用如下两个方程描述资本完全自由流动的小型开放经济产品市场和货币市场的同时均衡：

$Y=C+I(i_f)+G+NX(e)$　　IS*曲线

$M/P=L(i_f, Y)$　　LM*曲线

第一个方程描述产品市场的均衡，第二个方程描述货币市场均衡，外生变量是财政政策 G 和 T、货币政策 M、物价水平 P，以及世界利率水平 i_f，内生变量是收入水平 Y 和汇率 e。

图 F-3 描述了这两种关系。经济的均衡处于 IS*曲线和 LM*曲线的交点。这一交点表示产品市场和货币市场都达到了均衡时的汇率与收入水平。这就是用收入 Y 与利率 e 之间关系描述的蒙代尔-弗莱明模型。下面，我们将用这个模型说明财政政策和货币政策对均衡收入和汇率的影响。

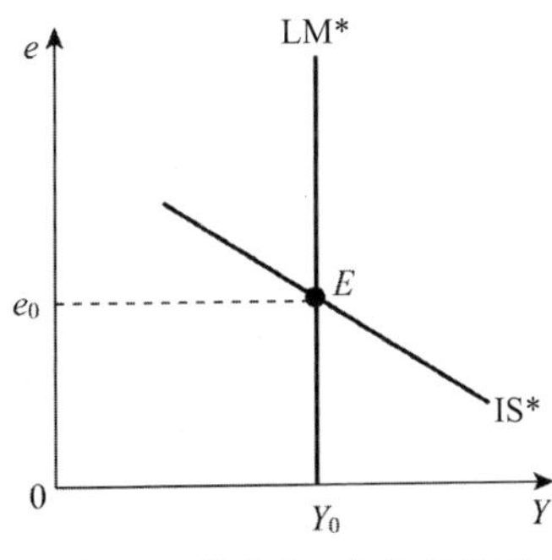

图 F-3　蒙代尔-弗莱明模型

F.4 浮动汇率下的小型开放经济

1. 财政政策

假设政府通过增加政府购买或减税刺激国内支出，由于这种扩张性财政政策增加了总支出，IS*曲线向右移动，如图 F-4 所示，结果是汇率上升，而收入水平保持不变。需要注意的是，财政政策在小型开放经济中与在封闭经济中有十分不同的影响。在封闭经济中，财政扩张增加了收入，而在浮动汇率的小型开放经济中，财政政策的扩张使得收入保持在同一水平上。之所以有这种不同，主要是其作用机制的差异，在一个封闭经济中，当收入增加时，利率上升，因为更高的收入增加了货币需求。在一个小型开放经济中，这是不可能的，因为只要利率上升到高于世界利率水平，资本就从国外流入，增加外汇市场上对本国货币的需求，从而使本国货币升值。本币的升值使得国内产品相对国外产品变得昂贵，从而减少净出口，净出口的减少抵消了扩张性财政政策对收入的影响。

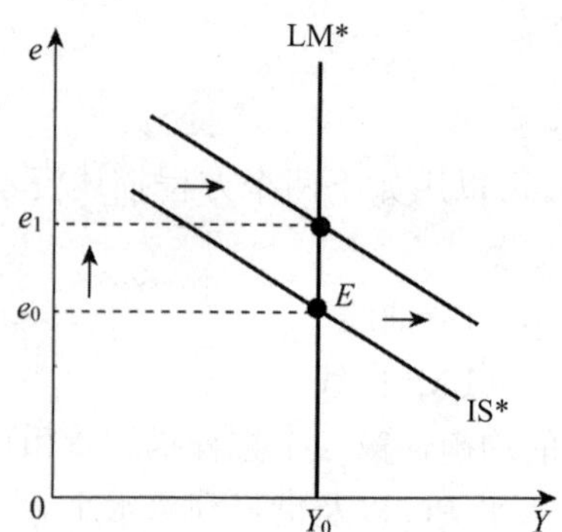

图 F-4　浮动汇率下的财政扩张

2. 货币政策

现在假定中央银行增加了货币供给。由于物价水平是固定的，货币供给的增加意味着实际货币增加，而实际货币供给增加使得 LM*曲线向右移动。如图 F-5 所示，货币供给增加提高收入并降低汇率。

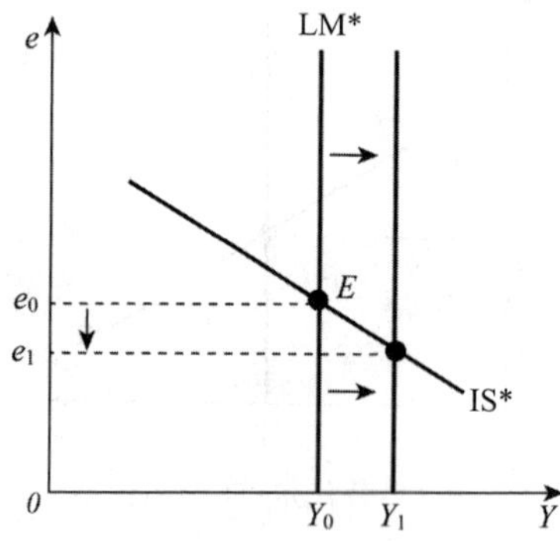

图 F-5　浮动汇率下的货币扩张

虽然货币政策在开放经济中与在封闭经济中一样影响收入，但两种情况下货币政策的传递机制是不同的。在封闭经济中，货币供给的增加使得支出增加是因为降低了利率并刺激了投资。在一个小型开放经济中，本国利率是由世界利率固定下来的。一旦货币供给增加产生国内利率下降的压力，投资者就会把资金投到其他地方寻求更高的收益，资本流出该经济。资本的这一流出阻止国内利率下降。此外，由于资本流出增加了外汇市场上本国货币供给，本币贬值，而汇率下降使得国内产品相对于国外产品更为便宜，从而刺激了净出口。因此，在一个小型开放经济中，货币政策通过改变汇率而非利率来影响收入。

3. 贸易政策

假设政府通过实行进口配额或关税来减少对进口产品的需求，收入和汇率会发生什么变动呢？

由于净出口等于出口减去进口，进口的减少意味着净出口的增加。这就是说，净出口曲线向右移动，净出口曲线的这种移动增加了支出，从而使得 IS*曲线向右移动。由于 LM*曲线是垂直的，贸易限制仅仅提高汇率，但并不影响收入。通常，限制贸易的政策的一个目标是改变贸易余额 NX。然而，该政策并不一定会起到这种作用。在浮动汇率下的蒙代尔-弗莱明模型中，净出口可以如下表示：

$$NX(e)=Y-C-I(i_f)-G$$

由于贸易限制并不影响收入、消费、投资和政府购买，所以它不影响贸易余额，尽管净出口曲线的移动会增加 NX，但汇率上升又等量地减少了 NX。

F.5　固定汇率下的小型开放经济

1. 财政政策

假设政府通过增加政府购买或者减税刺激国内支出，如图 F-6 所示，这种政策使得 IS*曲线向右移动，造成汇率上升的压力，即本国货币有升值的趋势。但是，在固定汇率制度下，为抵消本国货币升值的压力，该国中央银行被迫按照承诺的汇率买入外汇，同时增加本国货币供给。如图 F-6 所示，货币供给的增加使得 LM*曲线向右移动。因此，在固定汇率下，财政扩张增加收入。

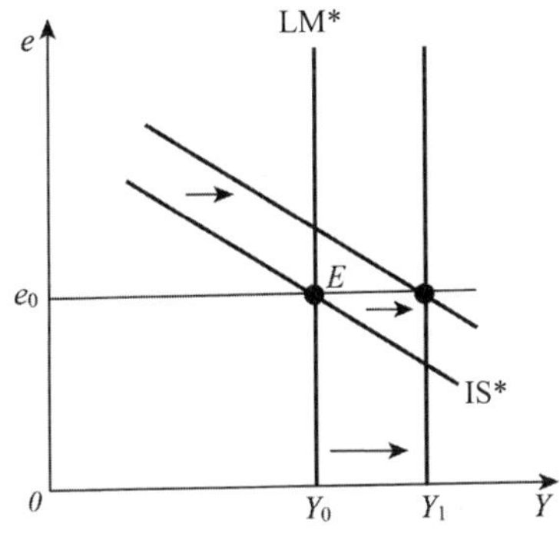

图 F-6　固定汇率下的财政扩张

2. 货币政策

假设央行实行扩张的货币政策，如图 F-7 所示，增加货币供给的初始影响是 LM*曲线向右移动，从而造成汇率下降的压力。但是，在固定汇率制度下，为了稳定汇率，中央银

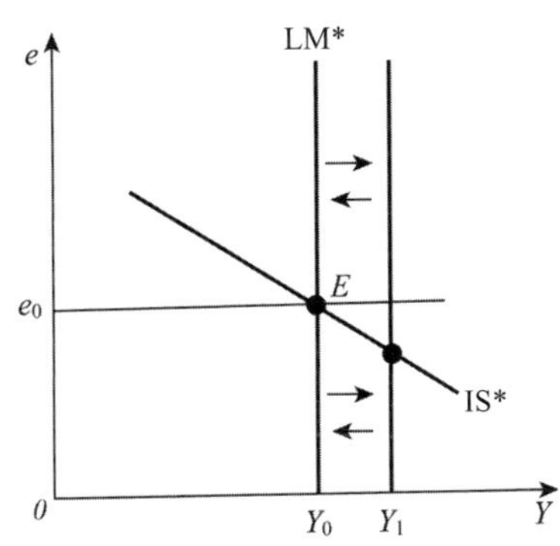

图 F-7　固定汇率下的货币扩张

行被迫卖出外币。这意味着本国货币供给减少，如图 F-7 所示，LM*曲线向左移动，最终回到初始位置。因此，在固定汇率下，货币政策完全无效。

3. 贸易政策

假定政府通过设置进口配额或关税来减少进口。这种政策的最初效果是净出口曲线向右移动，从而使得 IS*曲线向右移动。如图 F-8 所示，IS*曲线的向右移动造成汇率上升，即本国货币升值的压力。固定汇率制度下，为使汇率保持在固定水平上中，中央银行被迫增加本国货币供给，如图 F-8 所示，这将使 LM*曲线向右移动。所以，固定汇率制度下，贸易政策是有效的。

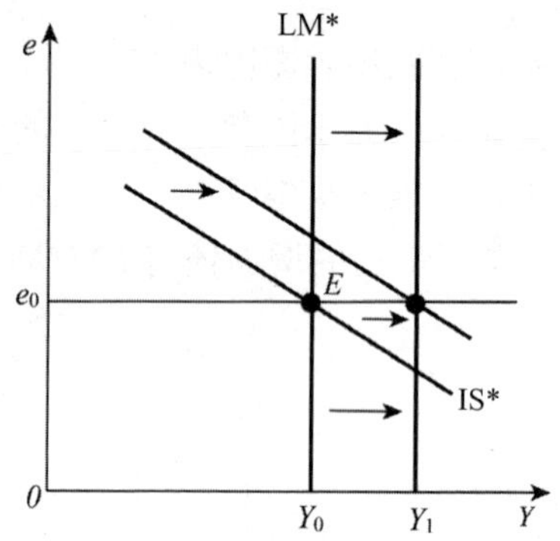

图 F-8　固定汇率下的贸易限制

参考文献

[1] 保罗·海恩. 经济学的思维方式[M]. 史晨，译. 北京：机械工业出版社，2015.

[2] 弗里德曼. 弗里德曼文萃[M]. 胡雪峰，武玉宁，译. 北京：首都经济贸易大学出版社，2001.

[3] 凯恩斯. 就业利息和货币通论[M]. 陆梦龙，译. 北京：中国社会科学出版社，2009.

[4] 保罗·克雷·罗伯茨. 供应学派的革命[M]. 杨鲁军，虞虹，李捷理，译. 上海：上海译文出版社，1987.

[5] 格里高利·曼昆. 宏观经济学：9 版[M]. 卢远瞩，译. 北京：中国人民大学出版社，2016.

[6] 奥利维尔·布兰查德，大卫·约翰逊. 宏观经济学[M]. 王立勇，等译. 北京：清华大学出版社，2014.

[7] 查尔斯·琼斯. 经济增长导论[M]. 舒元，译. 北京：北京大学出版社，2002.

[8] 哈里·兰德雷斯，大卫·C. 柯南德尔. 经济思想史：4 版[M]. 周文，译. 北京：人民邮电出版社，2011.

[9] 戴维·罗默. 高级宏观经济学[M]. 吴化斌，译. 上海：上海财经大学出版社，2014.

[10] 袁志刚，宋铮. 高级宏观经济学[M]. 上海：复旦大学出版社，2001.

[11] 杰弗里·萨克斯，费利普·拉雷斯，等. 全球视角的宏观经济学[M]. 费方域，译. 上海：三联书店，1997.

[12] 萨缪尔森，诺德豪斯. 经济学：18 版[M]. 萧琛，译. 北京：人民邮电出版社，2008

[13] Blaug. The Cambridge Revolution——Success or Failure[M]. London:Institute of Public Affair，1975.

[14] Durnbusch，Fischer. Macroeconomics[M]. 12th Ed. N.Y.:McGraw-Hill Inc.2013.

[15] Friedman M. The Role of Monetary Policy[J]. The American Economic Review，1968, 58(1): 1-17.

[16] Greenwald B，Stiglitz J. New and Old Keynesians[J]. The Journal of Economic Perspectives, 1993, 1(7): 23-44.

[17] Haberler G. Prosperity and Depression[M]. 3rd Ed. New York: Transaction Publishers, 1946.

[18] Lester R A. Shortcomings of Marginal Analysis for Wage-employment Problems[J]. The American Economic Review，1946, 36(1): 63-82.

[19] Samuelson P A. Interactions between the Multiplier Analysis and the Principle of

Acceleration[J]. The Review of Economics and Statistics, 1939, 21(2): 75-78.

[20] Schultz W J. The Moral Conditions of Economic Efficiency[M]. London:Cambridge University Press，2008.

[21] Weeks J. A Critique of Neoclassical Macroeconomics[M]. London:Macmillan Press, 1989.